S'initier à la Philosophie

S'initier à la Philosophie

Mel Thompson

LAROUSSE
21 rue du Montparnasse 75283 Paris Cedex 06

Direction de la publication
Isabelle Jeuge-Maynart

Coordination éditoriale
Laure Sérullaz, Agnès Dumoussaud

Traduction
Catherine Sobecki et Divina Cabo

Relecture-correction et mise en pages
Edire

Informatique éditoriale
Marion Pépin, Serge Boucher, Philippe Cazabet

Adaptation graphique
Cynthia Savage

Couverture
Véronique Laporte

Fabrication
Annie Botrel

Pour l'édition originale

Titre original : *Philosophy*
Première publication en anglais par Hodder Education,
338 Euston Road, London, NW1 3BH.

ISBN : 978-2-03-584353-1

sommaire

À ma fille Rebecca

Les objectifs de cet ouvrage sont les suivants :

- présenter les principaux domaines de la philosophie et quelques-uns des grands penseurs qui y ont contribué ;
- passer en revue les arguments majeurs en faveur de telle ou telle autre doctrine philosophique ;
- apporter des connaissances quant aux concepts fondamentaux à la base de la philosophie telle qu'elle s'est développée au fil des siècles, afin que le lecteur puisse replacer cette évolution de la pensée dans un contexte historique.

Il ne serait pas réaliste de prétendre faire ici le tour d'un sujet aussi vaste que la philosophie. Les lecteurs qui voudraient en apprendre plus sur les différents philosophes sont invités à consulter les nombreuses histoires de la philosophie occidentale qui proposent un aperçu approfondi de la pensée des philosophes et de leur contexte historique.

Il n'a pas, non plus, été possible d'inclure plus de citations tirées des écrits des penseurs. Cela tient, tout d'abord, à une question de place. En effet, une citation trop courte risquerait d'induire en erreur quant à la doctrine d'un penseur. Ensuite, il est souvent difficile d'apprécier un texte philosophique si l'on n'a pas, au préalable, un minimum de connaissance des idées exposées dans un ouvrage de philosophie. Il faut d'abord acquérir la notion des principales idées à l'origine de la rédaction des divers écrits philosophiques.

Enfin, la lecture des philosophes ne doit pas se substituer à la réflexion personnelle. Si ce livre vise à apporter des outils pour que le lecteur soit en mesure de réfléchir au monde au sens large du terme, c'est afin d'aider un néophyte à entrer dans le sujet sans qu'il ait besoin de réinventer la « roue » philosophique !

Qu'est-ce que la philosophie ?

D'après le *Larousse*, la philosophie est le « domaine de la culture constitué par un ensemble d'interrogations, de réflexions et de recherches à caractère rationnel menées depuis l'Antiquité grecque sur l'être, les causes, les valeurs, etc. et mettant en jeu, dans la diversité des voies empruntées et des réponses retenues, le rapport de l'homme au monde et à son propre savoir ».

La philosophie cherche à comprendre la vie sous toutes ses facettes. La philosophie politique, par exemple, s'interroge sur la justice, l'égalité, l'organisation d'un État et la signification de notions telles que la démocratie. Elle reprend nombre des termes présents dans le discours politique pour en explorer le sens profond afin d'en découvrir la finalité. Elle demande : que voulons-nous dire exactement lorsque nous employons ce terme ? Quelles sont ses implications ?

Des questions de ce type sont très générales et abstraites. Cela explique pourquoi, pour certains, la philosophie est « aride » et académique. Il est vrai que c'est parfois le cas, comme pour tant d'autres sujets. Prenez par exemple un texte de mathématiques ou un diagramme technique. Il est difficile à comprendre pour quiconque n'en possède pas les clés, mais celui qui sait de quoi il s'agit trouve le contenu pertinent et passionnant.

Il en va de même pour la philosophie, qui examine tous les aspects de la vie et pose les « grandes » questions. En fonction des sujets étudiés, nous pouvons distinguer la philosophie de l'esprit, la philosophie de la religion, la philosophie des sciences, celle de la politique, etc. Nous pouvons explorer des courants spécifiques ou examiner la philosophie d'un point de vue historique en débutant (dans le contexte de la philosophie occidentale) par les grands penseurs de la Grèce antique, notamment Platon et Aristote, et en étudiant son évolution au fil des siècles.

Quelle que soit sa démarche, la philosophie vise à clarifier des pensées, des concepts, des termes de langage. Philosopher revient à penser de manière claire et précise.

Lorsqu'on étudie les sciences naturelles, on peut généralement retracer la progression des idées et l'évolution des connaissances. De temps à autre, un « changement de paradigme » se produit. Il aboutit à une nouvelle manière de voir les choses, mais de tels changements constituent plus l'exception que la règle. En revanche, la lecture des textes philosophiques permet de suivre la progression de concepts, mais également de voir que certaines questions explorées par les Grecs de l'Antiquité restent vivement débattues de nos jours et, en outre, que certains philosophes prennent le contre-pied d'autres. La philosophie suggère en permanence de nouvelles manières d'appréhender des interrogations, d'exprimer des idées et d'envisager le rôle et le but de la philosophie elle-même. Toutefois, de nouvelles idées ne constituent pas nécessairement un progrès par rapport aux anciennes.

La plupart du temps, la philosophie se soucie du langage. Certains philosophes considèrent même leur tâche sous l'angle purement linguistique. À ce sujet, il convient de distinguer le langage de « premier ordre » et le langage de « second ordre ». Voici quelques exemples :

Premier ordre : « A est la cause de B. »

Second ordre : « Qu'est-ce que cela signifie de dire que A est la cause de B ? »

Premier ordre : « Est-il juste de faire ceci ou cela ? »

Second ordre : « Qu'est-ce que cela signifie de dire que quelque chose est juste ? »

Premier ordre : « Dieu n'existe pas. »

Second ordre : « Qu'est-ce que le langage religieux, et comment les assertions religieuses peuvent-elles être vérifiées ? »

Le langage de second ordre clarifie le langage de premier ordre. Par là même, il explicite également la pensée qui se cache derrière ce langage. La philosophie est principalement concernée par le langage de second ordre. Elle n'est donc pas forcément capable de dire si quelque chose est vrai ou faux, mais elle en clarifie les fondements, ce qui aide à prendre une décision.

Pourquoi étudier la philosophie ?

Lorsque vous communiquez avec les autres, vous utilisez le langage. Celui-ci (sauf si vous vous bornez à répéter ce que vous avez entendu) découle de vos idées et de vos opinions, qui résultent de vos expériences et de votre éducation, elle-même conditionnée par le milieu dans lequel vous avez été élevé. Vous ne pouvez pas échapper à l'influence des idées des autres, mais jusqu'à quel stade en êtes-vous conscient ?

La philosophie offre la possibilité d'explorer les questions fondamentales et de voir ce que les penseurs des différentes périodes ont dit à leur sujet. C'est, en soi, très utile, car cela permet de se libérer des *a priori* des personnes qui nous entourent. Réfléchir aux grandes questions à partir de ces bases résulte naturellement de la connaissance des apports des différents philosophes. Plus votre pensée sera claire et mieux vous serez capable de vous exprimer et, grâce à un examen minutieux, de prendre des décisions dans votre vie.

La philosophie est un outil qui permet de dénicher le non-sens et d'exprimer des idées d'une manière qui soit la plus claire possible. Par exemple, des philosophes établissent une distinction entre les énoncés « analytiques » et les énoncés « synthétiques ». Un énoncé analytique est vrai dès lors que la définition de ses termes est comprise. Pour prendre un exemple, 2 + 2 = 4. Il est inutile de réunir des groupes de deux éléments et de les compter pour le vérifier. Vous ne pouvez pas déclarer, d'un air triomphant, que vous avez trouvé un exemple qui contredise cette règle – que l'addition de deux groupes de deux aboutit à cinq ! Pour un énoncé analytique, l'évidence ne nécessite aucune recherche ou vérification expérimentale. D'un autre côté, si je déclare qu'une certaine personne est chez elle, cet énoncé ne peut pas être vrai de la même manière. Afin de le prouver, il faut appeler cette personne chez elle ou lui rendre visite. Cet énoncé peut facilement s'avérer faux et n'est certainement pas vrai dans tous les cas.

Cependant, si quelqu'un déclare que Dieu existe, s'agit-il d'un énoncé analytique ou d'un énoncé synthétique ? Peut-on définir « Dieu » d'une manière qui rende son existence indiscutable ? Et si c'est le cas, peut-on fournir une preuve pertinente qui valide ou invalide cette assertion ? Nous pourrions avancer que :

- Dieu est tout ce qui existe.
- Tout ce qui existe existe.
- Par conséquent Dieu existe.

Ce raisonnement est sensé, mais il implique que « Dieu » et que « tout ce qui existe » sont interchangeables. C'est ce qu'on appelle le **panthéisme** (l'idée que Dieu est dans tout). Cela semble parfaitement logique, mais est-ce que cela correspond au sens que la plupart des hommes donnent au mot « Dieu » ? Et quelles sont ses implications sur la manière dont nous voyons « tout ce qui existe » ? Nous observons que tout, dans le monde, est sujet au changement. Un jour ou l'autre, rien de ce qui existe aujourd'hui ne demeure. Cela implique-t-il qu'une divinité panthéiste change, elle aussi, constamment ? Cela a-t-il un sens si un mot reste le même alors que ce à quoi il se réfère a évolué ? Le philosophe grec Héraclite (début du VIe siècle av. J.-C.) disait, à propos du changement, que « ceux qui descendent dans les mêmes fleuves se baignent dans le courant d'une eau toujours nouvelle ». Mais peut-on dire qu'une école est la même si ses bâtiments sont remplacés, si les membres de l'équipe occupent des postes différents et si des élèves en partent, année après année, pour être remplacés par d'autres ? Suis-je toujours le même, alors que la plupart des cellules de mon corps sont constamment renouvelées et que je suis constamment en train de penser ? Quel est le « je » qui persiste tout au long de ma vie ?

Ces questions nous ont permis d'aborder quelques-uns des principaux problèmes de philosophie :

- **la métaphysique** ou l'étude de la réalité, de ce qui existe réellement ;
- **l'épistémologie** ou l'étude des choses que nous pouvons connaître et de la manière dont nous les connaissons ;
- **la philosophie de la religion** ou l'étude de toutes les questions qui se posent derrière les idées et le langage religieux ;
- **la philosophie de l'esprit** ou l'étude de la nature du soi.

Cette illustration d'une autre caractéristique de la philosophie donne, là aussi, une bonne raison de l'étudier. On peut se poser n'importe quelle question et, de fil en aiguille, être amené à en examiner d'autres. Si vous débutez par exemple par l'« âme », vous serez conduit à réfléchir à des questions de métaphysique ou de religion. En utilisant vos talents de philosophe, vous pouvez structurer vos idées, les relier entre elles et les confronter à de nombreuses problématiques.

Les différents styles d'argumentation

La philosophie peut être présentée selon des manières différentes. Platon, par exemple, privilégiait la forme du dialogue. Dans *La République*, il met en scène des personnages qui défendent tous un point de vue différent. D'autres philosophes ont une approche plus linéaire lorsqu'ils exposent les implications de leur théorie.

Bien évidemment, certains sont plus analytiques et déductifs. Ils décomposent des idées reçues en leurs éléments irréfutables, puis ils essaient, à partir de ces éléments de base, d'en déduire ce qui peut être tenu pour acquis. D'autres encore se fondent sur la logique pure, qui utilise un langage artificiel pour clarifier et exposer la logique de notre langage ordinaire.

À partir du début du XXe siècle, certains penseurs ont affirmé que l'unique rôle de la philosophie était d'expliciter la signification des mots. Selon eux, dès lors que les problèmes linguistiques étaient résolus, tout le reste suivait. De nos jours, ce courant de pensée cède le pas à une conception plus vaste. La philosophie est effectivement une question de langage et il est donc essentiel de comprendre les termes que l'on utilise, mais il faut également savoir aller plus loin afin d'explorer les idées et les concepts exprimés. Cela permet d'examiner ensuite des aspects du monde qui ne pourraient pas être appréhendés sans une réflexion et une analyse sérieuses.

Il va sans dire que les philosophes ne sont pas toujours d'accord sur la manière de philosopher ni sur les questions essentielles. Feu Alfred Jules Ayer, un philosophe et professeur de logique à Oxford, est connu pour ses travaux sur le « positivisme logique » (voir **p. 68**). Interviewé dans les années 1980, il commenta sans détours, selon son habitude, le travail de différents philosophes. Il qualifia d'ineptie le concept du « néant » de l'existentialiste allemand Martin Heidegger et critiqua ceux qui, parce qu'ils aiment être mystifiés, sont facilement impressionnables. Vous pouvez être d'accord avec l'analyse analytique d'Ayer ou penser qu'Heidegger s'est attaché à quelque chose de plus important. À ce stade, l'essentiel est de prendre conscience que les philosophes sont parfois en désaccord avec les sujets à traiter, avec la manière de s'y prendre et avec les conclusions qu'ils en tirent.

La philosophie n'est pas monolithique. Il n'existe pas un corpus de thèses indiscutables. C'est une activité en perpétuelle évolution qui soulève plus de questions qu'elle n'apporte de réponses.

Domaines de philosophie traités dans ce livre

La philosophie pose deux questions fondamentales :

1. **Quelle est la nature de la réalité ?** Quelle est la structure du monde dans lequel nous vivons ? Ce type d'interrogation relève de la métaphysique, qui pose des questions générales et profondes que la raison examine.

2. **De quoi sommes-nous certains ?** Qu'est-ce qui constitue une évidence solide ? Y a-t-il des vérités absolues ? Ce type d'interrogation relève de l'épistémologie ou théorie de la connaissance en général.

Ces deux questions fondamentales vont de pair avec celle du langage. En effet, la philosophie utilise des mots. Elle doit en outre les analyser, les remettre en question, en éprouver les limites et la manière dont les énoncés peuvent être vérifiés ou réfutés. Les étudiants doivent être conscients de la logique formelle, au moins en analysant la manière dont la logique des arguments peut être exposée et débattue.

Les questions concernant les sciences (chapitre 2), l'esprit (chapitre 4) et la religion (chapitre 5) sont au cœur de toute étude sérieuse de la philosophie. Elles illustrent la manière dont les principales interrogations philosophiques à propos du langage et du sens s'appliquent à ces domaines.

Cependant, les êtres humains ne doivent pas uniquement chercher à comprendre le monde dans lequel ils vivent. Ils doivent également y vivre, faire des choix et s'organiser en société. La philosophie concerne donc deux autres domaines pratiques de la vie, l'éthique (chapitre 6) et la politique (chapitre 7).

Le chapitre 8 traite brièvement de la philosophie contemporaine continentale, au XXe siècle, en particulier la **phénoménologie**, la **philosophie de l'existence** et le **postmodernisme**, dont les implications se retrouvent également dans la littérature et l'art.

Afin de donner un « avant-goût » de tout ce qui existe, le chapitre 9 présente trois autres branches de la philosophie. L'esthétique examine l'art et essaie de définir la notion de beauté. La philosophie de l'histoire regarde la manière dont nous décrivons le passé. Enfin, la philosophie de l'éducation explore le rôle et le fonctionnement du processus d'éducation.

Nous terminerons par un aperçu général de la philosophie actuelle et des suggestions pour approfondir ce sujet.

Les approches orientales

Bien évidemment, la philosophie ne se limite pas à une culture ou à un continent, même si cet ouvrage et la plupart des universités européennes et américaines traitent essentiellement de philosophie occidentale. Il ne s'agit pourtant que d'un pan d'une tradition autrement plus vaste.

Lorsque l'on parle de philosophies orientales, cela englobe les diverses religions et les systèmes philosophiques de l'Inde (hindouisme, bouddhisme, jaïnisme et sikhisme) et de l'Extrême-Orient (confucianisme, taoïsme, shintoïsme ainsi que l'amidisme et le bouddhisme zen, issus de la tradition bouddhiste indienne).

On a tendance à dire que la principale différence entre les philosophies orientale et occidentale est que la première se préoccupe autant de salut que de connaissance, tandis que la seconde est plus séculaire et serait, pour beaucoup, une alternative à la religion. Ce n'est pas tout à fait exact. En Occident, les religions du Livre (judaïsme, christianisme et islam) ont eu une profonde influence sur la pensée philosophique et la philosophie de la religion demeure un aspect important de la pensée philosophique. En Orient, même si la philosophie est autant pratique que spirituelle, le raisonnement est examiné en tant que tel, en dehors de toute connotation religieuse. Par ailleurs, ce serait une erreur de vouloir établir une distinction entre les religions et les philosophies orientales. Le bouddhisme, par exemple, indique la voie que doit emprunter l'homme (méditer sur les quatre Vérités) pour se libérer de la souffrance. Il n'y a donc pas, d'un côté, les doctrines religieuses et, de l'autre, une pensée séculaire. Cette distinction occidentale n'est pas vraiment pertinente.

Tirer parti des leçons du passé

Chaque génération se construit à partir des idées et des valeurs de la précédente, parfois en les rejetant et parfois en s'y conformant. Mais, dans tous les cas, il est impossible de vivre, par exemple en France, sans que notre langage et nos idées aient été influencés par tous les penseurs qui nous ont précédés. Avoir conscience de cet héritage, être sensible à la manière dont ces idées et les institutions fondées sur elles se sont développées permet de mieux appréhender sa propre culture.

S'initier à la philosophie est possible de bien des manières. On peut partir des grandes questions que se pose l'humanité et voir ce qu'ont écrit à leur sujet ces maîtres à penser que sont les philosophes. On peut également s'y intéresser d'un point de vue historique. Cette démarche est plus gratifiante, car elle révèle les enjeux propres à chaque époque en montrant le lien entre les grands courants philosophiques et le contexte social.

En outre, si la philosophie contemporaine est bien différente de celle de la Grèce antique, il existe le sentiment que la philosophie doit examiner le passé afin de s'interroger sur les mêmes dilemmes centraux.

Pourquoi continuer d'étudier Platon aujourd'hui ? Pourquoi proposer des penseurs morts depuis longtemps (Platon, Aristote, Descartes, Hume, etc.) ainsi que des textes de Russell, de Ryle ou d'Ayer, dont on reprend les thématiques afin de les examiner à nouveau sous l'éclairage apporté par le XXe siècle ?

Il est important de reconnaître que la perspective historique dévoile bien des strates de la pensée qui demeurent pertinentes pour l'appréhension des grandes questions philosophiques. La conception de Platon sur la société ou sa manière de comprendre la nature de la réalité, le concept de causalité d'Aristote, la recherche de ce qui est certain par Descartes restent des questions d'actualité, même si elles seraient exprimées de nos jours en des termes différents de ceux de ces penseurs.

La philosophie examine chaque argument et chaque prise de position. Elle en examine le contexte, puis s'interroge sur les motivations, les arguments utilisés pour les justifier et les implications qui en découlent. La question de la vérité n'est pas limitée dans le temps. Quelque chose peut sembler valable à une époque, et se justifier par un raisonnement sensé, sans être pour autant vrai dans l'absolu. Cependant, il ne faudrait pas non plus écarter un argument pour la seule raison qu'il a été énoncé avant l'avènement de la science ou avec un langage très différent du nôtre.

En examinant la manière dont la science progresse, le philosophe du XXe siècle Karl Popper a souligné le fait qu'une théorie, si elle est vraiment scientifique, doit pouvoir être réfutée. Pour progresser, il ne faut pas forcément trouver des exemples qu'une théorie fonctionne, mais parfois montrer là où elle se trompe. L'échec d'une théorie donne naissance à une autre théorie. Il en va de même en philosophie. Chaque génération de philosophes a examiné des idées bien établies et, en montrant leurs limites, a pu en formuler de nouvelles.

Pour ceux qui sont friands de réponses définitives, la philosophie risque fort d'être une source de constante désillusion. En revanche, ceux qui s'interrogent sans cesse, qui sont prêts à se remettre en question et à modifier leurs points de vue trouveront que la philosophie est une source de fascination et un bon moyen d'aiguiser ses facultés critiques.

Pendant de nombreuses années, la philosophie enseignée a été dominée par une conception très limitée de son rôle. La philosophie n'a pratiquement aucun contenu en soi. Sa tâche est d'analyser et d'éclaircir des énoncés avancés par d'autres disciplines et par des hommes en général. Elle ne procède pas de manière intuitive, mais vise à soutenir un point de vue par l'entremise d'un examen détaillé. Une perspective historique et un bref aperçu des nombreux sujets abordés au cours des siècles montrent que la philosophie a, en fait, une finalité bien plus vaste. C'est ce qui fait tout son intérêt. Les sujets traditionnels considérés – la métaphysique (la nature de la réalité), l'épistémologie (la théorie de la connaissance), l'éthique, la philosophie de la religion, des sciences, de la politique et de l'art – sont précieux pour montrer la portée de toute entreprise philosophique et sa pertinence dans la vie de tous les jours.

Ce livre, à la manière de l'écume en haut d'une vague, porte en lui tout le mouvement de la pensée depuis au moins 2 500 ans. Son objectif (tout en reconnaissant ses limites quant aux sujets abordés et à leur contenu) est de mettre en avant la réalité de cette vague et la direction générale de l'eau qui la compose. Une société sans philosophie serait coupée de ses racines. Elle devrait repartir de zéro pour trouver quelles sont ses valeurs et se comprendre. Grâce à la philosophie, ce discernement est possible dans une perspective historique et logique. La philosophie donne l'avantage d'étudier chaque problème en bénéficiant de la sagesse accumulée par quelques-uns des meilleurs penseurs de la culture occidentale.

La ciguë est-elle le prix à payer ?

L'un des moments les plus remarquables de toute l'histoire de la philosophie occidentale est la mort de Socrate, en 399 av. J.-C. L'événement est rapporté par Platon, qui respectait tant son maître qu'il exposera la plupart de sa philosophie sous la forme de dialogues dans lesquels Socrate joue le rôle central. Accusé d'impiété, Socrate fut condamné à mort sous la charge que son questionnement et son enseignement corrompaient la jeunesse (qui l'appréciait beaucoup, semble-t-il, pour sa capacité à remettre en question les idées et les croyances conventionnelles et certaines traditions religieuses). Selon Platon, Socrate aurait refusé la peine alternative que lui proposaient ses juges et accepté la peine capitale (boire de la ciguë, le poison donné aux condamnés à mort dans la Grèce antique). Pour Platon, la raison et la liberté d'un individu de vivre conformément à ce principe passent avant l'ordre social et politique. Socrate a refusé de compromettre sa liberté de rechercher la vérité, même si cela était considéré par l'État comme un danger subversif. Dans *La République*, Platon avancera que la justice et les institutions de l'État devraient reposer sur la raison et qu'il faudrait confier le gouvernement aux plus sages, des philosophes à même de faire valoir la raison avec une objectivité désintéressée.

Pour Socrate, la tâche du philosophe est centrale, au cœur de la vie. Cesser de s'interroger et de remettre en question les idées reçues est inacceptable. Socrate choisit ainsi d'accepter la mort plutôt que de quitter Athènes. Il est présenté comme un homme calme, rationnel et d'une intégrité absolue.

La philosophie peut être une discipline frustrante. Parfois, elle semble aride et éloignée de la vie. Parfois encore, elle s'intéresse avant tout à la linguistique, clarifiant les termes utilisés par d'autres disciplines, sans paraître offrir quoi que ce soit qui apporte de la connaissance. Parfois encore, le philosophe expose sa pensée dans un style qui embrouille la compréhension au lieu de l'éclairer. De temps à autre, on peut être tenté de se demander si cela en vaut la peine. Pourquoi ne pas se contenter de définir une fois pour toutes des pensées et des valeurs, même si une telle démarche serait inévitablement superficielle ? Pourquoi se compliquer la vie en se posant sans cesse des questions ? Ou encore, comme dans le cas de Socrate, cela vaut-il la peine de mourir pour des idées ?

1

La théorie de la connaissance

Dans ce chapitre, vous découvrirez :

- comment les philosophes occidentaux ont réfléchi à la question de la connaissance et de la certitude ;
- comment quelques-uns des philosophes les plus célèbres ont décrit la réalité ;
- comment évaluer votre compréhension du monde.

Tout au long de l'histoire de la philosophie, l'homme a posé deux questions fondamentales qui influencent la manière d'examiner de nombreux sujets :

• Que pouvons-nous savoir ?
Cette question porte sur les composantes fondamentales de l'existence. Il ne s'agit pas du type d'information apporté par la science sur un sujet donné, mais des interrogations qui sous-tendent ce questionnement à propos de la nature primordiale de l'espace, du temps ou de la causalité ; à propos du fait de savoir si des concepts comme la justice ou l'amour ont une réalité extérieure, objective ; à propos de la structure du monde dans lequel nous vivons. Aristote a abordé ces problématiques après celle de la physique (*meta ta phusika*, « après la physique » en grec). C'est pourquoi elles relèvent de la métaphysique.

Cependant, dès que l'on aborde la métaphysique, une autre question voit le jour :

• Comment pouvons-nous le savoir ?
Y a-t-il quelque chose dont nous puissions être absolument certains ? Sommes-nous entièrement dépendants de nos sens ou pouvons-nous découvrir, simplement par la pensée, des vérités fondamentales ? Comment pouvons-nous justifier ou prouver que ce que nous affirmons est vrai ? Toutes ces questions sont examinées sous l'angle de l'épistémologie, l'étude de la connaissance en général.

Que notre réflexion soit d'ordre métaphysique ou épistémologique, nous devons communiquer nos pensées d'une manière ou d'une autre. Le média utilisé est le langage. Nous demandons : « Que pouvons-nous dire ? » et « Comment pouvons-nous le dire ? » L'étude de la nature du langage et la manière dont un énoncé se révèle vrai ou faux sont une autre préoccupation constante de la philosophie.

Dans ce chapitre, nous examinerons quelques problématiques majeures de la métaphysique et de l'épistémologie avant de nous intéresser à la connaissance scientifique et à la nature du langage. Lorsque vous serez familiarisé avec ces domaines de la philosophie, vous verrez plus facilement comment ils s'appliquent aux différents sujets que nous aborderons ensuite : Dieu, l'esprit, l'éthique et la politique. Vous constaterez que les mêmes problématiques se posent dans tous les domaines d'étude.

L'empirisme et le rationalisme

L'épistémologie est l'étude critique de la connaissance et, par conséquent, de tout ce dont elle dépend. Elle repose donc sur notre manière de réfléchir et d'organiser notre expérience selon les principes de la raison et de la logique. La question primordiale qui se pose est la suivante : notre savoir provient-il des données de l'expérience sensible ou, sinon (étant donné que nos sens sont faillibles), de l'esprit ?

Deux termes sont alors essentiels :

- **l'empirisme**, qui prône que toute connaissance part des sens ;
- **le rationalisme**, qui prône que toute connaissance part de la raison et donc de l'esprit.

L'un des représentants les plus illustres de l'empirisme est Hume. Pour le rationalisme, c'est Descartes. Nous verrons plus loin dans ce chapitre quels arguments ils utilisent pour justifier l'origine de nos connaissances.

Toutefois, la question de l'expérience et de la manière dont l'esprit établit des catégories est loin d'être simple. Un problème se pose ici qui concerne le **réductionnisme** et l'existence, ou la réalité, d'entités complexes ou de concepts généraux.

Prenons les questions suivantes :

- Quel rapport y a-t-il entre un tableau et les différents pigments ou les fils de la toile qui ont permis sa réalisation ?
- Quel rapport y a-t-il entre une musique et les vibrations de l'air ?
- Quel rapport y a-t-il entre une personne et les cellules de son corps ?
- Quel rapport y a-t-il entre une nation et les citoyens qui la constituent ?

Une approche « réductionniste » de la métaphysique prend le parti du « rien si ce n'est ». Par exemple, la musique n'est « rien si ce n'est » des vibrations dans l'air.

Si une personne croit que la réalité suprême est la matière (le monde solide extérieur dont nous faisons l'expérience par nos sens), alors elle est **matérialiste**. En revanche, si elle est d'avis que la réalité est mentale, que le monde de l'expérience est la somme de toutes les sensations et perceptions enregistrées par l'esprit, alors elle est **idéaliste**.

Ces questions prennent tout leur sens lorsqu'il s'agit d'une décision pratique. Durant la Première Guerre mondiale, lorsque, le jour de Noël, des soldats britanniques et allemands qui s'affrontaient sont sortis de leurs tranchées pour jouer ensemble au football et partager des cigarettes, ils ont cessé d'être de simples représentants de leurs nations et ont agi en tant qu'individus. Ensuite, ils sont retournés dans leurs tranchées et ont recommencé à s'entretuer.

Qu'est-ce qui est plus réel, une nation ou les individus qui la constituent ? Qu'est-ce qui doit guider l'action ? Faut-il agir en tant qu'individus, en prenant des décisions politiques sur la base de ce que veulent les individus, ou faut-il donner la primauté à la « nation » ou à la « classe », même si les individus doivent, en conséquence, en pâtir ? C'est une question d'éthique, mais nous pouvons aller plus loin et demander : « Est-ce que les nations existent vraiment ? Et que dire de la société ou s'agit-il simplement d'êtres humains et de familles ? » Ce sont là des questions fondamentales, abstraites, mais leurs conséquences pratiques et morales sont importantes.

Connaissance et justification : en êtes-vous certain ?

Quand je fais une expérience, celle-ci implique deux choses :

1. Les sensations de la vue, de l'ouïe, du goût, du toucher ou de l'odorat, qui semblent toutes provenir de l'extérieur de moi-même et qui me donnent par conséquent des informations du monde.
2. Mes propres sens. Si je suis partiellement sourd, je n'entends peut-être pas correctement. Si je ne vois pas les couleurs, je suis peut-être incapable de distinguer certains motifs ou d'apprécier les subtilités d'un tissu aux multiples teintes. Si je suis endormi, je n'ai pas conscience de ce qui se passe autour de moi.

Imaginons que je sois conduit à un poste de police et interrogé pour un événement survenu dans un passé récent. Je fais le récit de ce que j'ai vu ou entendu. Si cela semble crédible ou si cela concorde avec le récit d'autres personnes, il est probable que l'on me croie. D'un autre côté, la police peut me demander : « En êtes-vous bien sûr ? Serait-il possible que vous vous trompiez ? » L'implication est que, même si je m'efforce d'être précis et honnête, mes sens m'ont peut-être induit en erreur et il peut y alors avoir deux manières complètement différentes d'interpréter une même expérience.

Lorsque les philosophes demandent : « Que pouvons-nous connaître vraiment ? » ou « Les sens sont-ils une source fiable de connaissance ? », ils essayent de discerner cet élément d'incertitude pour aboutir à des énoncés que l'on sait être vrais.

Comme nous l'avons vu précédemment, il existe essentiellement deux manières d'aborder ce problème : l'empirisme ou le rationalisme.

- Les empiristes s'intéressent avant tout aux sensations d'une expérience et disent que tout ce que nous connaissons du monde est fondé sur l'expérience sensible.
- Les rationalistes affirment que la base de toute connaissance, c'est nos idées, qui permettent d'expliquer et d'interpréter une expérience. L'esprit vient en premier et les données de l'expérience en second.

Cependant, avant d'examiner plus en détail ces approches, commençons par préciser une catégorie de choses que nous savons être vraie. Si je dis que 2 + 2 = 4, cet énoncé ne fait aucun doute. Les mathématiques et la logique opèrent à partir de définitions communément admises d'où découlent des résultats qui ne dépendent pas de situations ou d'expériences particulières.

D'une manière générale, je peux dire que si A = B + C et si B et C sont contenus dans, ou implicites à, la définition de A, alors cet énoncé est toujours vrai. Il suffit de comprendre les mots pour en saisir la vérité. Par conséquent, les énoncés qui sont vrais par définition sont importants, mais ils ne sont que des énoncés, rien de plus.

Descartes (1596-1650)

De bien des manières, René Descartes peut être considéré comme le père de la philosophie moderne, car il a placé au cœur du débat la question : « De quoi puis-je être sûr ? ». Il a utilisé la méthode du doute systématique, qui lui permettait de n'accepter que ce qu'il voyait clairement et distinctement comme étant vrai. Il savait qu'il pouvait être induit en erreur par ses sens et qu'il ne devait pas toujours se fier à sa logique. Il a pris conscience qu'il pouvait même rêver ce qu'il considérait être une réalité « éveillée ». Son approche sera étudiée plus loin, dans la partie sur le scepticisme. Cependant, s'il est une chose dont Descartes n'avait pas le moindre doute, c'était de sa propre existence. S'il doutait, il était là pour douter, par conséquent il devait forcément exister. La célèbre maxime qui exprime cette pensée, *cogito ergo sum* (« je pense, donc je suis »), provient du *Discours de la méthode* (quatrième partie), 1637 :

> *Mais aussitôt après, je pris garde que, pendant que je voulais ainsi penser que tout était faux, il fallait nécessairement que moi, qui le pensais, fusse quelque chose. Et remarquant que cette vérité : je pense, donc*

je suis, était si ferme et si assurée, que toutes les plus extravagantes suppositions des sceptiques n'étaient pas capables de l'ébranler, je jugeai que je pouvais la concevoir, sans scrupule, pour le premier principe de la philosophie que je cherchais.

GF-Flammarion, p. 54, édition établie par Geneviève Rodis-Lewis, 1966 pour la première édition.

Descartes pouvait douter même de son propre corps mais, s'il doutait, alors il ne pouvait nier qu'il était un être pensant. Tout le reste était ouvert à l'éventualité qu'il pouvait se tromper.

De bien des manières, cet argument de Descartes représente le point de départ de la philosophie moderne (moderne par comparaison à la philosophie grecque et médiévale), non parce que les penseurs ultérieurs ont été en accord avec lui mais parce que, stimulés par son scepticisme, ils ont poursuivi sa quête afin de trouver le fondement de la certitude et de la connaissance. En d'autres termes, Descartes a permis l'avènement de l'épistémologie.

Mais faut-il toujours faire preuve de scepticisme vis-à-vis de ce dont nous faisons l'expérience ?

Russell (1872-1970)

L'influence de Bertrand Russell a été immense, surtout en ce qui concerne ses derniers écrits. Il a apporté sa contribution aux mathématiques et à la logique, et a introduit la philosophie analytique, une approche qui a dominé la scène philosophique anglo-saxonne pendant un demi-siècle.

En partant du doute systématique de Descartes, il analyse l'expérience dans son ouvrage *Problèmes de philosophie* (1912). Il examine la table sur laquelle il écrit. Il observe que son apparence change en fonction de la lumière et du point de vue, et aboutit à la conclusion que notre perception sensible (l'expérience de la couleur, de la forme et de la texture) diffère de la table elle-même (sinon, nous devrions dire que la table devient noire quand la lumière s'éteint ou plus petite quand nous nous en éloignons). Nous devons *déduire* la table à partir de ces perceptions.

Russell distingue par conséquent les données qui proviennent des sens de « l'objet physique » qui est à l'origine de ces données.

Il fait référence au théologien Berkeley (voir plus loin dans ce chapitre) selon qui rien, dans notre perception de quelque chose, ne prouve son existence, pas même sa perception par quelqu'un. Afin de préserver une continuité lorsque les choses ne sont pas observées, Berkeley a développé l'idée qu'elles l'étaient par Dieu. En d'autres termes, ce que nous appelons matière (les objets extérieurs) n'existe que dans un rapport de dépendance avec l'esprit qui la perçoit.

Ayant commenté le doute systématique de Descartes, Russell fait remarquer que le sens commun suggère l'existence d'objets qui continuent d'exister lorsqu'ils ne sont pas observés. Il a pris l'exemple d'une nappe posée sur une table. On ne peut plus observer la table, mais elle est implicite en raison de la forme du tissu, apparemment suspendu dans l'air. Il a également envisagé le cas où plusieurs personnes regardent une même table. À moins qu'il n'existe une réalité sous-jacente, il est peu probable que tout le monde voie la même chose.

Il a en outre pris l'exemple d'un chat ayant faim qu'on l'observe ou non. S'il n'existait que lorsqu'il est observé, cela n'aurait aucun sens. D'ailleurs, comme il le fait remarquer, la faim du chat est impossible à observer directement et, par conséquent, du point de vue des données sensibles, elle n'existe pas.

Tout cela l'a conduit à accepter l'idée, fondée sur une croyance instinctive qu'il n'avait aucune raison de rejeter, qu'il existe bien un monde extérieur à l'origine de notre expérience sensible.

Le monde extérieur : apparence et réalité

Comme nous l'avons déjà vu, la métaphysique examine ce qui est sous-jacent, ou implicite, à notre expérience du monde. Elle explore des idées générales comme « la bonté » ou « l'honnêteté » et s'efforce de voir le rôle qu'elles jouent dans notre compréhension de la réalité. Sans la métaphysique, le monde ne serait qu'un fatras d'expériences dépourvues de cohérence.

On peut bien sûr affirmer que notre expérience du monde est un fatras de sensations dépourvues de valeur, de direction ou de sens général. Cela constitue un rejet de la métaphysique. Il est également possible de rechercher, en ayant l'intuition que cela doit exister, une forme de réalité et d'unité dans le monde, une compréhension capable de nous guider dans l'interprétation et l'évaluation des expériences individuelles. Ce sens d'une cohérence globale repose, ou non, sur une croyance en Dieu. Dans les deux cas, cela relève de la métaphysique.

Bien évidemment, le débat sur la connaissance de la réalité extérieure est antérieur à Descartes (même s'il est commode de débuter par lui en raison de son doute radical). Les Grecs de l'Antiquité se souciaient autant de comprendre la nature de l'expérience que des mots utilisés pour la décrire.

Les philosophes présocratiques

Platon (427-347 av. J.-C.) et Aristote (384-322 av. J.-C.) sont les deux penseurs grecs les plus importants pour l'histoire de la philosophie occidentale. Ils ont ouvert la voie à tous ceux qui les ont suivis. Platon s'est inspiré de Socrate (470-399 av. J.-C.) qui n'a rien écrit mais dont les Idées ont été propagées par le premier sous la forme du dialogue. Avant Socrate, de nombreux philosophes se sont également intéressés à la métaphysique, recherchant les principes qui sous-tendent tous les phénomènes naturels (ce qui deviendra plus tard un point de vue « scientifique »).

Les philosophes présocratiques apparaissent au VIe siècle av. J.-C. Ce sont entre autres Thalès, Anaximandre, le philosophe et mathématicien Pythagore et, un siècle plus tard, Parménide. Nous ne nous attarderons pas sur eux, mais leur contribution à la philosophie occidentale mérite qu'on les étudie. Les conceptions des « atomistes », Leucippe et Démocrite, sont particulièrement intéressantes. Ils ont été les premiers, avant Newton et les autres physiciens, à penser que tous les objets matériels sont constitués d'atomes, qui obéissent à des lois fixes, et à reconnaître que de nombreuses qualités secondaires (comme la couleur) dépendent du perceveur plutôt que des qualités inhérentes de ce qui est perçu.

Il existait en outre une fascination pour les problèmes de la permanence et du changement. Héraclite, comme nous l'avons vu précédemment (voir introduction), serait l'auteur de l'affirmation selon laquelle on ne se baigne jamais deux fois dans le même fleuve. Ce dernier possède-t-il une réalité permanente supérieure à l'eau qui coule ? Cette question radicale, posée au VIe siècle av. J.-C., est à mettre en parallèle avec la métaphysique développée par Bouddha dans le nord de l'Inde vers la même époque.

Rétrospectivement, 2 500 ans plus tard, nous pouvons trouver que ces premiers penseurs avaient des idées primitives sur la cosmologie et la physique. Il est cependant remarquable qu'ils aient proposé une explication générale du monde en décrivant le « cosmos » comme un tout rationnellement organisé et unifié. Il y a toujours eu des mythes et des représentations selon lesquels l'univers a un sens et peut être exploré, mais ces philosophes présocratiques ont examiné la nature du monde de manière systématique. Ils se sont servis de leur raison pour formuler des principes généraux quant à sa structure et à sa composition fondamentales. Alors que leurs contemporains pensaient en termes de destin ou d'influence divine pour expliquer les choses, eux ouvraient la voie de ce qui deviendraient la philosophie et la science.

Platon (427-347 av. J.-C.)

Toute la philosophie occidentale ne serait que des « notes de bas de page » des textes de Platon. C'est en partie vrai, car Platon s'est intéressé à de nombreux sujets et a soulevé des questions à propos desquelles les philosophes n'ont cessé de s'interroger.

Dans la *République*, Platon a recours à l'allégorie de la caverne pour illustrer sa conception de l'expérience humaine et sa théorie de la connaissance. Des prisonniers enchaînés sont assis en rang au fond d'une caverne, de sorte qu'ils ne peuvent en voir l'entrée. Derrière eux brûle un feu devant lequel défilent divers objets. Le feu projette l'ombre de ces objets sur la paroi de la caverne. C'est tout ce que voient les prisonniers. Selon Platon, cela correspond à notre expérience ordinaire du monde : nous ne voyons que des ombres et non la réalité. Platon imagine ensuite la libération d'un prisonnier de ses chaînes. Celui-ci se tourne, voit le feu et les objets qui projetaient les ombres. Sa première impression est que les objets ne sont pas aussi « réels » que les images qu'il était habitué à voir. Cet homme est ensuite contraint de se diriger vers l'entrée de la caverne. Il s'habitue peu à peu à la clarté du soleil. L'expérience de la lumière du jour et de la perception du soleil est douloureuse et demande une adaptation considérable. Ce n'est qu'alors qu'il devient évident pour cet homme que ses anciennes perceptions n'étaient que des ombres, et non la réalité. Cela symbolise, pour Platon, notre cheminement lorsque nous passons de la vision de choses particulières, sensibles aux réalités éternelles, intelligibles dont les premières ne sont que des copies imparfaites, semblables à des ombres.

Dans les dialogues de Platon, Socrate utilise la dialectique pour interroger le sens des mots (par exemple, « qu'est-ce que la justice ? »). Platon prend la signification d'un terme qui correspond à une réalité extérieure permanente. « Justice », par exemple, ne désigne pas simplement une certaine catégorie d'événements et de situations. La justice existe bien. C'est une réalité supérieure à toutes les entités individuelles que l'on peut qualifier de justes. En effet, si l'on peut dire que quelque chose est « juste », c'est uniquement parce que nous avons déjà connaissance de la « justice » elle-même et que nous pouvons voir qu'elle participe de cette réalité.

Platon appelle « formes intelligibles » ou « Idées » (*eidos*) ces réalités générales. Si nous n'avons pas connaissance des formes intelligibles, nous sommes incapables de mettre quoi que ce soit dans une catégorie. L'idée de quelque chose est son « essence », la caractéristique essentielle qui fait qu'elle est ce qu'elle est.

Un exemple

Si j'ignore l'essence du chien, je serai incapable de dire si l'animal qui est devant moi est un chien ou un chameau. Suis-je en train de voir un grand chien avec une bosse, un long cou et une mauvaise haleine ? De même, ce teckel en laisse pourrait-il être un chameau court sur pattes, sans bosse et avec un petit cou ?

Toute description repose sur des termes généraux, ce qui requiert la compréhension de leur essence. C'est seulement si je suis capable d'apprécier, au préalable, ce qui est propre à un chien ou à un chameau (si c'est bien le terme correct) qu'il est possible de les distinguer.

Pour Platon, l'Idée suprême (et le but de la quête philosophique) est l'Idée du « Bien ». La compréhension du « Bien » permet d'évaluer tout le reste. En d'autres termes, qu'il s'agisse de la doctrine des Idées ou de l'allégorie de la caverne, Platon aborde le problème qui continue de préoccuper les philosophes modernes : comment relier nos expériences à la réalité. Selon Platon, l'expérience ordinaire n'est rien de plus que des ombres et la réalité existe au-delà d'elles. Nous pouvons connaître les Idées par la raison, mais la connaissance du monde sensible ne peut être, au mieux, qu'une opinion vraie (une connaissance vraie mais non justifiée ni fondée) en raison de sa nature provisoire et changeante.

Mais comment parvenir à la connaissance des Idées ? Par la maïeutique ou l'art d'accoucher les esprits par le questionnement. Dans les dialogues de Platon, le protagoniste (généralement Socrate) invite son interlocuteur à lui expliquer le sens d'un concept donné et, en introduisant des exemples visant à vérifier la validité de l'explication, il en précise le concept. Par conséquent, le savoir véritable résulte de la raison seule. Mais comment est-ce possible si toutes les expériences ne portent que sur des choses particulières ? Platon est convaincu que notre âme a eu une connaissance directe des Idées avant son existence présente et que cette connaissance est ensuite devenue confuse en raison des expériences fluctuantes du monde dans lequel nous vivons (nous regardons, comme dans l'allégorie de la caverne, des ombres). Par conséquent, l'homme n'acquiert aucun savoir, il ne fait que s'en ressouvenir. C'est ce que Platon appelle la réminiscence.

Aristote (384-322 av. J.-C.)

À l'idéalisme de Platon, Aristote, cet autre maître à penser de la Grèce antique, oppose le réalisme. Alors que Platon explore le monde des Idées, connues uniquement grâce à l'intellect (un monde parfait, libre de la limitation des choses particulières dont nous faisons l'expérience), Aristote affirme qu'on ne peut découvrir les principes qui gouvernent le réel que par l'expérience. Il établit des catégories pour les sciences (la physique, la psychologie et l'économie nous viennent de lui) et apporte, par son savoir académique, nombre de termes et de concepts qui domineront la science et la philosophie (dont l'énergie, la substance, l'essence et la catégorie).

En rejetant les Idées platoniciennes, Aristote reconnaît néanmoins que les hommes ont besoin de considérer des « sortes » de choses, plutôt que chaque chose individuellement (essayez de décrire un objet sans utiliser de termes généraux pour indiquer de quoi il s'agit !). Cependant, il pense que les Idées, les formes intelligibles (pour reprendre Platon) ne peuvent pas être dissociées de la matière. Ainsi, je peux regarder divers objets rouges et dire que ce qu'ils ont en commun, c'est cette couleur. Cette qualité est une part de mon expérience de ces objets. Mais qu'est-ce que cela signifierait d'avoir un rouge absolu, un rouge qui ne serait pas un rouge ceci ou cela ? Chez Aristote, nous ne sortons pas du monde de l'expérience pour connaître la signification des concepts universels. Nous nous contentons de les appliquer dans le cadre de l'expérience. L'exemple donné ci-dessous montre comment on parvient à dépasser la pensée platonicienne :

Un exemple

Je crois que j'ai devant moi un homme.

Pourquoi ? Parce que j'ai la connaissance de l'Idée, de la forme intelligible d'un homme.

Mais, étant donné que toutes les réalités particulières sont différentes, comment puis-je savoir que celle-ci appartient à la catégorie « homme » ? (Il pourrait s'agir d'un robot, d'un singe ou d'un préhominien.)

Réponse : Il doit exister un concept d'« homme » supérieur à l'Idée et à la réalité particulière auxquels je me réfère quand j'affirme que ceci est un exemple particulier de cela.

Mais, comment savoir que **ceci** est la bonne catégorie ? Uniquement en ayant déjà un autre concept d'« homme » auquel je peux me référer — et ainsi de suite à l'infini ! (Ce qui signifie que je ne peux jamais être certain qu'il s'agit bien d'un homme !)

Ce problème de «l'argument du troisième homme» fut évoqué par Platon. En faisant de l'Idée, de la forme intelligible une entité indissociable de la matière pour décrire une réalité particulière, le problème est évité.

Pour Platon, la connaissance est limitée au monde des Idées et le monde connu par les sens apporte, au mieux, une opinion vraie. Les vérités éternelles sont détachées des choses particulières. En revanche, Aristote affirme que, comme la substance est composée de matière et de forme, nous pouvons avoir une connaissance véritable du monde sensible, qui n'est pas dissocié du monde intelligible.

La métaphysique d'Aristote comporte d'autres concepts importants. L'un d'eux, son idée de causalité, est particulièrement intéressant parce qu'il a des implications dans la métaphysique et la philosophie des religions.

Selon Aristote, toute chose implique l'intervention de quatre causes différentes.

1. La cause matérielle, la matière dont est faite la chose ;
2. La cause formelle, la forme donnée à cette matière ;
3. La cause efficiente, l'agent qui produit la chose (ce que l'on appellerait, en science moderne, une cause) ;
4. La cause finale, le but ou la finalité de cette chose, en d'autres termes sa raison d'être. C'est le concept de *telos*, la « fin ». Si le monde est rationnel, toute chose a un rôle à jouer.

Ce principe de causalité jouera un rôle considérable en ce qui concerne la philosophie de la religion (comme nous le verrons au chapitre 5) et l'approche de l'éthique selon la « loi naturelle » (voir chapitre 6). En outre, ce principe reconnaît que la réalité d'une chose donnée n'est pas uniquement une question de matière et de forme. Elle est reliée à des agents du passé qui l'ont produite et à des buts vers lesquels elle tend – tous deux étant une partie de cette réalité.

D'une certaine manière, la métaphysique doit toujours tenir compte du fait que nous avons besoin de connaître des choses individuelles, qui sont reliées entre elles, mais également (ce qui est implicite à chaque fois que nous utilisons le langage) qu'il existe des concepts universels, généraux, qui participent à un sens du tout. Que faut-il privilégier ?

Ce dilemme est illustré par deux systèmes métaphysiques majeurs, ceux de Spinoza et de Leibniz. Tous deux sont des exemples de rationalisme (la connaissance d'une réalité repose sur la raison par opposition à l'empirisme, pour qui elle passe par l'expérience) qui reprennent la tradition établie par Descartes (élaborer, à partir des principes premiers, une vision générale du monde).

Spinoza (1632-1677)

Baruch Spinoza est né à Amsterdam de parents juifs. Il grandit dans la communauté juive orthodoxe qui l'exclut à l'âge de 24 ans en raison de ses idées « hérétiques ». Pour survivre, il polit des lentilles pour des instruments d'optique, ce qui lui permet de développer ses idées et d'écrire. On lui proposera un peu plus tard une chaire de professeur qu'il refusera afin de pouvoir continuer d'explorer librement la philosophie.

Pour Spinoza (et pour Leibniz), la réalité du monde connue par la raison est très différente de l'apparence du monde connue par l'expérience. Spinoza, ce penseur juif radical, affirme que Dieu est la substance unique, selon des arguments que nous pouvons résumer de la manière suivante :

- Si Dieu est infini, Il doit coexister avec toute chose.
- Dieu est, par conséquent, l'unique chose dont l'explication réside en elle-même (toute chose limitée peut être causée par quelque chose d'extérieur – ce qui n'est pas le cas de Dieu car rien n'est extérieur à lui).
- Par conséquent, Dieu est identique à l'ordre naturel.
- Même si des choses individuelles peuvent sembler séparées, elles sont, en réalité, des parties d'un tout plus grand, qui est Dieu.
- L'unique chose vraie est le monde en tant que tout.

Cette approche envers l'apparence et la réalité revient à dire qu'une chose donnée trouve sa réalité uniquement en tant que partie d'un tout. Spinoza a également fusionné le spirituel et le matériel, qu'il considère comme deux aspects différents d'une seule et même réalité.

Leibniz (1646-1716)

Né à Leipzig, Gottfried Wilhelm Leibniz est le fils d'un professeur de philosophie morale. Il fut un brillant philosophe, un mathématicien hors pair (il développa le calcul infinitésimal pratiquement au même moment que Newton) et un logicien.

Sa conception des choses s'oppose à celle de Spinoza. Pour Leibniz, qui suit en cela Descartes, le monde est divisé entre des substances spirituelles, immatérielles et des substances physiques, matérielles, la différence essentielle étant que seules les substances physiques existent dans l'espace. Toute substance matérielle pouvant être divisée en ses parties constituantes et ainsi de suite à l'infini, le monde doit donc se composer d'un nombre infini de substances que l'on ne peut plus diviser. Mais si elles sont indivisibles, elles ne peuvent pas être physiques et occuper l'espace. Elles sont donc de nature spirituelle. C'est ce qu'il appelle des *monades*.

Son argumentation peut être formulée de la manière suivante :

- Toute chose complexe peut être divisée en ses parties constituantes.
- Ces parties constituantes peuvent être sous-divisées à l'infini.
- Tout ce qui se trouve dans l'espace peut être divisé.
- Cela aboutit à un nombre infini de monades qui n'occupent aucun espace. Ces monades ne peuvent pas être physiques (sinon elles se retrouveraient dans l'espace et pourraient être divisées). Elles sont donc de nature spirituelle.

Remarque

Dans l'usage moderne, «spirituel» fait référence à la pensée humaine. Il est alors difficile de voir comment on peut ainsi décrire les monades de Leibniz. Cela étant, d'après Descartes, tout est soit matériel soit spirituel. Leibniz n'avait donc pas beaucoup de choix. En termes modernes, on décrirait probablement ces monades comme des entités ayant une qualité de pure énergie ou de pure activité. Cela rapprocherait mieux ce concept de la physique moderne où toute la matière est, en fait, de l'énergie.

Comment ces monades peuvent-elles former des entités complexes ? Selon Leibniz, les monades ne peuvent pas s'influencer directement les unes les autres. Il existerait une harmonie préétablie au sein du monde. Par conséquent, toutes les monades distinctes, chacune suivant son cours propre, se combinent entre elles afin d'aboutir au monde que nous connaissons, avec toute sa complexité.

En d'autres termes

- Qu'est-ce qui est plus réel, le tout ou ses parties constituantes ?
- Existe-t-il des choses comme la justice ou la beauté (ou tout autre idée universelle) ou n'y a-t-il que des choses individuelles que nous choisissons de décrire comme justes ou belles ?
- Comment aller au-delà des choses qui apparaissent aux sens ? Y a-t-il une réalité sous-jacente et, si oui, pouvons-nous la comprendre ?

Ce sont quelques-unes des questions métaphysiques fondamentales soulevées par les philosophes que nous venons de voir dans ce chapitre.

Privilégier l'expérience, plutôt que la raison ?

La recherche de la connaissance peut se faire selon deux approches distinctes. La première – le rationalisme – met en avant la raison, tandis que la seconde – l'empirisme – se fonde sur l'expérience. Le point essentiel à comprendre, s'agissant de l'empirisme, est que les données fournies par les sens (qui fondent notre expérience) ne sont pas simplement des « choses » extérieures au monde. Elles dépendent de nos propres facultés, à savoir de la façon dont nous en faisons l'expérience ainsi que de ce dont nous faisons l'expérience.

Le débat qui oppose le rationalisme à l'empirisme peut être illustré par les conceptions, divergentes, de Descartes (exposées précédemment) et par celles de John Locke, de George Berkeley et de David Hume qui sont les figures clés du développement de l'empirisme.

Locke (1632-1704)

John Locke est l'un des fondateurs de l'empirisme. Outre qu'il fut un philosophe politique de premier plan, sa théorie de la connaissance met en avant l'expérience sensible et la manière dont nous apprenons. Dans son écrit *Essai sur l'entendement humain* (1690), il s'interroge, comme Descartes, sur ce que l'esprit peut comprendre et sur les limites de l'entendement, mais aboutit à des conclusions diamétralement opposées en réfutant l'existence d'idées innées. Selon lui, tout ce que nous pouvons savoir provient de l'expérience et de la réflexion.

Locke distingue des qualités premières ou primaires (solidité, étendue, figure, mouvement ou repos et nombre) et des qualités secondaires (couleur, son, saveur, etc.). Les premières sont inhérentes aux corps matériels (elles sont indépendantes de notre perception), tandis que les secondes dépendent de la perception par les organes des sens (la capacité à voir, à entendre, etc.).

Il soutient également que la sensation permet de connaître l'existence des corps. Les données des sens que nous recevons ne peuvent pas être subjectives, car nous ne les contrôlons pas. Ce qui est similaire à la position de Russell quand il regarde sa table : étant donné que les autres aussi peuvent la voir, il en conclut que la table ne dépend pas de notre sensation propre, même s'il perçoit effectivement des données sensibles.

Locke fut certainement influencé par Descartes. Il lui a fallu accepter que la substance en elle-même est impossible à connaître étant donné qu'il ne peut rien connaître directement, si ce n'est par les sens. Ce faisant, il a anticipé dans une certaine mesure les conclusions les plus générales de Kant (voir plus loin dans ce chapitre), qui établira une distinction radicale entre la « chose en soi » (noumène) et la chose telle qu'on la perçoit (phénomène). Cependant, la différence radicale entre Locke et Kant est que, pour Kant, l'espace, le temps et la causalité ne sont pas en soi des caractéristiques du monde extérieur, mais qu'ils ont été imposés par la raison sur l'expérience, tandis que, pour Locke, l'espace et le temps sont des caractéristiques du monde extérieur.

Berkeley (1685-1753)

L'évêque anglican George Berkeley est un personnage fascinant. Il écrit la plupart de ses ouvrages de philosophie avant la trentaine, puis devient évêque et s'intéresse à l'enseignement supérieur dans les colonies américaines de l'Angleterre, où il vit un certain temps, léguant sa bibliothèque à l'université de Yale.

Berkeley est un idéaliste ou, plus exactement, un « immatérialiste », car il réfute la réalité de la matière. Tout ce qui existe relève, d'après lui, de l'esprit. Cela semble aller à l'encontre de l'évidence la plus communément admise, mais découle de la manière dont nous percevons les choses (*esse est percipi*, être, c'est être perçu ou percevoir). Un idéaliste pourrait argumenter de la manière suivante :

- Tout ce que nous connaissons du monde, ce sont des sensations (couleur, son, saveur, contact, positions relatives des choses que nous percevons). Nous ne pouvons pas appréhender autrement le monde. Ces sensations sont ce que nous entendons par « le monde ».
- Toutes ces sensations sont des « idées », des phénomènes de l'esprit. (La couleur rouge n'existe pas indépendamment de l'esprit qui perçoit quelque chose de cette couleur.)
- Toutes les choses sont par conséquent la réunion de ces idées. Elles existent de par leur perception.

Le problème évident de Berkeley était de montrer comment quelque chose peut exister tout en n'étant pas perçu.

Un exemple par l'absurde

J'ai conscience qu'un arbre se trouve devant moi. Je vois le tronc, les branches et les feuilles avec leurs différentes couleurs. Je peux m'avancer et toucher l'écorce. L'arbre est, pour moi, la réunion de toutes ces sensations. Afin de vérifier le bien-fondé de l'idéalisme, je ferme les yeux et j'essaie de me couper de toute sensation. Convaincu(e) que l'arbre n'existe plus, je fais un pas en avant. L'arbre réapparaît immédiatement... sous la forme d'une douleur intense au nez et au front !

Cela étant, qu'est-ce que cela signifie de dire que l'arbre existe pendant le moment qui se situe entre celui où je ferme les yeux et celui où je me cogne contre le tronc ?

Est-il possible de dire qu'un objet continue d'exister s'il est perçu par quelqu'un d'autre. Mais si personne ne le perçoit ? La réponse de Berkeley à cette interrogation est que l'arbre continue d'exister uniquement parce qu'il est perçu par Dieu.

Lorsque l'on réfléchit à la théorie de Berkeley, il n'est pas inutile de penser à l'endroit d'où proviennent les sensations. Elles résultent de l'activité du cerveau et des organes sensoriels. C'est pourquoi Berkeley dit qu'elles se produisent « dans » notre esprit. Cependant, étant donné qu'une sensation varie en fonction des conditions, tout comme des couleurs se modifient avec un éclairage différent, cela implique-t-il que tout ce que nous entendons par couleur est subjectif ?

Berkeley a également soutenu qu'il n'existe pas d'idées générales abstraites. Si vous pensez à un triangle, vous pensez à un triangle particulier. Celui-ci partage ses qualités avec d'autres triangles, mais il n'existe aucun concept de triangle qui découle d'un triangle en particulier. Ce que nous pensons en termes d'« universaux » n'est qu'un ensemble de qualités issu de choses particulières.

Remarque

Peu de choses sont nouvelles en philosophie. Le débat ci-dessus avait déjà cours à l'époque de Platon et d'Aristote. Si vous pensez que les universaux sont " réels », qu'ils concernent des choses, alors vous serez qualifié de « réaliste » et serez plutôt d'accord avec Platon. En revanche, si vous pensez que les universaux ne sont que les « mots », et donc les idées qui caractérisent ou constituent des entités, alors vous serez qualifié de « nominaliste » et vous serez plutôt d'accord avec Aristote.

Hume (1711-1776)

David Hume est un philosophe écossais né à Édimbourg, populaire et radical, qui contribua à l'empirisme et à la théorie de l'économie. Dans son approche empirique (toute connaissance résulte de l'expérience à partir des sens), il établit une distinction de taille (que nous avons déjà abordée) entre les énoncés « analytiques » et « synthétiques », en d'autres termes entre :

- les énoncés qui montrent la relation existant entre des idées. Ils sont connus comme étant vrais *a priori* (avant toute expérience) parce que leur négation impliquerait une contradiction (par exemple, pour un principe mathématique et logique). Ils apportent une certitude, mais non une information sur le monde ;

et

- les énoncés qui décrivent des faits. Ils ne sont connus qu'*a posteriori* (après toute expérience). Ils ne sont pas certains, mais dépendent d'une évidence empirique.

Cette distinction entre les idées et les faits est connue sous le nom de « fourchette de Hume ». Vous pouvez donc demander, à propos d'un énoncé :

- Renferme-t-il des faits ? Si c'est le cas, reliez-les à l'expérience.
- Donne-t-il la relation entre des idées ?
- Si vous avez répondu par la négative dans les deux cas, alors c'est que cela n'a aucun sens.

L'argumentation de Hume concernant l'évidence peut s'énoncer de la manière suivante :

- Je vois quelque chose se produire plusieurs fois.
- Je m'attends donc à ce que cela se reproduise à nouveau.
- Je suis donc préparé, mentalement, à ce que cela se produise.
- Je risque d'être tenté de projeter cette habitude mentale déjà en place vis-à-vis du monde extérieur sous la forme d'une « loi » de la physique.

C'est ce que Hume appelle des impressions sensibles. Ce sont elles qui causent nos idées, et non l'inverse. Ainsi, par exemple, « A entraîne B » peut signifier que « B est toujours la conséquence de A ». Mais cela impliquerait que la nature est uniforme, or on ne dispose jamais de suffisamment d'évidences pour un énoncé aussi absolu.

À l'énoncé « tout événement a forcément une cause », Hume rétorque :

- cela ne peut pas être justifié par la logique étant donné que sa négation n'implique pas une contradiction ;
- cela ne peut pas être prouvé par l'expérience étant donné que nous ne pouvons pas être le témoin de chaque événement.

Que faut-il faire alors ? D'après Hume, nous devons accepter l'idée de causalité, parce que c'est une impression déjà en place dans notre esprit, qui résulte de notre perception d'une observation passée. Cela peut sembler évident, mais il existe une distinction de taille entre le fait d'affirmer que quelque chose *doit* survenir et le fait de dire que, dans la pratique, nous avons *toujours trouvé* que c'était le cas. En cela, Hume est profondément sceptique.

Dans la dixième section de l'*Enquête sur l'entendement humain* (1758), où Hume parle des miracles, il explique ce qu'il entend par évidence :

> *Le sage proportionne donc sa croyance à l'évidence. Dans ces questions qui se fondent sur une expérience infaillible, il attend l'événement avec le dernier degré d'assurance et regarde son expérience passée comme une preuve complète de l'existence future de cet événement. Dans d'autres cas, il procède avec plus de prudence : il pèse les expériences contraires ; il considère quel côté est soutenu par le plus grand nombre d'expériences : c'est de ce côté qu'il penche, non sans doute ni hésitation ; quand enfin il fixe son jugement, l'évidence ne dépasse pas ce qui s'appelle proprement probabilité.*
>
> GF-Flammarion, p. 184-185, traduction d'André Leroy, 1947 pour la traduction, 1983 pour l'édition.

L'approche de Hume est également précieuse pour déterminer si le monde extérieur existe ou non et si nous pouvons prouver son existence. D'après lui, c'est impossible, mais il cite deux particularités de l'expérience qui aboutissent à l'acception de cette idée : la constance et la cohérence. Je vois que des objets restent à la même place pendant un certain temps. Je suppose donc qu'ils resteront là même si on ne les observe pas. Par ailleurs, je peux voir quelqu'un à des moments différents en des lieux différents, et j'en déduis que cette personne se déplace. En d'autres termes, la supposition que le monde est prévisible me permet de combler les manques de ma propre expérience. Une fois encore, cependant, l'élément clé à retenir est que ce n'est pas quelque chose qui peut être prouvé.

Kant (1724-1804)

Emmanuel Kant est l'une des figures qui a le plus marqué la philosophie occidentale. Il a vécu toute sa vie à Königsberg, en Prusse-Orientale, où il enseigna la philosophie à l'université. Ce fait en soi est remarquable étant donné qu'avant le XXe siècle, la plupart des philosophes ne sont pas des universitaires.

Kant affirme que certaines caractéristiques de l'expérience, dont l'espace, le temps et la causalité, ne sont pas en soi des caractéristiques du monde extérieur, mais qu'elles ont été imposées par la raison sur l'expérience. C'est une façon révolutionnaire de considérer la théorie de la connaissance et la métaphysique. Nous ne pouvons pas connaître les choses en soi, mais uniquement les phénomènes, le réel tel qu'il nous apparaît. Prenons l'exemple du temps. Lorsque je vois une succession de choses, je dis que le temps passe et qu'une chose en suit une autre. Mais où est ce temps ? Est-ce quelque chose que je peux connaître ? Pour Kant, le temps est (avec l'espace) l'une des manières par laquelle la raison organise ses expériences. C'est une partie de notre « appareil mental ».

- « Que s'est-il passé avant le Big Bang ? » est un exemple de la raison tentant d'imposer la catégorie du temps à quelque chose pour laquelle les scientifiques essaient de nous dire qu'elle ne s'applique pas. Même si j'accepte l'idée de l'espace et du temps provenant de cette « singularité », ma raison se rebelle et demande toujours plus d'espace et de temps avant et après cela. On me donne une description de l'espace et je demande : « Qu'y a-t-il au-delà ? » Si l'on me répond qu'il n'y a rien, je suis perdu car ma raison s'efforce automatiquement d'imaginer une dilatation du néant qui s'étirerait au-delà ce qui est connu.

Il en va de même pour la causalité. Nous partons du principe que tout a une cause. Même lorsque nous n'en avons aucune évidence, nous savons que nous finirons par en trouver une. Kant dirait que c'est ainsi que fonctionne la raison. Nous imposons l'idée de causalité à notre expérience. Kant établit une distinction de taille entre ce que nous percevons avec nos sens – qu'il appelle des **phénomènes** – et les choses telles qu'elles sont en soi – qu'il appelle des **noumènes**.

- Une façon de prendre conscience de cette distinction est de partir de vous. Le véritable « vous » est une réalité nouménale. Vous existez par vous-même, sans devoir tenir compte des perceptions qu'ont les autres de vous. Mais vous êtes une réalité phénoménale pour tous les autres. Tout ce qu'ils savent de vous est ce que vous leur montrez. À présent, demandez-vous : « Suis-je vraiment rien si ce n'est la somme de ce que les autres voient de moi ? Y a-t-il quelque chose de moi que je connais, mais que je ne peux pas montrer entièrement aux autres ? »

De bien des manières, la philosophie de Kant peut être vue comme une tentative pour considérer sérieusement l'affirmation des empiristes, notamment Hume : tout dépend de l'expérience et est sujet au doute, mais en accord avec la physique newtonienne et l'essor des sciences. La science cherche à formuler des lois capables de prédire avec certitude, et la causalité est une caractéristique essentielle de la physique newtonienne. Comment alors accepter, à la fois, une vision empiriste de nos connaissances et les découvertes de la science ?

Kant s'est efforcé de concilier les deux, grâce à ce qu'il a appelé sa révolution copernicienne. Tout comme Copernic a radicalement changé notre perception du monde en montrant que la Terre tourne autour du Soleil et non l'inverse, Kant a postulé que l'espace, le temps et la causalité (sur lesquelles reposent la physique newtonienne) ne relèvent pas des choses en soi (noumènes) dont nous ne pouvons pas avoir de connaissance, mais des structures de notre propre perception, qui donnent lieu aux phénomènes. En d'autres termes, le monde de notre expérience est façonné par nos propres capacités de perception et de compréhension, et nous ne pouvons connaître que des phénomènes et non les choses en soi (noumènes). Kant a ainsi réconcilié dans la conscience du XVIIIe siècle ces deux éléments majeurs, ce qui aura de multiples implications par la suite.

En d'autres termes

Ce que nous savons du monde dépend de nos sens et de la manière dont nous interprétons ces sensations.

Il ne s'agit pas de simples « faits », totalement indépendants de notre perception. Des qualités comme la couleur et la texture, mais également l'espace, le temps et la causalité dépendent de la manière dont l'être humain perçoit les choses.

« **Réalisme** » est le terme que l'on utilise souvent lorsqu'on réfléchit sur l'apparence et la réalité. Ce terme s'applique à la conception selon laquelle la science est capable de nous donner une représentation véritable du monde, y compris des entités impossibles à observer. Il existe différentes formes de réalisme : le " réalisme naïf », où l'on a tendance à croire que les choses sont comme nous les percevons, et le « réalisme représentatif », plus nuancé, qui déclare que nous pouvons formuler des représentations correctes de ce qui existe. C'est particulièrement important en philosophie des sciences, un sujet que nous examinerons au chapitre suivant.

La connaissance intuitive

La **connaissance intuitive** crée des problèmes particuliers à ceux qui fondent leur connaissance du monde sur l'expérience sensible. Par exemple, je peux sentir, en écoutant un morceau de musique ou en regardant un tableau, que cela « dit quelque chose » sur la vie, quelque chose qui va bien au-delà de l'analyse des notes jouées ou des particules de pigment apposées sur la toile. Je peux avoir l'impression de vivre une expérience ayant un niveau de réalité dont je suis intuitivement convaincu, mais que je ne parviens pas à exprimer clairement. Un verre d'alcool procure le même effet. Il permet d'accéder à des facultés intuitives et à la conviction que, tout à coup, le monde entier fait sens, qu'il y a quelque chose d'une importance universelle que l'on cherche à me dire. Toutefois, dès que je suis sobre à nouveau, j'ai du mal à le formuler avec des mots.

Certains philosophes essaient d'accepter que des personnes ont des expériences extatiques, mais ils ont du mal à partir d'elles pour présupposer une quelconque réalité externe. Alfred Jules Ayer est un professeur de logique partisan du positivisme logique. En février 1980, il a été interviewé par *The Observer*. On lui a demandé si, lorsqu'on écoute de la musique, il peut y avoir quelque chose d'autre que ce qui est scientifiquement vérifiable, si l'on peut, par exemple, éprouver un sentiment d'extase et de quelque chose qui ne s'explique pas tout à fait. Voici ce qu'il a répondu :

> *« Je ne cherche pas particulièrement à réduire les expériences esthétiques à quelque chose qui s'exprimerait en termes purement scientifiques, mais je ne pense pas que ce soit plus mystérieux que tout autre formulation que l'on puisse faire à propos de soi. Il y a clairement un problème lorsqu'on cherche à communiquer des sentiments de n'importe quel type, étant donné que l'on doit, pour cela, accéder au monde d'une autre personne. Je ne peux pas me retrouver dans sa tête et mesurer son degré d'extase, mais le fait qu'elle éprouve de l'extase ne me pose aucun problème particulier. Je sais plus ou moins quel type de sentiment est décrit, qu'elle en est la cause, comment cela amène à se comporter, quand on est susceptible de l'éprouver, comment cela s'intègre dans le schéma général du comportement. Le fait d'éprouver de l'extase est-il plus mystérieux que celui de ressentir de l'ennui ou tout autre type de sentiment ? »*

Remarquez ce qui se passe vraiment lorsque Alfred J. Ayer répond. La question impliquait qu'il pouvait y avoir une intuition, lors d'un moment d'extase, qui procurerait la conscience de quelque chose situé au-delà de l'analyse scientifique. Or Ayer le réduit au sentiment éprouvé, l'extase, au même titre que d'autres sentiments, comme l'ennui. Ce faisant, l'expérience n'est plus qu'une compréhension du fonctionnement interne d'une autre personne et de ses sentiments. Pourtant, la question ne portait pas sur l'extase en tant que « sentiment » mais sur l'extase en tant que « connaissance ». C'est précisément ce qu'Ayer n'accepte pas.

En d'autres termes

Pour Platon, la métaphysique et la morale sont liées. Dans la *République*, « l'Idée du Bien » est liée à des problèmes moraux pratiques et seule la personne qui le comprend peut discerner ce qui est juste de ce qui ne l'est pas. La métaphysique ne présente pas uniquement un intérêt académique, elle structure notre conception générale du monde. Pourtant, la connaissance essentielle de « l'Idée du Bien » n'est pas réductible à des énoncés empiriques ayant un rapport avec des expériences données. Dans l'allégorie de la caverne, le prisonnier libéré est un temps ébloui par la lumière lorsqu'il se dirige vers l'entrée de la caverne. Il a la connaissance intuitive de quelque chose, mais c'est seulement ensuite, lorsque ses yeux s'habituent à la clarté, qu'il le perçoit et le comprend.

Bien des choses sont perçues intuitivement avant d'être comprises, qu'il s'agisse de la relativité pour Einstein ou, pour un mathématicien, d'une démonstration mathématique qu'il trouve particulièrement « élégante ». On peut avoir le sentiment que quelque chose est juste même si, sans examen ultérieur, cela ne peut pas être attesté.

Commentaire personnel

Concernant le fait de réduire la connaissance intuitive à une évidence empirique, une bonne analogie serait le démontage d'un moteur afin de découvrir les joies de l'automobile. L'exercice est excellent d'un point de vue académique, mais il ne permet pas de rouler et ne risque pas de vous rapprocher de l'expérience de la route ! L'intuition est la force motrice de la pensée créative. L'analyse et l'évaluation viennent ensuite.

Le scepticisme

On dit généralement d'une personne qu'elle est « sceptique » lorsqu'elle prétend ne rien savoir de sûr et qu'une opinion en vaut une autre. Le scepticisme s'applique plutôt à des choses particulières : la validité d'une affirmation scientifique, par exemple, ou la politique ou encore la morale.

Il peut toutefois être utile d'établir une distinction entre le scepticisme en tant que conclusion et celui-ci en tant que questionnement. Les philosophes ont besoin de remettre en question toutes les affirmations énoncées au nom de la connaissance. Ce scepticisme est alors justifié et important. Cependant, certaines conclusions sceptiques (par exemple que le monde tel que nous le connaissons n'existe peut-être pas et n'est qu'un mirage) constituent un défi intéressant, car elles peuvent sembler parfaitement inacceptables alors que les arguments sont très difficiles à réfuter.

Descartes s'est beaucoup intéressé à la question du scepticisme. Il a cherché à le contrer en trouvant quelque chose dont il ne pouvait pas douter. Afin d'y parvenir, il a utilisé le doute sceptique systématique. C'est ce qu'il explique dans la quatrième partie du *Discours de la méthode* (1637) :

> *J'avais dès longtemps remarqué que, pour les mœurs, il est besoin quelquefois de suivre des opinions qu'on sait fort incertaines, tout de même que si elles étaient indubitables, ainsi qu'il a été dit ci-dessus ; mais parce qu'alors je désirais vaquer seulement à la recherche de la vérité, je pensais qu'il fallait que je fisse tout le contraire, et que je rejetasse, comme absolument faux, tout ce en quoi je pourrais imaginer le moindre doute, afin de voir s'il ne resterait point, après cela, quelque chose en ma créance, qui fût entièrement indubitable.*
>
> GF-Flammarion, p. 53, édition établie par Geneviève Rodis-Lewis, 1966 pour la première édition.

En reconnaissant que ses sens l'induisent parfois en erreur, Descartes décide de supposer que c'est toujours le cas. De même, il reconnaît que des personnes peuvent se tromper dans leur raisonnement, si bien que la logique et les mathématiques ne peuvent pas être considérées comme étant indubitables. Il va même jusqu'à supposer que le monde tel qu'il l'a rencontré n'est peut-être qu'un songe...

> *[...] Et enfin, considérant que toutes les mêmes pensées, que nous avons étant éveillés, nous peuvent aussi venir, quand nous dormons, sans qu'il y en ait aucune, pour lors, qui soit vraie, je me résolus de feindre que toutes les choses qui m'étaient jamais entrées en l'esprit n'étaient non plus vraies que les illusions de mes songes.*

Ainsi, il parvient à la conclusion que l'unique chose dont il ne peut pas douter, c'est qu'il existe en tant que sujet pensant, étant donné que, pour pouvoir douter, il faut nécessairement qu'il pense. C'est ce qui l'a conduit à énoncer sa célèbre maxime, point de départ pour la connaissance : « Je pense, donc je suis ».

Parvenu à ce stade, il essaie de faire la synthèse de ce tout ce qu'il sait vraiment (une méthode inacceptable pour un véritable sceptique, tout comme l'unique certitude énoncée par Descartes). Le scepticisme se justifie en philosophie de la religion (où la capacité à connaître des vérités religieuses par le moyen de la raison seule peut être remise en question par ceux qui mettent l'accent sur le rôle de la foi) et en philosophie des sciences (où le réalisme est remis en question par la diversité à décrire, selon des méthodes tout aussi valables, un même phénomène) ainsi que lors d'une interrogation sur la théorie de la connaissance.

C'est à l'usage que l'on peut décider de la qualité d'une chose

Lorsque l'on examine des questions d'épistémologie, on peut être tenté d'adopter le parti pris du sens commun : une théorie semblera juste parce qu'elle est acceptée par le plus grand nombre et que c'est une façon pratique de considérer les choses. Nous pouvons avoir raison d'accepter une théorie si elle est utile et permet de résoudre des problèmes. C'est justement ainsi que raisonne le **pragmatisme**. Cette doctrine s'est développée aux États-Unis grâce, notamment, à Charles Sanders Peirce (1839-1914), son fondateur, Williams James (1842-1910) et John Dewey (1859-1952). Résumé brièvement, le pragmatisme énonce que :

- Nous agissons. Nous ne sommes pas de simples spectateurs. Les « faits » à propos du monde sont structurés par nos propres préoccupations et par ce que nous espérons faire.
- Les croyances devraient s'accorder avec les faits établis. Mais que faut-il faire lorsque deux théories se disputent une même évidence ?
- La réponse, disent les pragmatiques, est d'accepter la théorie dont l'utilité pratique, et les conséquences, sont les plus grandes.

Dewey a mis l'accent sur le fait que nous ne sommes pas des observateurs détachés du monde. Nous avons besoin d'y survivre et *la connaissance est une activité visant à résoudre des problèmes* liés à ce besoin. La science est un processus dynamique d'acquisition de connaissances qui nous permet d'acquérir une certaine maîtrise de notre environnement. Par conséquent, la connaissance est plus qu'un sujet de spéculation. Elle revêt une importance pratique pour nos vies.

Un bon moyen d'éprouver le bien-fondé d'un énoncé est d'en vérifier la *cohérence*. Nous disposons constamment de plusieurs façons de voir le monde. Pour qu'une nouvelle théorie soit acceptée, il faut qu'elle soit compatible avec les théories déjà existantes. Bien évidemment, cela ne saurait être un critère absolu de vérité, sinon la vérité serait décidée par quelques personnes et la science ne pourrait plus progresser. C'est, néanmoins, un facteur important à prendre en considération. Cette question de la mise à l'essai de nouvelles perspectives sera examinée à nouveau dans le cadre de la philosophie des sciences.

Quelques conclusions

Le savoir est une activité créatrice qui implique toujours une certaine interprétation. Nous ne savons rien avec une certitude absolue, hormis ce qui est vrai par définition. D'un autre côté, comme nous l'avons vu avec Russell lorsqu'il contemplait son bureau, nous pouvons peu à peu parvenir à un degré de certitude raisonnable.

Dans ce chapitre, nous avons parlé de Descartes et de son doute systématique, de sa détermination à mettre de côté toutes les opinions précédentes afin de n'accepter que ce qu'il pouvait voir, clairement et distinctement, comme étant vrai. Toutefois, dans la pratique, nous avons besoin de dépasser un scepticisme systématique. Descartes lui-même n'a trouvé aucune raison de croire que l'ordre créé pourrait nous décevoir. C'est pourquoi il pouvait accepter comme vrai ce qu'il percevait clairement comme tel. Russell (dans *Problèmes de philosophie*) a fini par accepter la réalité de l'objet extérieur (sa table) sur la base du fait qu'elle était vue par plusieurs personnes en même temps. Cette expérience partagée constituait une base valable pour affirmer l'objectivité de la table.

Après tout, en philosophie, il y a peut-être des perspectives pour le sens commun !

Dans le domaine de l'épistémologie, nous avons vu que la tradition pragmatique américaine accepte les idées et les théories qui sont les plus productives, les plus utiles, reconnaissant que les êtres humains ne contemplent pas simplement le monde mais en font partie, du moins sur une base temporaire.

Nous pourrions appliquer un raisonnement similaire à la métaphysique en général. Considérons les implications pratiques et émotionnelles de la théorie platonicienne de l'Idée. Il est possible, pour cette approche, d'aboutir à la conception selon laquelle le monde actuel, tel que nous le percevons avec nos sens, est inférieur, partiel et dépourvu de valeur intrinsèque. Le philosophe cherche constamment à aller au-delà de ce qui est présent, vers un monde autre, idéal. La justice, l'amour, la beauté, la vérité ne sont jamais, si tant est que nous les rencontrons dans le monde réel, que des pâles reflets de leur contrepartie abstraite, idéale.

Les implications religieuses (et l'influence de Platon sur le développement du christianisme) sont considérables. Dans une telle perspective, la réalité ne se situe pas dans le monde connu mais en dehors.

Post-scriptum personnel

En philosophie occidentale, considérer que le « soi " et le « monde » sont des notions séparées constitue un problème fondamental. Le « soi » essaye de trouver si le « monde » existe bien. En réalité, ce que nous appelons le « soi » est une partie temporaire et changeante de ce que nous appelons le « monde ». Il n'existe pas deux réalités séparées mais une seule, et nous en faisons partie.

De même, l'expérience n'est pas un objet (les données des sens n'existent pas). C'est le terme que nous utilisons pour qualifier la relation qu'ont tous les êtres sensibles avec le reste du monde. C'est une relation non figée, à la fois physique et mentale, qui n'est ni un partage ni une accumulation. Si nous échouons à comprendre le monde qui nous entoure, nous risquons de mourir, car nous dépendons de lui pour notre existence.

Que l'on considère les choses sous l'angle de la métaphysique ou de l'épistémologie, la philosophie peut être évaluée à partir de l'unité fondamentale et de la nature étroitement liée de toutes choses. Sur une telle base, Platon, Descartes et Kant n'apportent pas de réponse satisfaisante, car leur approche est fondamentalement dualiste. Pour eux, la réalité se situe toujours au-delà de l'expérience. En revanche, Aristote, Spinoza et les pragmatiques réussissent plutôt mieux. Selon eux, il existe un seul monde. Il fait sens et nous devons nous y impliquer.

2

La philosophie des sciences

Dans ce chapitre, vous découvrirez :

- l'évolution historique des sciences par rapport à la philosophie ;
- comment les théories scientifiques dérivent de l'observation et de l'expérimentation ;
- les grandes questions sur l'évolution de la science.

La philosophie des sciences étudie les méthodes utilisées par les scientifiques, la manière dont sont formulées les hypothèses et les lois ainsi que les bases sur lesquelles s'appuient des scientifiques pour justifier le monde.

La philosophie et les sciences ne sont pas, par principe, opposées l'une à l'autre. Il s'agit bien souvent d'opérations parallèles, toutes deux cherchant à comprendre la nature du monde et ses structures. Tandis que chaque science procède en réunissant des données, à partir de sa sphère propre, et formule des théories générales, la philosophie se préoccupe de la formulation même de ces théories et établit comment elles s'agencent pour aboutir à une vue d'ensemble. Nous avons vu, au chapitre 1, que la métaphysique vise à comprendre les structures fondamentales de la réalité qui sous-tend toutes les découvertes scientifiques.

La philosophie est, pour une grande part, l'analyse du langage et du critère de vérité admis. Si chaque science utilise un « langage de premier ordre » en parlant directement de physique, de chimie ou de biologie, la philosophie recourt à un « langage de second ordre » en examinant ce que cela signifie de parler de ces choses. Elle le fait en regardant ce qui est dit et si le langage, utilisé à bon escient, reflète ou non la réalité qu'il prétend décrire.

De nos jours, les scientifiques travaillent dans des domaines spécialisés (par exemple une branche précise de la physique), car il est pratiquement impossible de suivre l'évolution de la recherche dans tous les domaines de la science. C'est pourquoi les scientifiques, dont les mathématiciens, et les philosophes œuvrent dans des disciplines différentes, même si chacun s'intéresse aux avancées d'autrui et en tire profit. Cela n'a pas toujours été le cas et, au début, la physique était considérée comme une « philosophie naturelle ».

Par ailleurs, quelques-uns des plus grands philosophes se sont également occupés de mathématiques et de science. Aristote a examiné et codifié les différentes sciences au sein de son schéma général de la philosophie. Descartes, Leibniz, Pascal et Russell étaient autant des mathématiciens que des philosophes. Russell et Whitehead ont, du reste, avancé dans *Principia mathematica* (1910-1913) que les mathématiques découlent de la logique déductive (voir chapitre 3). Bacon, Locke et d'autres seront influencés par l'essor des méthodes scientifiques modernes et chercheront à leur donner une base philosophique solide. En 1755, Kant a écrit *Histoire universelle et théorie du ciel ou essai sur la conception et l'origine mécanique de l'ensemble de l'univers selon les principes de Newton*, où il explore l'origine possible du système solaire. Des mouvements philosophiques (par exemple, le positivisme logique au début du XXe siècle, voir chapitre 3) seront influencés par la science et ses méthodes pour établir des évidences. Nombre des philosophes présentés dans le chapitre sur la théorie de la connaissance ont également leur place ici, car la connaissance scientifique et ses méthodes jouent un rôle majeur lorsqu'il s'agit d'évaluer ce que nous savons et comment nous le savons.

Afin de remettre cela en perspective, nous commencerons par voir brièvement ce que des philosophes ont dit sur la science ou comment ils ont été influencés par elle.

Rappel historique

Chez les penseurs occidentaux, deux conceptions du monde ont prévalu. Leur influence sur la relation entre la philosophie et la science a été importante. En Occident, trois courants principaux se sont succédés en philosophie des sciences : la pensée de la Grèce antique et du Moyen Âge, la conception newtonienne et enfin les évolutions au XXe siècle (il s'agit là d'une simplification d'un cheminement autrement plus complexe).

La pensée de la Grèce antique et du Moyen Âge

En 529, l'empereur romain Justinien interdit l'enseignement de la philosophie, jugée contraire aux intérêts du christianisme. L'influence de Platon sur l'évolution de la doctrine chrétienne a pourtant été considérable. En effet, des éléments de sa pensée, notamment le contraste entre le monde des Idées et celui, limité, de l'expérience au quotidien, se retrouvent dans la théologie. Les écrits d'Aristote sont préservés grâce à l'Empire byzantin puis la civilisation islamique. Au XIIIe siècle, la traduction de son œuvre, de l'arabe en latin, permettra aux Européens de se réapproprier l'héritage grec aristotélicien.

Il faut donc attendre le XIIIe siècle pour que l'on puisse à nouveau explorer la pensée grecque, grâce à des penseurs comme saint Thomas d'Aquin (1225-1274), John Duns Scot (1266-1308) et Guillaume d'Ockham (c. 1285-1349). À partir de là, la philosophie devient essentiellement un développement de la pensée grecque ou, à l'opposé, s'inscrit en réaction contre elle. Il faudra attendre Descartes (voir chapitre 1) pour que l'on reparte des principes premiers. Or cela coïncide justement avec l'essor de la science « moderne ».

Aristote a traité des différentes branches de la science. Il a divisé les êtres vivants selon les différentes espèces et genres, un mode de classification qui deviendra une caractéristique essentielle en science. Sa théorie de la connaissance est fondée sur les sensations qui dépendent de la répétition :

– *des sensations* se répètent, ce qui aboutit à une perception ;
– *des perceptions* se répètent, ce qui aboutit à une expérience ;
– *des expériences* se répètent, ce qui aboutit à une connaissance.

Par conséquent, pour Aristote, la connaissance ne se développe pas en dehors de la perception, structurée et répétée, d'une évidence provenant des sens. Cette caractéristique sera, elle aussi, importante en philosophie des sciences.

Aristote est également à l'origine des notions d'espace, de temps et de causalité, dont le concept de « premier moteur » ou « cause première » (qui deviendra le fondement de l'argument cosmologique pour l'existence de Dieu, voir chapitre 5). Il distingue quatre « causes » (voir chapitre 1) : la matière dont est faite une chose, la forme qu'elle prend, l'agent qui la produit et le but ou la finalité de cette chose. La puissance d'une chose est, selon lui, son potentiel. Toute chose est déterminée par un potentiel et par sa forme stable, pérenne : le feu s'élève naturellement, tandis que des objets lourds tombent. Les changements ne sont pas liés à des forces générales, comme la gravité (qui sera découverte par Newton), mais à la finalité inhérente à toute chose individuelle, de par sa nature propre.

Examinons de plus près quelques exemples de l'influence de Platon et d'Aristote.

Pour Platon, les « formes intelligibles » que nous ne voyons pas sont plus réelles que les choses individuelles dont nous pouvons avoir la connaissance par nos sens. Cette pensée (qui s'appuie sur la religion) suggère que la raison humaine et son idéal de perfection sont primordiaux et que l'observation et l'expérience sont secondaires.

La cosmologie et l'astronomie illustrent bien cette tendance. Copernic (1473-1543) puis Galilée (1564-1642) proposent une vision de l'univers héliocentrique dans laquelle la Terre tourne autour du Soleil, et non l'inverse. Cette conception s'oppose à celle des héritiers de Ptolémée pour qui la Terre est entourée de sphères cristallines transparentes. Dans ce modèle géocentrique, la Terre est fixe dans l'univers et les astres (Soleil, Lune et planètes) tournent autour selon un cercle parfait. L'héliocentrisme de Copernic et de Galilée sera rejeté (et ce dernier sera accusé d'hérésie), non parce leurs observations sont fausses, mais parce qu'ils ont cru en leurs observations sans se demander, au préalable, s'ils pouvaient avancer une telle idée. Kepler (1571-1630) apportera de l'eau à leur moulin en démontrant que l'orbite de Mars est elliptique, alors que l'on croyait, jusque-là, que tous les astres tournaient selon un mouvement parfait, et par conséquent circulaire.

Ces astronomes vont à l'encontre de la doctrine de l'Église qui donne alors la primauté à la notion grecque de perfection et non à l'observation et à la preuve expérimentale. En d'autres termes, le système de pensée médiéval est déductif (il déduit ce que l'on doit observer à partir d'idées préconçues) alors qu'ensuite, la méthode deviendra inductive (une théorie se développe à partir d'observations).

La pensée aristotélicienne aura également une autre implication dans la société de l'époque. En raison de son concept de cause finale, tout ce qui est pensé a forcément un but précis. Par exemple, si un objet tombe sur le sol, il agit ainsi parce qu'il cherche sa finalité et sa place naturelles. Par extension, dans le contexte religieux, on peut donc dire que quelque chose survient parce que c'est la volonté divine ou parce qu'elle a été conçue à cette intention. Il est par conséquent inutile de rechercher un principe ou une loi physique qui s'appliquerait à toute chose sans distinction.

La vision du monde de Newton

L'essor de la science moderne aurait été impossible sans un renouveau du sens de la valeur de la raison humaine et de la capacité à remettre en cause les idées établies et le dogme religieux. Ce renouveau est la conséquence du mouvement de la Renaissance et de la Réforme. Cependant, la manière dont on recueille et classe les informations et les théories qui en résultent jouent un rôle tout aussi important. La méthode de l'induction sera centrale et se manifestera très clairement avec Francis Bacon (dont l'œuvre continue d'imprégner la pensée philosophique).

Francis Bacon (1561-1626) est considéré comme l'un des premiers philosophes modernes. Il rejette le principe aristotélicien de la cause finale. Pour lui, la connaissance doit se fonder sur l'induction qui, comme nous le verrons ultérieurement, est la méthode systématique qui permet d'aboutir à une conclusion sur la base d'évidences observées à partir de cas particuliers dont on connaît la valeur de vérité. Il met en garde contre les « idoles » qui détournent du droit chemin :

- le désir d'accepter ce qui confirme ce en quoi nous croyons déjà ;
- les distorsions qui résultent de nos manières de penser habituelles ;
- la confusion induite par un usage inapproprié du langage (par

exemple lorsqu'on utilise un même mot pour qualifier des choses différentes, et qu'on en conclut qu'il s'agit de la même chose) ;
- la croyance en des choses qui ne font pas allégeance à notre école de pensée.

Bacon fait également remarquer que, lorsqu'il s'agit de parvenir à une évidence, on ne doit pas se contenter d'exemples qui confirmeraient une théorie donnée, mais qu'il faut rechercher activement des contre-exemples et en accepter le bien-fondé. Alors que, depuis des siècles, on se contente d'utiliser l'évidence pour confirmer ce que l'on connaît déjà, par le dogme ou la raison, une telle mise en garde est tout simplement révolutionnaire.

La vision du monde qui voit le jour suite à l'essor des sciences est généralement associée à Isaac Newton (1642-1727). Dans la conception newtonienne, l'observation et l'expérimentation apportent la connaissance des lois qui gouvernent le monde. L'espace et le temps y sont fixes et forment un cadre dans lequel tout a sa place. Les objets s'animent et sont animés grâce aux lois fondamentales de la mécanique, si bien que le fonctionnement de toute chose peut être connu par une observation minutieuse. Des forces d'attraction et de répulsion assurent le mouvement et tout est prévisible. Bien évidemment, les lois fondamentales de Newton n'expliquent pas tout, mais il ne fait aucun doute que la méthode scientifique permettra d'y parvenir un jour.

Énoncé plus simplement, le monde est perçu comme un ensemble de particules de matière en mouvement, qui s'entrechoquent comme des boules de billard sur une table, et dont le comportement est prévisible. On pense alors que la science finira par apporter une explication irréfutable à tout. La technologie qui en résultera donnera à l'humanité un pouvoir croissant sur son environnement et la capacité de faire des choses pour l'heure inimaginables. La science devient cumulative. Elle s'étend peu à peu à des domaines inconnus jusque-là, grâce aux bases stables des lois physiques établies.

Newton était profondément croyant. Il pensait que les lois qui régissent l'univers résultent de l'action divine. Mais son Dieu est un créateur extérieur qui, une fois que l'univers a été mis en mouvement, peut le laisser fonctionner selon les lois qu'Il a créées. Cette conception libérera la science du besoin de tenir compte de Dieu. On peut désormais examiner les lois de la nature et fonder ses théories sur l'observation, et non plus sur le dogme religieux.

Le rôle du philosophe évoluera avec l'avènement de la conception newtonienne. Au lieu de formuler des théories cosmologiques, il doit désormais examiner et commenter les méthodes et les résultats de la démarche scientifique pour en établir les limites. Kant, par exemple, affirme que le temps, l'espace et la causalité (les bases de la science newtonienne) ne sont pas en soi des caractéristiques du monde extérieur, mais qu'ils ont été imposés par la raison. Nous voyons certaines choses comme étant de l'espace et du temps parce que c'est ainsi que notre esprit traite les informations fournies par nos sens.

Hume fait remarquer que les lois scientifiques ne sont pas des énoncés universels vrais, mais de simples résumés de ce dont on a jusque-là fait l'expérience. La méthode utilisée par la science – le recueil de données permettant d'en tirer des conclusions – permet certes d'aboutir à un degré de probabilité de plus en plus grand, mais non à une certitude absolue. Une preuve contraire est toujours possible.

Nous avons déjà examiné au chapitre 1 quelques-uns des aspects de la philosophie liée à cette phase de la science. L'empirisme de Hume, par exemple, cadre parfaitement avec l'élan scientifique. Au début du XIXe siècle, l'argument de William Paley en faveur d'un créateur de l'univers (voir chapitre 5) reflète la domination de sa vision du monde par le paradigme de la machine : Dieu est « le grand horloger » de l'univers.

Dans cette deuxième ère scientifique, tous les philosophes ne sont pas d'accord avec la conception de l'univers mécanique de Newton. L'évêque anglican George Berkeley critique l'idée de Newton selon laquelle le temps et l'espace seraient absolus, fixes. Pour Berkeley, tout (dont la matière et son extension) est une question de sensation, d'expérience humaine. Seul l'esprit et ses perceptions comptent. Tout est, par conséquent, relatif à la personne qui en fait l'expérience et aucune logique ne justifie que l'on passe de cette relativité de l'expérience à une réalité absolue extérieure. À sa manière, il anticipe l'avènement de la troisième ère de la science et, ainsi, de la philosophie des sciences.

Les évolutions au XXe siècle

Pour la plupart des penseurs antérieurs au XXe siècle, il était impensable que le temps et l'espace ne soient pas absolus, fixes. Il s'agissait d'un cadre nécessaire dans lequel toute chose trouvait sa place.

Les théories de la relativité d'Einstein vont tout bouleverser. La première, en 1905, est celle de la relativité restreinte, mieux connue sous la forme de l'équation $E = mc^2$. Elle montre que la masse et l'énergie sont équivalentes et que – étant donné que l'énergie est égale à la masse multipliée par la vitesse de la lumière au carré – une quantité infime de matière peut être transformée en une quantité énorme d'énergie. Cette découverte est, de nos jours, surtout célèbre pour ses conséquences pratiques dramatiques sur le développement des armes nucléaires.

Ayant étudié ce qui se passe lorsque l'on prend en compte la gravitation, Einstein publie en 1916 sa seconde théorie, révolutionnaire, sur la relativité générale. Il y affirme la relation entre le temps, l'espace, la matière et l'énergie. Ainsi, par exemple, la présence de matière et d'énergie a pour effet de courber l'espace-temps, qui est étiré par les sources de champs gravitationnels, c'est-à-dire les masses. Il n'existe plus aucun point fixe. La manière dont les choses sont liées les unes aux autres dépend de l'endroit à partir duquel on les observe.

Un exemple

Imaginez que vous regardez le ciel. Vous voyez deux étoiles. Vous avez l'impression qu'elles sont à la même distance de vous mais, en fait, elles sont à des années-lumière l'une de l'autre. Supposez que vous voyez un changement se produire dans l'une de ces étoiles, suivi par un changement dans l'autre. Vous aurez tendance à penser que ce qui s'est produit dans la première étoile est survenu en premier. En effet, de votre perspective à vous, c'est arrivé dans une séquence de temps qui, de la Terre, équivaut au premier événement d'abord puis au second événement ensuite.

Mais imaginez que l'on vous transporte ensuite à une étoile qui se trouve au-delà de la seconde étoile que vous venez d'observer. Dans ce cas, vous verriez le second changement en premier et le premier changement en second. La raison de cela est que le temps auquel quelque chose « se produit » (ou, pour être plus précis, semble se produire) est lié à la distance par rapport à vous. Pour qu'un événement puisse être observé, il faut d'abord que la lumière émise par cet astre ait fait le voyage dans l'espace.

Il est donc impossible de dire quel événement survient en premier. L'ordre d'apparition dépend de la position de l'observateur. Bien évidemment, si vous connaissiez la distance qui sépare les deux étoiles, vous pourriez calculer ce qui se passe « vraiment » en premier, de votre perspective à vous. Vous pourriez alors calculer la longueur de temps supplémentaire nécessaire pour que la lumière voyage de vous à l'étoile la plus lointaine et en déduire la différence de temps entre les deux événements. Mais ce serait toujours « selon votre perspective », et non dans l'absolu.

La physique et la cosmologie modernes proposent donc une conception étrange du temps et de l'espace, opposée à celle de Newton. On nous explique que tout l'univers est né (au moment du Big Bang, l'explosion originelle) à partir d'une singularité initiale de l'espace et du temps, une phase primordiale durant laquelle toute la matière de l'univers était concentrée en un point extrêmement dense. Contrairement à une explosion ordinaire, durant laquelle la matière se trouve éjectée dans tout l'espace, l'espace et le temps furent créés à ce moment précis et l'espace commença son expansion, tout comme l'univers. Si l'on pouvait représenter l'espace par une grille de lignes dessinées sur un ballon, alors, lorsque le ballon enflerait, la grille elle-même se dilaterait. Il n'y aurait pas plus de lignes tracées sur le ballon.

La raison qui explique pourquoi la physique de Newton a fonctionné selon le principe d'un temps et d'un espace fixes, c'est qu'on se limitait alors à une infime partie de l'univers. Dans ce cadre restreint, les lois de Newton s'appliquaient.

L'espace et le temps sont, chez Einstein, associés dans un continuum espace-temps à quatre dimensions (le temps étant la quatrième dimension) et il n'existe aucun point fixe à partir duquel on puisse observer quoi que ce soit. En effet, l'observateur et ce qui est observé sont tous deux impliqués dans un changement perpétuel, car ils se déplacent à la fois dans l'espace et dans le temps.

Outre la relativité, Einstein a également introduit la dualité onde-corpuscule qui a donné naissance à la mécanique quantique. Cela a soulevé des questions, car on se demandait s'il était possible de prédire des événements à un niveau sous-atomique et ce que cela signifiait de dire qu'une chose en provoque une autre. La matière ne se compose plus uniquement d'atomes, mais également de nombreuses particules élémentaires, maintenues en cohésion grâce à des forces. Dans le monde sous-atomique, les particules n'obéissent pas à des lois fixes. Leurs mouvements, statistiquement prévisibles, demeurent néanmoins incertains. Les échanges d'énergie ne sont plus continus, mais quantifiés. Entre ces niveaux, l'énergie ne peut pas être transférée. On parle alors de paquets d'énergie ou « quanta ». Ce que l'on percevait jusque-là comme de la matière solide obéissant à des lois mécaniques fixes doit désormais être pensé comme des paquets d'événements ouverts à diverses interprétations en fonction du point de vue de l'observateur. La mécanique quantique est réputée particulièrement difficile à comprendre. Cependant, étant donné qu'elle fonctionne, il faut donc qu'il y ait quelque chose de juste en elle, même si la théorie nous échappe. Ce qui est certain, c'est que la mécanique quantique et les théories de la relativité ont rendu les vieilles certitudes newtoniennes complètement obsolètes. Les lois de la physique de Newton demeurent valables, mais uniquement à une petite échelle, avec des paramètres très limités. La situation est complètement différente dès que l'on s'aventure à l'intérieur de l'atome, à un niveau microscopique, ou dans le cosmos, à un niveau macroscopique.

Une révolution similaire devait survenir avec la compréhension de la matière vivante. La découverte de l'ADN, cette double hélice porteuse de l'information génétique, a relié le monde de la biologie à celui de la chimie et de la physique. En effet, le code de l'ADN (la combinaison de quatre substances chimiques appelées bases) détermine la forme de tous les êtres vivants. Au XXe siècle, la philosophie a donc dû s'intéresser au monde scientifique dont les idées n'avaient plus rien à voir avec le monde, mécanique et prévisible, de Newton. La science a, en particulier, commencé à proposer de nombreuses représentations du monde. Et la cosmologie qui, jusque-là, avait été dominée par les croyances religieuses et Aristote, puis par l'astronomie, était désormais nettement entre les mains de mathématiciens. De toute évidence, le monde considéré comme un tout n'était plus quelque chose que l'on pouvait observer. Il fallait se contenter d'en explorer ses structures à l'aide de calculs.

Durant pratiquement toute la première partie du XXe siècle, la philosophie (au moins aux États-Unis et en Grande-Bretagne) sera dominée par la recherche du sens et l'analyse du langage. Les philosophes ne considèrent plus que leur rôle soit de donner une vision d'ensemble de l'univers, ce qui devient dévolu aux scientifiques. Ils servent désormais de soutien à la science en vérifiant le bien-fondé des méthodes qu'elle utilise, la logique selon laquelle elle aboutit à des résultats à partir de ses observations et la manière dont les théories peuvent être confirmées ou infirmées.

En d'autres termes

- Jusqu'au XVIe siècle, les philosophes grecs ont déterminé, avec le soutien de l'autorité religieuse, la manière de penser le monde. Des évidences s'imposaient pour démontrer le bien-fondé de la conception en vigueur.
- Avec la physique newtonienne, la matière existe au sein d'une structure fixe, absolue, du temps et de l'espace et obéit à des lois qui découlent de la « démarche inductive » fondée sur l'observation.

- Dans la vision du monde moderne, le temps et l'espace sont associés dans un même concept et les événements sont interprétés à la lumière de la position de l'observateur et des méthodes d'observation.

Dans la première phase, la philosophie a semblé déterminer le contenu, dans la deuxième, elle a proposé une critique de la méthode et, dans la troisième, elle a apporté une clarification des concepts.

De l'évidence à la théorie : la méthode scientifique

En philosophie des sciences, l'approche la plus importante pour recueillir et analyser des informations a été la « démarche inductive ». Francis Bacon prit fait et cause pour cette méthode, qui sera ensuite défendue par Thomas Hobbes (1588-1679) avant de devenir le fondement de la conception newtonienne. Sa démarche pratique pour examiner et évaluer une évidence se reflète également dans l'empirisme de Hume (voir chapitre 1). C'est par l'induction que la science « moderne » va se distinguer de ce qui l'avait précédé et introduire l'un des deux tournants majeurs de la conception du monde.

La démarche inductive

Cette méthode repose sur deux principes :

1. La confiance que l'on peut parvenir à la connaissance en recueillant des évidences et en menant des expérimentations ; elle repose donc sur des faits pouvant être vérifiés ou des expérimentations pouvant être reproduites.
2. La volonté de mettre de côté toutes les idées reçues en ce qui concerne les résultats probables d'une expérience, ou la validité d'une évidence ; la personne qui utilise cette méthode n'a aucune idée préconçue quant aux conclusions, mais est préparée à examiner les résultats, comme les méthodes, avec un esprit ouvert.

La science affirme, avec la démarche inductive, qu'elle considère objectivement toute évidence. Elle se démarque par là même de la métaphysique et de la religion traditionnelles qui s'appuyaient sur des doctrines, soutenues par l'autorité plutôt que par la raison seule, qu'il fallait accepter.

Dans la pratique, cette méthode fonctionne de la manière suivante :

- l'observation et le recueil de données (des évidences, des informations) dans le but d'éliminer le plus possible tout facteur non pertinent ;

- l'analyse des données recueillies afin d'en tirer des conclusions sous la forme d'hypothèses ;
- l'expérimentation de ces hypothèses afin d'en vérifier le bien-fondé (si une hypothèse est correcte, on doit pouvoir anticiper certains résultats de l'expérience) ;
- la modification, si nécessaire, de l'hypothèse retenue à la lumière des résultats des expérimentations ;
- la formulation d'une théorie à partir des expérimentations, des données et des hypothèses ;
- la validation, ou non, de cette théorie étant donné qu'elle permet de prédire d'autres faits, ce qui permet de la vérifier.

De toute évidence, la démarche inductive, qui aboutit à une théorie par l'analyse et la vérification des données observées, ne permet d'aboutir, au mieux, qu'à un grand degré de probabilité. Il est toujours possible qu'une information supplémentaire invalide l'hypothèse d'origine ou montre qu'elle ne s'applique que dans un domaine limité. L'hypothèse et la théorie scientifique qui en résulte sont donc ouvertes à une éventuelle modification.

Les théories validées aboutissent à l'élaboration de lois scientifiques. Il est à présent important d'établir précisément ce que signifie le terme « loi » dans ce contexte. La « loi » est communément quelque chose qui est imposé, une règle à laquelle il faut obéir. Mais il serait faux d'en déduire qu'une loi scientifique peut dicter un comportement. Une loi se contente de le décrire, elle ne le contrôle pas (comme l'a montré Hume). Si quelque chose se comporte différemment, cela ne va pas à l'encontre d'une loi de la nature, mais :

- il existe un facteur inconnu ayant influencé cette situation particulière et, par conséquent, modifié le résultat attendu ;

ou encore

- la loi de la nature n'a pas été formulée correctement et il faut la modifier afin de tenir compte de ce cas de figure.

Le principe de réfutabilité ou « falsifiabilité »

Cela peut paraître illogique, mais la science progresse plus souvent lorsqu'une théorie est réfutée que lorsqu'elle est confirmée. En effet, c'est uniquement lorsqu'on rejette et qu'on modifie une théorie pour prendre en considération un nouvel élément, que l'on peut aboutir à quelque chose de plus satisfaisant. Cette conception a été défendue avec beaucoup de vigueur par Karl Popper (1902-

1994), un philosophe britannique d'origine autrichienne. Il quitte Vienne en 1937 pour se réfugier en Nouvelle-Zélande et s'installe à Londres en 1945 où il enseigne la logique et la méthode scientifique à la London School of Economics (Haute École en sciences économiques et sociales de Londres). Il est socialiste et, en tant que tel, a apporté une contribution majeure, outre à la philosophie des sciences, à la philosophie politique.

Dans son ouvrage *Logique de la découverte scientifique* (1934, traduit en français en 1973), cet épistémologue met en garde contre la propension de la science à rechercher des théories dont la logique peut être réfutée ou « falsifiée » (de l'anglais *falsify*, « réfuter », « prouver la fausseté »). D'après lui, une loi scientifique va au-delà de ce qui est expérimenté. Il est impossible de prouver qu'elle est absolument vraie. Tout ce que nous pouvons faire, c'est essayer de démontrer qu'elle est fausse et l'accepter de manière provisoire tant qu'elle n'a pas été réfutée.

Ce constat conduit Popper à déclarer qu'une théorie scientifique est incompatible avec une démarche empirique. On doit pouvoir la mettre à l'épreuve et, si elle ne résiste pas à l'expérimentation, la réfuter. Si une théorie affirme qu'elle ne peut jamais l'être, alors c'est qu'elle n'est pas scientifique. Par là même, il remet en question les idées de Marx et de Freud.

Dans la pratique, une théorie n'est pas forcément écartée si l'on trouve un élément de preuve contraire. Concrètement, les scientifiques essaient alors de reproduire cet élément de preuve contraire afin de voir s'il s'agit d'une hypothèse oubliée par la théorie. La science recherche également d'autres théories qui tiendraient à la fois compte de toutes les données positives de la théorie initiale et des éléments de preuve contraires.

Un exemple

Dans la physique newtonienne, la lumière se déplace en ligne droite. C'est ce que l'on pensait depuis des siècles, ce qui explique l'énonciation d'une théorie qui le corrobore.

Mais l'astronomie moderne a montré que, sous l'effet d'un champ gravitationnel puissant, la lumière se courbe.

Cela ne signifie pas que la conception newtonienne est fausse, car le trajet de la lumière est bien droit si le champ gravitationnel est uniforme. L'ancienne théorie se trouve désormais incluse dans la nouvelle, qui tient compte de ces circonstances exceptionnelles.

Selon Popper, quand vous êtes confronté à plusieurs théories, il faut accepter celle qui est la mieux corroborée, dont la validité est la plus vérifiable et qui renferme le plus d'énoncés vrais – même si cette théorie est fausse. Par conséquent, la science aurait envers la vérité une approche plus pragmatique qu'absolue. Étant donné que, de toutes manières, nous ne pouvons être absolument certains de rien, nous devons accepter l'hypothèse de compréhension la plus utile, même si l'on en connaît déjà les limites.

En d'autres termes

- J'observe que Y suit X en un certain nombre d'occasions.
- Sur cette base, j'émets l'hypothèse que X est la cause de Y.
- Je procède à d'autres vérifications et, à chaque fois, Y suit X.
- J'énonce donc une loi scientifique : X est la cause de Y, ce qui implique que Y suit toujours X.

Cependant, je ne peux pas en être sûr. Je ne peux pas vérifier tous les exemples possibles avec X et Y, et prouver qu'ils sont toujours liés.

Par conséquent, ce n'est pas parce que je multiplie le nombre de résultats positifs obtenus que la loi en devient plus valable pour autant. L'unique moyen pour démontrer que cette loi doit être modifiée ou supprimée serait de trouver un résultat négatif, un seul exemple de X qui n'est pas suivi par Y.

De nouvelles preuves ?

Une théorie qui, par manque de preuves, suscite la méfiance peut se trouver validée si l'on découvre une preuve d'un tout autre genre qui en renforce le bien-fondé. Une théorie doit pouvoir s'adapter pour survivre. C'est le cas lorsqu'elle s'adapte à de nouvelles situations qui apportent de nouvelles preuves. Il s'agit là d'une forme de sélection naturelle dans le monde scientifique.

Un exemple particulièrement approprié est celui de Darwin (1809-1882) avec sa théorie évolutionniste. En 1859, il a publié *De l'origine des espèces au moyen de la sélection naturelle*. Ce naturaliste anglais a observé, au sein des espèces, de légères variations qui n'apportent le plus souvent aucun avantage particulier aux individus concernés. Parfois, cependant, une variation bénéfique donne à l'individu un avantage qui, dans un monde où les ressources pour l'habitat et la nourriture sont limitées, lui permet de mieux survivre à l'âge adulte et de pouvoir ainsi se reproduire. De ce fait, cette variation favorable se transmet dans un nombre proportionnellement accru à la génération suivante, et ainsi de suite. La nature procède donc exactement comme un éleveur qui sélectionnerait les individus possédant des qualités particulières.

Il ne s'agit pas d'une théorie morale, mais de l'intuition d'un principe évolutionniste que Darwin considère comme la meilleure explication pour justifier la richesse des espèces qu'il observe et catalogue.

Les faits sont difficiles à contester. Il est irréfutable que seuls les individus qui survivent à l'âge adulte procréent. Les espèces capables de s'adapter à un environnement donné ont donc de meilleures chances de prospérer. Une telle preuve aboutit à une hypothèse qui deviendra le fondement de la théorie expliquant la non-fixité des espèces depuis la nuit des temps.

Darwin affirme donc avoir découvert le mécanisme qui rend compte de l'évolution des espèces, justement celles qui sont les mieux adaptées pour survivre. Par conséquent, le darwinisme rend obsolète la conception selon laquelle Dieu est le créateur de toutes choses dans la nature. La sélection naturelle explique comment la nature est son propre créateur.

Les débats qui suivent la publication du darwinisme ne concerneront pas uniquement la réfutation du rôle de Dieu pour expliquer la création, mais aussi l'interprétation par Darwin d'une preuve. En particulier, il n'y a pas suffisamment de fossiles pour démontrer la transition progressive d'une espèce à une autre. Or, de telles preuves sont une caractéristique essentielle dans la démarche inductive.

Commentaire

La théorie évolutionniste par la sélection naturelle illustre comment une démarche d'argumentation scientifique strictement inductive, qui recueille et interprète des évidences, fait un bond en avant afin d'aboutir à une théorie plus générale.

Darwin a recueilli un grand nombre d'évidences avant de formuler sa théorie, mais les débats qui suivirent furent particulièrement animés car, s'il avait vu juste, les implications allaient bien au-delà de son domaine de recherche. Si la non-fixité des espèces était avérée, alors tout était sujet au changement. Accepter une telle idée (avec toutes les retombées scientifiques, sociales, émotionnelles et religieuses qui s'imposaient alors) sur la base d'une évidence limitée revenait à prendre un grand risque.

La base à partir de laquelle on examine une théorie peut évoluer avec le temps. L'une des principales critiques du darwinisme a été le manque de fossiles pour les étapes intermédiaires entre une espèce et celle mieux adaptée. La plupart des adversaires de cette théorie réagissent, aujourd'hui encore, pour des raisons religieuses. Étant donné que leur inquiétude porte sur les origines (le "dessein intelligent"), ils ont donc tendance à regarder vers le passé.

De nouvelles preuves de la validité du darwinisme nous viennent en fait du présent. Dans l'ouvrage de vulgarisation *The Beak of the Finch* [*Le Bec du pinson*] (1994), le scientifique Jonathan Weiner décrit une étude, menée durant vingt ans, sur les pinsons des Galápagos qui montre, par exemple, qu'en période de sécheresse, les pinsons à large bec sont mieux à même de se nourrir des graines, enveloppées dans une coquille très résistante, qui ont mieux survécu à la sécheresse. Or on a justement constaté une augmentation de la taille du bec de ces pinsons. On a également pu démontrer une correspondance entre l'ADN du sang de différentes espèces de pinsons et leurs caractéristiques et capacités physiques.

La médecine et l'agriculture apportent d'autres preuves de la survie des espèces les mieux adaptées à un environnement en pleine mutation. Dès qu'un pesticide semble efficace contre un type de nuisibles, on découvre que ceux-ci ont muté pour devenir résistants à ce pesticide. De même, en médecine, des antibiotiques efficaces jusque-là contre des pathologies deviennent inefficaces en raison de la résistance des germes. On voit bien que les nuisibles ou les germes sont capables de s'adapter pour survivre. Ces exemples montrent bien la capacité d'adaptation de la nature. Or il ne s'agit là que de l'évolution d'espèces sur quelques années, ce qui est peu en comparaison avec celle qui s'est déroulée sur des millénaires.

Plus généralement, nous savons désormais que les mutations génétiques sont la cause d'infimes variations qui constituent la base de la sélection naturelle. La génétique apporte donc de nouvelles preuves, à un autre niveau. L'étude du génome de chaque espèce permet de montrer la relation, étroite, qui existe entre des espèces et leurs ancêtres communs.

S'il en avait eu connaissance, Darwin aurait très bien pu envisager sa théorie du point de vue de la mutation génétique, notamment des virus, mais ce type de preuve peut être utilisé pour corroborer une théorie précédemment en vigueur, particulièrement là où, comme dans le cas du darwinisme, le problème n'est pas tant la réfutation de la théorie que le constat d'un manque de preuve positive.

Expérimentation et objectivité

Pour Karl Popper, la science n'est pas subjective au sens où elle est le produit de l'esprit humain, mais elle n'a jamais été non plus vraiment objective (une loi scientifique n'est pas un « fait » extérieur, mais une manière d'établir des relations entre les faits que nous constatons). La science transcende plutôt les idées des individus, tout comme l'art, la littérature ou les mathématiques. Comment donc les théories que nous énonçons sur la base d'expérimentations peuvent-elles établir une relation avec ce qui se situe au-delà du monde ?

D'après la démarche inductive, il est possible d'aboutir à une preuve formelle qui ne dépend pas de l'observateur. Depuis Francis Bacon, un scientifique devrait mettre de côté toutes ses préférences personnelles lorsqu'il évalue des données. Mais pouvons-nous observer la nature sans être influencés par notre observation et jusqu'à quel point ce que nous pensons être une preuve est le fruit de notre propre esprit ?

Nos sensations ne sont pas de simples copies de la réalité extérieure. Elles sont le produit de la manière dont nous avons été confrontés à cette réalité. La couleur résulte d'une combinaison de la lumière, de la texture d'une surface et de notre vue. L'espace est perçu en tant que résultante de notre cerveau qui associe une chose à une autre. Le temps est associé au souvenir d'expériences ayant déjà eu lieu. Les théories scientifiques ne sont donc pas fondées sur des faits indépendants, mais sont le produit de notre manière de voir et de penser.

Kant affirmait que, lorsque nous observons quelque chose, notre esprit contribue à cette expérience. Le temps, l'espace et la causalité sont imposés sur l'expérience par l'esprit afin de créer du sens. La physique a, depuis Einstein, endossé cette importance de l'observateur pour une compréhension de ce qui est observé. Comme nous l'avons vu précédemment, ni l'espace ni le temps ne sont absolus et le mouvement n'est perçu qu'en fonction du changement de position d'un corps par rapport à un autre.

Un exemple

Je suis dans un train à l'arrêt et je regarde le train d'à côté. Tout à coup, ce que je vois commence à bouger. Est-ce mon train qui part ou plutôt l'autre ? À moins d'une secousse, il me faudra un certain temps pour comprendre lequel des deux se déplace. Et je n'y parviendrai qu'en regardant l'autre train par rapport à un troisième élément du paysage.

D'après les données de l'épistémologie apportées par Popper et certaines idées abordées au chapitre 1, nous voyons que ce qui est perçu transcende un perceveur pour la simple raison que cette perception est partagée. Plusieurs personnes témoignant de l'existence d'une table dans la pièce confirmeront ma propre perception. De même, une expérience scientifique, répétée à plusieurs reprises, apporte un élément de vérité transpersonnel, même si la manière dont l'objet est étudié et décrit dépend au bout du compte des perceptions humaines.

Juste, faux ou sinon...

L'univers de Newton était prévisible. Une loi de la nature pouvait donc être considérée comme une information fiable de la manière dont fonctionnait le monde. Ce n'est plus le cas. Désormais, la science offre des manières différentes, mais tout aussi valables, de concevoir un même phénomène. Le temps et l'espace ne sont plus des valeurs absolues. La théorie quantique fonctionne (elle permet de prédire des résultats exacts), même si l'on comprend mal comment.

Un exemple

On peut parler de la lumière en termes de particules (des photons) ou de mouvement ondulatoire. Il s'agit de deux manières complètement différentes de comprendre une même chose, mais le fait que l'une soit juste ne signifie pas que l'autre soit fausse.

Alors que la communauté scientifique établit des lois et des théories, celles-ci servent de base à des recherches plus poussées. C'est ce qu'on appelle des « paradigmes ». Parfois, le paradigme change, suite à une remise en cause d'une partie de la science. Du point de vue de la cosmologie, le passage de la conception aristotélicienne (Ptolémée) à celle de Newton puis d'Einstein constitue deux changements de paradigme.

La science a proposé une succession de conceptions sensées sur la manière dont fonctionne le monde. Les lois de la nature en vigueur à une époque servent de cadre à partir duquel travaillent les scientifiques. Un tel cadre guide, influence mais ne dicte pas les avancées de la recherche. Rétrospectivement, nous pouvons voir des philosophes et des scientifiques affirmer haut et fort la finalité de leur propre conception du monde au moment où la communauté scientifique s'apprête à changer de paradigme avec, pour conséquence, une réévaluation de tout ce qui a été énoncé jusque-là.

Un exemple

En 1899, le biologiste Ernst Haeckel a publié *The Riddle of the Universe* (*Les Énigmes de l'univers*). Il y affirmait que tout, y compris la pensée, est le produit du monde matériel et qu'il est contrôlé par ses lois. Tout serait donc absolument déterminé. La liberté n'est qu'une illusion et la religion une superstition. Haeckel propose un matérialisme scientifique, en popularisant le darwinisme et en rejetant toute la philosophie antérieure qui ne cadre pas avec sa conception. Pour lui, la science a découvert tout ce qui devait l'être. Il n'y aura plus de surprise. Qu'aurait-il fait alors de la relativité, de la mécanique quantique, de la génétique et de l'informatique ?

Thomas S. Kuhn a décrit dans *La Structure des révolutions scientifiques* ces paradigmes comme la vision du monde au sein duquel la science interprète, à n'importe quel moment de l'histoire, les certitudes dont elle croit disposer. C'est le paradigme qui dicte en grande partie les avancées scientifiques et les observations sont influencées par ce paradigme.

La théorie de Kuhn est discutable parce qu'elle affirme qu'il n'existe aucune donnée indépendante qui permettrait de choisir entre deux paradigmes en concurrence (toutes les données étant présentées en fonction d'un paradigme ou de l'autre). Par conséquent, il n'y a aucune raison logique de changer de paradigme. Cela implique un relativisme dans la science, qui menace le fondement logique du développement des théories scientifiques telles qu'elles ont été exposées par Karl Popper.

Les implications générales des travaux de Kuhn, et d'autres, sont que, si une théorie fonctionne (en d'autres termes, si elle donne de bons résultats prédictifs), alors elle devient une explication possible : nous ne pouvons pas dire que c'est la théorie définitive ni la seule.

En d'autres termes

- Différentes théories peuvent donner une explication tout aussi juste d'un même phénomène.
- Une théorie scientifique est une manière de regarder les choses, une façon commode d'organiser l'expérience, mais elle n'est pas nécessairement la seule. Elle n'est que provisoire. Elle fait également partie d'un paradigme général.

Imre Lakatos (1922-1974) est un épistémologue hongrois, disciple de Popper, dont il a critiqué le principe de réfutabilité. Selon lui, la science est une activité qui consiste essentiellement à résoudre des problèmes au sein de programmes de recherche. Dans tout programme, on travaille sur des théories fondamentales (sans lesquelles le programme échouerait) et sur une « ceinture protectrice » de théories plus sujettes à des modifications bien qu'elles participent au même programme. Les théories fondamentales ne sont pas abandonnées à la première preuve contraire. Plusieurs programmes de recherche sont toujours menés de front. Ils seront peu à peu modifiés selon une manière plus subtile qu'une conception purement « réfutationniste » pourrait le suggérer.

Il existe d'autres critères pour éprouver la validité d'une théorie. « Instrumentalisme » est le terme que l'on utilise pour évaluer une théorie à partir de prédictions qui permettent de voir si cela fonctionne ou non. Par conséquent, une théorie peut être utile, même si nous sommes incapables de dire si elle est juste ou non.

Si une théorie scientifique continue d'être considérée comme « juste » (toute provisoire qu'elle puisse être), cela implique-t-il que d'autres théories doivent être « fausses » ? Ou sinon quoi d'autre ? C'est une question que pose la philosophie des sciences. Pouvons-nous dire que quelque chose est « juste » dans un monde où il existe plusieurs points de vue possibles ?

Les sciences sociales

Pour les sciences, l'humanité est indéniablement un bon sujet d'étude. Quand Darwin a publié *De l'origine des espèces au moyen de la sélection naturelle*, l'essentiel de la controverse qui s'en est suivie tenait au fait que sa théorie de la sélection naturelle s'appliquait à l'humanité tout autant qu'aux autres espèces. Cela remettait en cause la place spéciale accordée à l'homme dans les religions et les pensées philosophiques les plus traditionnelles. Plus récemment, Richard Dawkins a examiné (notamment dans *The Selfish Gene* (*Le Gène égoïste*) la relation entre le comportement humain et la vie au niveau génétique – et non plus de l'individu comme chez Darwin. Selon lui, les gènes sont fondamentalement « égoïstes » au sens où leur rôle est simplement d'assurer la préservation des espèces. Il est également possible d'étudier le comportement humain, tout comme celui de n'importe quelle autre espèce. C'est ce qu'a fait l'éthiologue Edward Wilson dans son livre, controversé, *Sociobiology* (*La Sociobiologie*) où il montre que la vie en société n'est pas propre aux êtres humains et que tous obéissent à la loi de la sélection naturelle.

Lorsque la science s'intéresse à l'être humain, cela pose des problèmes particuliers. Tout d'abord, la science demeure fondamentalement déterministe. En d'autres termes, si l'on met de côté toutes les subtilités exposées dans ce livre, la science propose une explication unique et empirique pour chaque phénomène. D'un autre côté, l'expérience de l'être humain (l'aspect subjectif que la science examine avec objectivité) est celle d'un individu libre, complexe, aux motivations contradictoires, etc. Malgré des philosophes comme Kant, pour qui nous sommes déterminés d'un point de vue phénoménal (tel que perçus par les autres) mais libres d'un point de vue nouménal (tel que nous en faisons l'expérience), la plupart des individus ont du mal à accepter toute tentative d'« expliquer » la vie humaine au niveau tant social qu'individuel.

Cela étant, deux disciplines en particulier, la sociologie et la psychologie, voient parfois leur méthodologie et leurs découvertes remises en question par les sciences physiques. Nous allons rapidement les passer en revue afin de voir les questions particulières qu'elles soulèvent en philosophie des sciences.

La sociologie

Une méthode scientifique repose sur des données quantifiables. Aujourd'hui, nous sommes habitués aux informations statistiques sur l'homme, de l'espérance de vie au revenu en passant par les préférences d'achat et les intentions de vote. Mais il a fallu attendre le XIXe siècle pour que des informations soient présentées sous forme de statistiques. Auparavant, les philosophes faisaient des observations sur l'homme en général, mais ils étaient incapables d'en tirer des théories sur la société, fondées scientifiquement.

Émile Durkheim (1858-1917) est l'un des premiers à donner à la sociologie ses lettres de noblesse. Il étudie les faits sociaux, les règles de conduite de la vie quotidienne et formule des théories pour les expliquer. Chaque individu a conscience de jouir d'un certain degré de liberté pour ce qui est de ses actes mais, d'après Durkheim, des forces sociales, aussi réelles que des forces physiques, influencent en fait notre comportement. Ces forces exercent une pression sur les individus afin de les inciter à se conformer à ce qu'il appelle la « norme sociale » (ce que montrent nettement les statistiques).

Les statistiques me disent que, si je suis un homme et que j'ai moins de 30 ans, j'ai plus tendance à boire, à conduire une voiture ou à me droguer qu'une femme âgée. Mais est-ce que ces statistiques vont m'inciter à agir de l'une de ces manières ? Je suis libre de choisir, tout comme n'importe qui d'autre. Que signifient donc ces statistiques ? Je peux dire : « Eh bien, c'est la vie ! », mais les sociologues affirment que certaines caractéristiques de la vie humaine peuvent être quantifiées et prouvées, tout comme la force de gravité qui nous attire vers la Terre.

D'un point de vue politique, Karl Marx (1818-1883) a, en étudiant la production économique et la structure sociale qui en découle tout au long de l'histoire, formulé sa théorie (le matérialisme dialectique) : l'activité sociale repose sur les besoins matériels des hommes et sur les moyens de les produire et de les distribuer. Il en a tiré la preuve d'un schéma dans la société. Les classes s'opposent les unes aux autres et la lutte des classes est le moteur du changement social et politique.

Comme nous l'avons déjà vu, certains penseurs (comme Popper, voir plus haut dans ce chapitre) se sont demandé si la théorie marxiste pouvait être considérée comme une science à part entière étant donné que Marx s'appuie sur l'interprétation d'évidences pour aboutir à une théorie générale alors que, pour Popper, une science véritable doit être ouverte à la possibilité qu'une théorie soit réfutée et remplacée par une autre.

Néanmoins, il est évident que la sociologie et la science politique sont des disciplines valables dont la méthodologie n'est pas si éloignée que cela de celle qui prévaut en sciences physiques. Elle repose sur l'interprétation de données recueillies en respectant des vérifications de base afin de faire preuve d'objectivité. Une différence majeure entre ces disciplines et, par exemple, la physique (une différence qui vaut également pour la psychologie), est la finalité de ces recherches. Les êtres humains étant concernés, il est donc normal de réunir des données sur leurs comportements. En revanche, ce serait contraire à l'éthique de les soumettre à des tests qui violeraient leur intimité. Par conséquent (malgré l'intérêt actuel pour les *reality-shows* à la télévision), il serait inacceptable d'envoyer un groupe de personnes dans un environnement extrême afin de « mesurer » qui meurt le premier et de quoi !

La psychologie

Sigmund Freud (1856-1939) a d'abord été médecin neurologue en milieu hospitalier avant de s'installer à son compte pour se spécialiser dans les maladies nerveuses, en particulier l'hystérie. Il a été le fondateur de la psychanalyse, une méthode thérapeutique qui aide le patient en souffrance à prendre conscience d'expériences refoulées dans l'inconscient, par l'analyse de ses rêves et l'association libre. Ainsi, en étudiant le cas de patients atteints d'un besoin compulsif de propreté, Freud découvre que ce trouble obsessionnel résulte d'une expérience pénible d'impureté survenue dans l'enfance et refoulée. Selon la théorie psychanalytique, dès que l'origine d'un problème est découverte et ce problème exprimé, celui-ci perd tout pouvoir de nuisance, ce qui permet au patient de guérir.

La psychanalyse dépend des talents du praticien. Celui-ci analyse et donne du sens à ce que dit un patient. Cette analyse se déroule conformément à la théorie énoncée par Freud et selon l'approche de l'analyste. Remarquez ici un problème récurrent en philosophie des sciences : qu'est-ce qui vient en premier, les données ou la théorie interprétative ? Popper a autant critiqué Freud que Marx dont les travaux étaient, d'après lui, dépourvus de la discipline scientifique qui aurait permis à leurs théories d'être ouvertes à la réfutation.

D'autres branches de la psychologie sont plus en phase avec la méthodologie scientifique traditionnelle. Le béhaviorisme (ou comportementalisme), par exemple, procède à des expériences avec des animaux. Les données obtenues sont analysées d'une manière similaire à celle en sciences physiques. Cependant (comme nous le verrons au chapitre 4), des questions se posent quant à la validité et à la finalité du béhaviorisme en tant que moyen de comprendre le comportement humain. Cette méthode étant scientifiquement plus traditionnelle, son champ d'étude est limité. Mesurer la capacité d'un rat dans une boîte à apprendre en constatant qu'il sait appuyer sur une manette pour obtenir de la nourriture ne risque pas d'aider à expliquer les névroses qui intéressaient Freud !

De nos jours, les sciences cognitives sont un domaine majeur de recherche (que nous examinerons à nouveau au chapitre 4). Pour l'heure, nous nous contenterons de noter le fait fondamental que l'étude de l'humanité, que ce soit en sociologie, en psychologie ou en sciences cognitives, présente des problèmes spécifiques en matière d'application de la méthodologie scientifique traditionnelle.

Qu'est-ce qui peut-être qualifié de science ?

Il fut un temps où une activité était « scientifique » si elle suivait une démarche inductive. Sur une telle base, les travaux de Marx pouvaient être qualifiés de scientifiques, étant donné que sa théorie s'appuyait sur les changements politiques des sociétés qu'il étudiait. De manière similaire, la psychologie comportementale serait scientifique de par la méthodologie utilisée : observer et noter les réactions à certains stimuli, par exemple. Par conséquent, la science se définit plus généralement par la méthode employée que par le sujet.

Popper a critiqué Marx et Freud, non parce qu'il considérait qu'ils s'étaient trompés dans leurs observations, mais à cause de ce qu'il considérait comme leur volonté d'interpréter de nouvelles évidences à la lumière de leurs théories au lieu de permettre à ces évidences de remettre en question ou de modifier leurs théories. Comment peut-on faire la différence entre une science et ce que Popper appelle une « pseudo-science » ?

Un exemple

L'astronomie est considérée comme une science, mais non l'astrologie. En effet, l'astronomie se fonde sur des faits observables, tandis que l'astrologie s'appuie sur des schémas mythologiques.

Mais supposons que des astrologues démontrent l'existence d'un lien certain entre le signe d'une personne et son comportement. Supposons également que ce lien soit validé par de très nombreuses d'études. Cela prouverait-il que l'astrologie est une science ?

Tout dépendrait probablement de la manière dont ces études ont été menées. Si l'on a cherché à recueillir des informations favorables à la thèse selon laquelle l'astrologie est une science, alors c'est inacceptable. En revanche, si les informations ont été collectées avec la plus grande impartialité et la plus grande objectivité par une personne véritablement désireuse de savoir s'il existe un lien entre le signe astrologique de quelqu'un et son comportement, alors on peut accepter l'idée que l'astrologie est une science.

Mais alors, même si l'on considère qu'il s'agit d'une base scientifique pour l'astrologie, on ne pourrait parler de science que si les astrologues se mettent à utiliser des méthodes scientifiques pour leurs prédictions.

Ce qui caractérise une science, c'est notamment la volonté de recueillir des informations de manière désintéressée et d'accepter qu'une théorie puisse être remaniée. Mais que se passe-t-il si les conclusions d'une personne sont diamétralement opposées à celles des autres scientifiques ? Cette question nous amène à nous interroger sur la nature de l'autorité au sein de la communauté scientifique.

La science et l'autorité

Avec l'avènement de la science aux XVIIe et XVIIIe siècles, beaucoup ont cru que l'époque de la superstition et de l'autorité était révolue. Tout devait être considéré de manière rationnelle. Peut-on dire que cela a toujours été le cas avec la science ?

Dès qu'une théorie ou qu'une méthode de travail est établie, le monde scientifique a tendance à la considérer comme une norme. Toute tentative pour suivre une autre approche est regardée avec suspicion. Lorsque Darwin a introduit l'idée de la sélection naturelle ou Einstein celle de la relativité, cela a impliqué des bouleversements si radicaux que cela a constitué une menace pour la connaissance du monde accumulée jusque-là. Les théories de Darwin et d'Einstein ont fini par être acceptées, mais cela a demandé un certain temps.

Des scientifiques peuvent être considérés comme « hérétiques » à l'orthodoxie scientifique si leur conception diffère radicalement de celle de la plupart de leurs collègues.

Étant donné que plusieurs théories, toutes aussi valables, peuvent rendre compte d'un même phénomène, il y aura toujours matière à débat au sein des cercles scientifiques. Existe-t-il des limites à ce qu'une communauté scientifique est capable d'accepter ?

Un exemple

Le chimiste Linus Pauling affirmait que la vitamine C était, outre une panacée contre le rhume, un moyen de résister au cancer et de prévenir les maladies cardiovasculaires. Malgré la reconnaissance de son travail sur la structure des molécules, qui lui valut le prix Nobel de chimie, son point de vue sur la vitamine C fut vivement critiqué par la plupart des scientifiques — alors qu'il reçut un accueil favorable auprès du grand public.

Les travaux des chercheurs sont présentés à la communauté scientifique du monde entier, généralement dans une revue spécialisée. Afin qu'un article soit publié, son contenu doit être jugé plausible, du moins par ceux chargés de l'accepter. Une fois paru, d'autres scientifiques peuvent vérifier le bien-fondé de ce qui a été exposé en reproduisant la même expérience. Parfois, le résultat est ambigu. Parfois encore, il est impossible de répéter l'expérience et la validité de l'article est remise en question.

Un exemple

En 1989, l'université de l'Utah annonça, lors d'un communiqué à la presse, que Martin Fleischmann et Stanley Pons, deux électrochimistes, auraient réussi une percée dans le domaine de la fusion nucléaire à froid (la production d'une quantité illimitée d'énergie par la fusion d'atomes et non par la fission qui produit, outre de la chaleur et des radiations, des déchets radioactifs). Mais la fusion, cette réaction qui se produit au cœur du Soleil, ne survient d'habitude qu'à des températures extrêmes générées dans des accélérateurs de particules et, même alors, l'énergie obtenue par la fusion ne représente qu'une fraction de la quantité nécessaire pour reproduire ces conditions extrêmes. Si l'on parvenait à obtenir de l'énergie grâce à la fusion nucléaire, en utilisant l'eau de mer comme le suggèrent les deux chercheurs, cela révolutionnerait la production d'énergie.

Cette nouvelle fut reçue avec un certain scepticisme, mais des équipes de chercheurs tentèrent de répéter l'expérience. Le résultat fut très mitigé. Il fut impossible de parvenir à une confirmation positive. Il devait donc y avoir une erreur dans l'expérience, jugée impossible par nombre de scientifiques. Cela ne signifiait pas pour autant que ce projet était tombé aux oubliettes. En 2005, la France a été retenue pour le futur réacteur à fusion nucléaire ITER de Cadarache. Elle participera, avec l'Union européenne, à hauteur de la moitié du coût du projet, soit un peu plus de 5 milliards d'euros.

Par conséquent, même si la découverte initiale sur la fusion à froid n'a pas abouti, la recherche pour exploiter la puissance de la fusion nucléaire est loin d'être abandonnée.

Les scientifiques ont besoin de gagner leur vie. Certains sont employés par des universités. Ils sont, en théorie, libres de faire de la recherche sans subir de pression extérieure – hormis la nécessité de montrer qu'ils progressent afin de continuer d'attirer des fonds. Cela étant, les fonds pour ce type de recherche proviennent souvent du monde des affaires, pas complètement désintéressé.

D'autres scientifiques travaillent pour divers secteurs de l'industrie. Ils ne s'occupent pas de science « pure » (ils ne font pas de recherche fondamentale, théorique), mais aident leur entreprise à se développer grâce à leurs travaux. Leur rôle est à mi-chemin entre la science et la technologie. Ils recherchent des idées qui permettront de rapporter des bénéfices.

Un exemple

Un scientifique employé dans un laboratoire de produits pharmaceutiques a peu de chance de conserver son poste s'il aboutit à la conclusion que la maladie qu'il essaie de guérir en mettant au point un nouveau médicament se soigne mieux en buvant simplement du jus de fruits !

Il procédera plutôt de la manière suivante :

- isoler l'élément qui, dans le jus de fruits, est responsable de l'effet bénéfique ;
- synthétiser cet élément dans des conditions de laboratoire ;

- concevoir une technologie qui permettra de fabriquer et de commercialiser l'élément de synthèse sous la forme de comprimés !

D'un autre côté, ce même scientifique pourrait trouver un emploi adapté dans une société qui commercialise du jus de fruits.

La science recherche de plus en plus de financements privés émanant d'entreprises. Mais ces sociétés privées recherchent de nouveaux produits et de nouvelles idées pour développer ce qui rapporte de l'argent. Des philosophes comme Hume ou Bacon ont insisté sur la nécessité d'une recherche de la connaissance désintéressée. Or si un scientifique sait qu'il est dans son intérêt d'aboutir à des résultats orientés vers un but précis, cela signifie que ses résultats sont à traiter avec circonspection. Nous avons déjà vu qu'aucun fait n'est véritablement exempt d'une interprétation intéressée. Si l'on y ajoute une motivation personnelle, la tendance à pencher en faveur de la conclusion la plus favorable constitue une menace réelle pour l'impartialité.

En d'autres termes

- La philosophie ne peut pas déterminer quelles sont les informations disponibles pour la science. Elle ne sait pas fournir de données.
- La philosophie étudie l'utilisation des données scientifiques et la démarche logique qui permet à l'information de servir de base à des théories scientifiques.
- Plus important encore, la philosophie est là pour rappeler aux scientifiques que les faits renferment toujours une part d'interprétation. Les faits sont le produit d'un esprit pensant confronté à une évidence extérieure. Par conséquent, ils renferment à la fois cette évidence et le cadre mental à partir duquel il a été appréhendé, sans oublier la pensée qui l'a articulé.

La science moderne nous apporte une conception du monde très riche et passionnante. Elle semble contredire nos notions de sens commun, qu'il s'agisse de voir dans la matière des forces nucléaires en action, et non quelque chose de solide et de tangible, ou de concevoir l'univers en pleine expansion depuis le Big Bang, à partir d'une singularité initiale de l'espace et du temps. Pourtant, cette contradiction présente l'avantage d'ébranler nos idées toutes faites et de nous rappeler que le monde n'est pas aussi simple qu'il peut y paraître. En cela, la science agit plus comme la philosophie. Elle nous incite à nous remettre en question et à nous interroger sur ce que nous appelons la réalité.

Réflexion

Qu'est-ce que l'on peut dire, et ne pas dire, sur le monde ? Dans *Tractatus logico-philosophicus* (voir chapitre 3), Ludwig Wittgenstein s'est interrogé sur la fonction du langage qui serait, d'après lui, de décrire le monde. Cela l'a amené à énoncer : « Le monde est tout ce qui arrive » (*Tractatus*, 1) et à établir une équation entre ce que l'on dit et ce que la science montre : « La totalité des propositions vraies constitue la totalité des sciences de la nature » (*Tractatus*, 4.11).

Wittgenstein finira par admettre que, dès qu'il s'agit du langage mystique (le sens intuitif du monde en tant que tout), nous devons garder le silence. Ce qui est « vu » dans un moment de conscience mystique ne peut pas être « décrit ». Il est impossible de l'exprimer.

Selon lui, d'autres choses ne peuvent pas être décrites : le sujet lui-même (il voit le monde, mais n'en fait pas partie) et même la mort (nous ne faisons pas l'expérience de la mort). Wittgenstein établit donc des limites à ce qui peut être dit et, de ce fait, à la science.

Sa pensée pourrait nous inciter à demander :

- La cosmologie moderne n'est-elle pas un peu « mystique » ? Ne cherche-t-elle pas à trouver des images (dont celle du Big Bang) qui permettraient d'exprimer des événements si différents de tout ce dont nous faisons l'expérience sur Terre que le langage n'a plus grand sens ?
- La science n'a-t-elle pas besoin, parfois, d'aller au-delà de l'expérience, de faire preuve d'imagination lorsqu'elle énonce de nouveaux paradigmes, afin de permettre ensuite aux travaux de recherche et aux calculs de trouver leur place ?
- Quelle est la place de l'intuition dans une démarche scientifique ? De même qu'un œil voit tout de ce qui est autre que lui, l'intuition contribue parfois à renforcer un axe de recherche sans jamais y figurer directement.

La science n'est pas confinée à une connaissance théorique. Elle a des conséquences pratiques. Par les produits issus de technologie, la science soulève des problèmes éthiques (du génie génétique aux armes nucléaires), un sujet dont nous reparlerons. La science peut montrer ce qui est possible et la technologie peut le rendre possible, mais cela ne permet pas de répondre à la question de savoir si la technologie est juste ou si elle fait fausse route (comme la possibilité de faire quelque chose ne signifie pas que ce soit juste de le faire). Alors que la philosophie des sciences est concernée par la validité de la méthodologie scientifique, la science elle-même a des implications dans d'autres domaines de la pensée, dont l'éthique et la philosophie de l'esprit.

3

Le langage et la logique

Dans ce chapitre, vous découvrirez :

- la fonction des différentes formes de langage ;
- comment étudier le langage et en vérifier les propositions ;
- la logique formelle et les limitations du discours rationnel.

Le langage est le véhicule qui permet de transmettre les idées et les concepts de la philosophie. Il serait donc tentant de dire que celui-ci ne joue qu'un rôle secondaire, en communiquant ce qui est déjà connu. Mais ce serait une erreur, car les questions philosophiques sont énoncées par son entremise et résultent souvent de notre manière de discourir. En philosophie, « que voulez-vous dire par... ? » est une demande fondamentale, qui appelle plus qu'une simple définition. Elle cherche à relier ce qui nous intéresse au reste de nos idées et de notre discours. Par conséquent, les termes utilisés colorent la manière dont nous pensons et dont nous faisons l'expérience du monde.

Il serait donc malavisé de philosopher sans avoir conscience du rôle joué par le langage. Examiner ce dernier revient toutefois à considérer trois aspects différents : la philosophie du langage, qui s'interroge sur ce qu'est le langage et sur son fonctionnement, qui cherche à voir si les énoncés ont, ou non, du sens et comment le vérifier ; la philosophie linguistique, qui est une manière de faire de la philosophie en analysant les énoncés problématiques ; et la logique, qui examine la structure des arguments afin de vérifier si la conclusion résulte bien des prémisses.

Langage et certitude

La vérification est au cœur de toute étude du langage. Comment montrer qu'un énoncé est vrai ?

- Y a-t-il des évidences qui correspondent à chacun des termes utilisés ? Un empiriste vous encouragerait à aller dans ce sens. Un réductionniste dirait plutôt qu'il s'agit là d'un non-sens, sauf si vous y parvenez ! Par conséquent, le langage a une fonction descriptive ou d'appel.
- Un énoncé est-il vrai s'il semble logique ? Si tel est le cas, sa vérité dépend-elle également d'une sorte d'évidence externe ?

Nous avons déjà établi la distinction entre un énoncé « synthétique » et un énoncé « analytique », mais le langage n'en reste pas moins complexe. Un vers de poésie, un ordre, un conseil moral ou les tendres mots que se murmurent des amants ont vite fait de balayer n'importe quelle théorie de vérification. Il faut donc dépasser la question « est-ce vrai ? » pour poser celle, plus vaste « qu'est-ce que cela signifie peut-être ? ».

En examinant, au chapitre 1, la recherche de ce que l'on peut qualifier de certain, nous avons évoqué Descartes (qui ne peut pas douter de sa propre existence en tant que sujet pensant) et l'approche empiriste. Nous avons également vu comment, pour Kant, c'est la raison qui contribue à notre compréhension du monde, de la réalité. Nous sommes ensuite revenus à Platon qui montre, dans l'allégorie de la caverne, que nos perceptions (le monde des apparences) ne correspondent qu'à des ombres, la réalité étant dans le monde des Idées. Si nous ne savons pas exactement à quoi ressemble le monde, comment pouvons-nous savoir que notre langage le reflète avec précision ?

Comme nous l'avons indiqué au chapitre 2, c'est probablement la science qui possède la plus grande influence pour façonner la vie moderne. Elle repose sur l'observation du monde et part de données empiriques pour formuler des hypothèses. Avec le succès évident de la science, il est devenu très tentant, pour les philosophes, de considérer celle-ci comme une forme de paradigme de par la manière dont elle permet d'acquérir du savoir.

La science étant fondée sur l'observation, chacune de ses propositions s'appuie sur la référence à des données. Sans données, il n'y a pas de science. Le langage utilisé par la science est, par conséquent, justifié en référence à des objets externes qu'elle « décrit ». Un énoncé est vrai s'il correspond à ce qui a été observé. Il est faux dans le cas contraire. Mais cela s'applique-t-il au langage ?

Le positivisme logique

Ludwig Wittgenstein (1889-1951) est un philosophe britannique d'origine autrichienne. Il est l'élève de Bertrand Russell et, après la Première Guerre mondiale, il part enseigner la philosophie à Cambridge. Il sera très impressionné par les travaux sur les mathématiques et la logique de Gottlob Frege (1848-1925), de Bertrand Russell et d'Alfred North Whitehead. Russell et Whitehead sont les auteurs de *Principia mathematica*, une œuvre majeure qui s'est efforcée de démontrer que tous les concepts mathématiques reposent sur des fondements logiques. Selon ces trois penseurs, la logique et les mathématiques sont objectives et non subjectives. Elles ne se contentent pas de montrer comment fonctionne la pensée, mais décrivent les caractéristiques du monde extérieur.

Wittgenstein est l'un des fondateurs de la philosophie analytique. D'après lui, il suffirait, pour résoudre les problèmes philosophiques, d'utiliser un langage qui corresponde au monde phénoménal tant par l'évidence de ce qui est formulé que d'un point de vue logique. La philosophie doit donc rechercher par la logique à clarifier la pensée. Dans *Tractatus logico-philosophicus* (1921), une œuvre dont l'influence sera immense, il commence par considérer le monde comme la somme de propositions vraies : « Le monde est tout ce qui arrive » (*Tractatus*, 1), mais doit reconnaître que certains sujets sont indicibles. Ainsi, on ne peut pas parler du sujet lui-même : « Le sujet n'appartient pas au monde, mais est une limite au monde » (*Tractatus*, 5.632). Il en va de même pour le sens mystique du monde dans sa totalité : « Il y a assurément de l'inexprimable. Celui-ci se montre, il est l'élément mystique » (*Tractatus*, 6.522). Nous devons garder le silence dès lors que quelque chose ne correspond pas à une réalité observable. Pour Wittgenstein, le langage est un outil précis, mais étroitement défini, qui permet de décrire le monde phénoménal.

Ses idées seront reprises par le Cercle de Vienne, un groupe de savants et de philosophes formés à Vienne dans les années 1920 et 1930, à l'origine de ce que l'on appelle généralement le positivisme logique. Leurs thèses sont les suivantes :

- Les propositions analytiques ne nous disent rien sur le monde. Étant vraies par définition, ce sont par conséquent des tautologies. Elles comprennent les énoncés logiques et mathématiques.
- Les propositions synthétiques dépendent d'évidences. Par conséquent, ce ne sont pas forcément des propositions synthétiques.
- La métaphysique et la théologie sont de pures « divagations ». De tels énoncés ne relèvent pas de la logique (auquel cas ils seraient vrais par définition, a priori) ni ne peuvent être démontrés par une évidence empirique.

Pour le physicien et philosophe Moritz Schlick (1882-1936), membre fondateur du Cercle de Vienne, « un énoncé authentique doit être susceptible de vérification concluante ». Sa signification tient donc à sa méthode de vérification, ou vérifiabilité, un principe fondamental pour les positivistes logiques.

Le philosophe et professeur de logique britannique Alfred Jules Ayer (1910-1989) assurera la popularité du positivisme logique grâce à un ouvrage majeur *Langage, vérité et logique* (1936), où il s'interroge sur les possibilités de la philosophie. Sa réponse est qu'elle ne peut certainement pas nous parler de la nature de la réalité en tant que telle. En d'autres termes, elle ne s'applique pas à la métaphysique. Si nous voulons connaître la réalité, le monde, nous devons compter sur l'évidence de nos sens.

Par conséquent, selon lui, la philosophie ne peut pas apporter de nouvelle information à propos de quoi que ce soit, mais a pour tâche d'analyser et de clarifier. La philosophie examine les mots utilisés et les analyse, afin d'en montrer les implications logiques. Elle clarifie ainsi une pensée peu rigoureuse.

Toujours d'après lui, chaque proposition véritable, pouvant être vraie ou fausse, est soit une tautologie (en d'autres termes vraie par définition), soit une hypothèse empirique (une hypothèse pouvant être vérifiée par l'expérience). La métaphysique est donc dépourvue de sens, car ce qu'elle avance implique des énoncés qui ne sont pas vrais par définition et qui ne résistent pas à une vérification empirique.

Bien évidemment, il existe d'autres types de sens, mais Ayer ne s'intéresse qu'aux énoncés ayant une « signification factuelle ». En d'autres termes, si l'expérience n'est pas pertinente en ce qui concerne la justesse ou la fausseté d'un énoncé, alors on ne peut pas dire que cet énoncé a une signification factuelle, même s'il possède une quelconque signification pour la personne qui en est l'auteur.

Le principe de vérifiabilité se présente, chez Ayer, sous deux formes :

1. Une proposition est dite vérifiable et a un sens si et seulement si sa justesse peut être établie par l'expérience. C'est la forme forte du principe de vérifiabilité telle qu'elle a été énoncée au départ par Moritz Schlick : la signification et la vérification sont identiques.

Un exemple de forme forte

« Il y a trois personnes dans la pièce d'à côté. »

Signification : si vous allez dans la pièce d'à côté, vous verrez trois personnes.

---

2. Une proposition est dite vérifiable s'il est possible de la rendre probable par l'expérience ou si une éventuelle expérience sensible s'avère pertinente pour déterminer si elle est vraie ou fausse. Cette version plus faible est celle que préférait Ayer. Cela montre clairement qu'il n'est pas toujours possible d'aboutir à une évidence factuelle (à propos du passé, par exemple, ou d'événements dont on a prédit qu'ils devaient survenir dans des endroits inaccessibles). Là où une évidence est impossible, il faut que l'on puisse au moins spécifier quel type d'évidence entrerait en ligne de compte en faveur ou contre la justesse factuelle d'un tel énoncé.

Un exemple de forme faible

« Dans l'univers, il y a de la vie sur d'autres planètes. »

Signification : si l'on était capable d'examiner chacune des planètes de l'univers, on en trouverait d'autres où il y a de la vie. Bien que nous n'ayons pas encore pu détecter des signes de vie à base de carbone comme la nôtre, une telle découverte permettrait de montrer que cet énoncé est vrai. Il est, par conséquent, « significatif ».

Un énoncé est dépourvu de sens s'il n'y a rien qui puisse entrer en ligne de compte en faveur ou contre le fait qu'il soit vrai. Sur cette base, pratiquement tout ce qui concerne le langage religieux ou esthétique ou encore moral pourrait être qualifié de « divagation » étant donné qu'aucun fait concret ne peut être vérifié par l'observation. C'est une façon de limiter la signification de n'importe quel énoncé à un examen scientifique ou empirique du monde.

Si l'unique énoncé pourvu de sens est celui qui se présente sous la forme d'une proposition empirique, il n'y a rien d'autre à ajouter. Ayer accepte que, pour lui, des énoncés puissent être significatifs d'un point de vue émotionnel mais non qu'ils soient significatifs au sens littéral du terme. Or c'est ce sens littéral qui est à la base d'une certitude.

Le positivisme logique et son principe de vérifiabilité posent néanmoins deux problèmes fondamentaux :

1. Comment puis-je savoir que ce que je pense voir existe vraiment ? Je pourrais demander à d'autres personnes de regarder afin de vérifier si elles voient la même chose. Mais cela ne prouverait jamais tout à fait que l'objet était bien là. En effet, en ce qui concerne la « chose en soi », il n'y a aucun moyen d'aller au-delà de l'expérience des sens. Quel que soit le nombre d'évidences obtenu, je ne peux jamais avoir la preuve absolue qu'il existe une chose extérieure qui est observée. Nous pouvons être tous dans l'erreur. En d'autres termes, si la certitude repose, pour vous, sur l'évidence, alors vous devez avoir conscience qu'une évidence n'est jamais certaine.
2. Comment vérifier l'énoncé suivant : « Un énoncé authentique doit être susceptible de vérification concluante. Sa signification tient donc à sa méthode de vérification » ? S'agit-il d'un énoncé synthétique ? Si c'est le cas, quelle est l'évidence en sa faveur ? Quelle est l'évidence contre ? Ou s'agit-il plutôt d'un énoncé analytique ? Si c'est le cas, alors le mot " signification » est logiquement équivalent à « méthode de vérification » et, par conséquent, la théorie n'apporte rien.

Cette seconde critique semble plausible, mais elle repose en fait sur une notion fausse du principe de vérifiabilité. Il n'a jamais été dit qu'il s'agissait d'une proposition factuelle, mais plutôt d'une politique d'évaluation des propositions qui prétendent être factuelles, ce qui est très différent. Après tout si, à une intersection, un panneau de signalisation vous dit de tourner à droite, il ne tourne pas lui-même à droite ! Une instruction n'est pas la même chose que l'énoncé d'un fait.

Le point crucial, à propos du positivisme logique, est qu'il représente une forme particulièrement forte d'empirisme et une forme particulièrement étroite de langage. Il a rendu service à la philosophie en déclarant que de nombreuses propositions étaient de pures « divagations », car les philosophes ont alors été obligés de réfléchir plus profondément à la manière dont on utilise le langage. Alors que les positivistes logiques s'étaient focalisés sur l'aspect “ descriptif » du langage, il est vite devenu évident que le langage pouvait être riche de sens pour bien d'autres fonctions (par exemple pour exprimer des sentiments, donner des ordres, afficher des préférences). Cette réaction contre les positivistes logiques a permis de reconnaître qu'il fallait développer une conception plus subtile de la fonction du langage.

Cela étant, le principe de vérifiabilité demeure un outil valable lorsqu'il s'agit de vérifier qu'un énoncé, à propos d'une préférence ou d'une demande personnelle, ne passe pas pour un simple énoncé empirique de faits.

Il est intéressant de remarquer que, vers la fin de sa vie (comme le montre l'extrait de l'interview au chapitre 1), Ayer devait admettre que sa pensée avait évolué depuis la rédaction de *Langage, vérité et logique* (en acceptant par exemple que l'on puisse faire partager une expérience esthétique). Il n'en reste pas moins que son livre est resté capital pour une certaine conception du langage et d'une approche philosophique.

Aujourd'hui, rares seraient ceux qui voudraient s'avancer autant que Ayer ou les positivistes logiques à propos de la signification et de la certitude. Désormais, la philosophie reconnaît plutôt la nature bien plus souple du langage, mais il ne faut pas oublier que, à l'époque, on croyait que la science et les mathématiques apportaient les images qui convenaient à des besoins de clarté et de précision. C'était donc les modèles d'une approche à laquelle le langage ordinaire était tenu de se conformer.

Mais qu'en est-il de la manière de penser le monde ?

Langage et perception

Comment peut-on vraiment savoir qu'une proposition est vraie ? Dans l'introduction, nous avons vu la manière dont un énoncé peut être vrai par définition ou grâce à l'expérience. Le premier cas incluait des énoncés de mathématiques. Une fois que les termes étaient connus, la justesse ou la fausseté d'un énoncé s'ensuivait automatiquement.

Cependant, en examinant les énoncés fondés sur l'expérience, d'autres problèmes sont apparus. Avant tout, il existe un degré d'incertitude quant à l'expérience, qui peut toujours être fausse ou interprétée différemment. Ensuite, il y a la manière dont nous devons utiliser des termes généraux pour décrire des choses particulières.

- Imaginez qu'il n'existe pas de termes généraux. Comment décrire alors un arbre sans les mots « arbre » ou « vert » ou encore « grand », " épais », etc. ? Chacun de ces mots, contrairement à un nom propre, a une signification qui peut s'appliquer à un grand nombre de choses individuelles. En effet, lorsqu'on apprend un langage, on apprend justement tous les termes généraux qui, une fois agencés, permettent de décrire des choses particulières.
- Est-ce que ces termes généraux font référence à des choses qui existent ou ne s'agit-il que de « noms » ? « Bonté » existe-t-il ou n'est-ce qu'un nom pour certaines choses que j'approuve ? Nous avons vu cela à propos de la différence entre Platon et Aristote, et dans le débat entre les réalistes et les nominalistes.
- Lorsqu'on se penche sur le positivisme logique, on voit que ce type de philosophie repose sur la fonction « descriptive » du discours. Les énoncés n'ont de sens que s'ils reflètent des évidences (ou des évidences potentielles) pour le monde des sens.
- Jusqu'à quel point pouvons-nous faire confiance en notre perception ?
- La perception est-elle identique aux données des sens ?

Ce n'est qu'une question d'interprétation

Nombre de dessins peuvent être interprétés de plusieurs manières. En voici un exemple.

Voyez-vous le profil de deux personnes qui sont face à face ou voyez-vous plutôt un vase élégant ?

Essayez de modifier votre perception pour passer de l'un à l'autre. Remarquez l'effort mental que cela demande.

Y a-t-il une différence entre l'une ou l'autre de ces deux perceptions (une différence qui concerne ce que vous voyez) ?

Ces illusions d'optique montrent bien le côté trompeur toute expérience. Lorsque vous faites un effort mental pour passer d'une interprétation à une autre, vous découvrez la réalité de « ce dont vous faites l'expérience » : toute expérience a besoin d'être interprétée, d'une manière ou d'une autre. Remarquez également que votre manière de voir les choses dans leur globalité ne peut qu'influencer votre perception de chaque partie individuelle. Ainsi, dans l'exemple ci-dessus, vous ne voyez plus deux nez mais la base du vase avec le début de son pied.

Voici donc le dilemme auquel est confrontée toute méthode empirique de vérification du langage :

- si toutes les expériences impliquent « ce dont vous faites l'expérience »,
- et si deux personnes peuvent interpréter différemment la même donnée,
- comment décider quelle interprétation est la bonne ou vérifier la justesse de ce qui est dit ?

Remarque

Il semble curieux que, dans le positivisme logique, la philosophie ait développé une vision étroite de la signification (en se bornant à décrire des données des sens) au moment même où la science commençait justement à prendre conscience qu'il pouvait y avoir deux manières différentes et incompatibles d'envisager quelque chose. Ces deux conceptions peuvent être considérées comme correctes, à l'instar de l'onde ou de la particule dans la théorie ondulatoire de la lumière.

Connaissance et langage

En ce qui concerne tout particulièrement la tradition anglo-saxonne (voir le chapitre 8), la philosophie a été dominée, pendant la majeure partie du XXᵉ siècle, par le débat sur le langage. On avait alors l'impression que c'était ce sur quoi portait toute la philosophie (le reste étant traité par les sciences ou la politique ou encore la sociologie). La philosophie n'avait donc pas à proprement parler un contenu spécifique. C'était une activité, dont le rôle était de s'interroger sur les mots et leur signification.

On a donc attribué à la philosophie un rôle, une sorte de « comprimé contre l'indigestion », dans le but de purifier le système et d'en obtenir en retour une position plus confortable et de l'efficacité. Selon ce point de vue, la philosophie devait aider tous les autres sujets en les débarrassant de ce qui prête à confusion d'un point de vue linguistique.

Même au début du XXe siècle, comme nous l'avons vu précédemment, les positivistes logiques étaient d'avis que la signification d'un énoncé reposait sur sa méthode de vérification. Cette conception visait à purger le langage de tout ce qui ne pouvait pas être réduit à l'expérience des sens. La métaphysique n'était plus à l'ordre du jour et l'éthique n'était pas grand-chose de plus que l'expression d'une préférence.

Dans les années 1950, cette conception du langage a encore plus étendu son champ d'action. Wittgenstein (qui, dans la première partie de sa carrière, avait adhéré à l'approche radicalement réductionniste du langage) adoptera ensuite une optique plus large. Il acceptera que le langage revête plusieurs fonctions, la stricte description des phénomènes n'étant que l'une d'elles. Cela apportera une plus grande souplesse et la reconnaissance que l'expression des valeurs et des émotions, le fait de donner un ordre ou de formuler une requête soient des usages valables du langage. Son idée maîtresse était que le langage est une « forme de vie » et que, pour le comprendre, il faut l'observer dans son utilisation. En d'autres termes, le langage n'est plus une simple manière de « décrire » la réalité, mais fonde sa signification sur ses nombreux usages différents.

Wittgenstein a décrit les différentes utilisations du langage comme des « jeux de langage. Tout comme un jeu, les échecs par exemple où la valeur d'une pièce résulte de ses relations avec les autres pièces de l'échiquier, le langage ne peut être compris que dans un contexte donné. Les mots ont des significations qui sont liées à leur fonction dans le « jeu ». Il ne s'agit pas de banaliser le langage (ce n'est pas un « jeu » dans ce sens-là), mais de reconnaître que c'est un outil qui permet de faire quelque chose (un outil fondé sur des règles comprises par ceux qui utilisent le langage).

À ce stade, les philosophes ont en quelque sorte fait preuve de sens commun en abandonnant la pureté d'un énoncé indiscutable en tant que finalité de la signification. Afin de connaître le sens d'un énoncé, il fallait désormais le voir dans son contexte et comprendre ce qu'il était censé réaliser. Au chapitre 6, nous examinerons les différentes tâches dévolues au langage dans le domaine de l'éthique. Ce qu'il faut reconnaître dès à présent, c'est que le langage n'est ni simple ni transparent.

En d'autres termes

- Les gens (du moins c'est souhaitable) réfléchissent avant de parler.
- Ils peuvent également percevoir avant de réfléchir.

Par conséquent

- Ce qu'ils disent reflète la nature de leurs pensées et de leurs perceptions.
- Le langage est donc aussi simple et direct que les pensées et les perceptions qui l'ont produit.

Si l'on y ajoute l'intuition, l'émotion, l'angoisse existentielle et tout ce qui prête à confusion dans une vie humaine, le langage qui en résulte est fort complexe.

- Il peut remplir bien des fonctions différentes.
- Il peut jouer bien des jeux différents.
- Nous ne sommes pas forcément conscients des implications de ce que nous disons, ce qui nous ramène à Platon. Celui-ci, dans ses dialogues, met en scène Socrate, qui demande sans cesse à des personnes ce qu'elles veulent dire afin de mettre en avant ce qui prête à confusion et de les amener à une meilleure compréhension.
- Sans le langage, il n'y aurait ni métaphysique ni épistémologie. Il n'y aurait, du reste, pas de philosophie, de civilisation, de culture ni rien tout ce qui est le propre de l'homme.

La philosophie linguistique

Alors que les positivistes logiques ont analysé les énoncés sous l'angle de leur vérification, par l'expérience des sens, d'autres philosophes, notamment George Edward Moore (1873-1958) et John Langshaw Austin (1911-1960), se sont intéressés à l'utilisation ordinaire des mots. Leur démarche ainsi que celle, plus vaste, de Wittgenstein ont abouti au constat que le langage ordinaire est une activité pouvant être analysée afin d'en montrer la logique et les implications internes, et qu'une telle analyse permet de clarifier la signification des énoncés et, par conséquent, de résoudre les problèmes philosophiques.

Cette approche, appelée « philosophie linguistique », est devenue dominante en philosophie dans les années 1940 et 1950. Au chapitre 4, nous verrons que l'un des ouvrages sur la philosophie de l'esprit les plus controversés, à l'époque, avait pour titre *The Concept of Mind* (*La Notion d'esprit*). Il proposait une vision radicale de la pensée à partir de l'analyse du langage ordinaire.

La philosophie linguistique déclare que les problèmes philosophiques surviennent à cause des ambiguïtés et des confusions du discours normal. Dès que l'on analyse ce discours et que l'on montre ce qui prête à confusion, un discernement plus grand et une meilleure clarté peuvent voir le jour.

La philosophie linguistique redéfinit par conséquent le rôle de la philosophie du point de vue de la clarification du langage. Elle aura une influence significative sur la philosophie de l'esprit (en demandant ce que cela signifie quand nous utilisons des mots comme « esprit » ou « personne ») ou sur l'éthique (où les énoncés moraux peuvent, par exemple, être envisagés sous l'angle de la recommandation d'un acte donné). C'est une manière de faire de la philosophie qu'il ne faudrait pas confondre avec la philosophie du langage, qui pose des questions sur l'évolution du langage, sur ce qu'il fait et comment il est relié à ces choses qu'il décrit ou provoque, et comment il est appris.

La logique formelle

La logique est cette branche de la philosophie qui examine la manière de raisonner. Quand vous partez de prémisses pour aboutir à une conclusion, cette démarche est appelée logique déductive. Un argument est valable s'il est impossible que la conclusion soit fausse dès lors que les prémisses sont vraies. Un argument peut être valable même si les prémisses sont fausses (auquel cas la conclusion est elle aussi fausse). Vous pouvez vous tromper sans que cela implique que votre raisonnement est illogique. Un argument dont les prémisses sont vraies et dont la logique est valable est sensé.

Remarque

La logique déductive diffère de la démarche « inductive » utilisée par la science pour raisonner. La démarche inductive part d'une évidence et conclut que (selon toute probabilité) ceci ou cela va se produire. Une conclusion obtenue selon cette méthode est donc toujours susceptible de modification si l'on trouve une nouvelle évidence. En revanche, la logique déductive n'a rien à voir avec une quelconque notion d'évidence. C'est une manière, formelle et abstraite, d'examiner la structure d'un raisonnement.

La logique a une longue histoire derrière elle. Dans les dialogues de Platon, Socrate débat avec de nombreuses personnes. Il les invite à énoncer des propositions, puis il analyse leurs implications et les arguments qu'elles ont employés. Son raisonnement prend souvent la forme suivante : « Si B découle de A, et si B est manifestement faux, alors c'est que A également est faux. »

Quoi qu'il en soit, le philosophe dont l'influence sur la logique aura été la plus grande, ces deux mille dernières années, est indéniablement Aristote. Il a posé les bases de la logique déductive, en particulier le syllogisme, où une prémisse majeure et une prémisse mineure aboutissent à une conclusion.

L'exemple de logique le plus célèbre est le syllogisme suivant :

Tous les hommes sont mortels.
Or Socrate est un homme.
Donc Socrate est mortel.

Que l'on peut exprimer ainsi :

Tous les A sont B.
Or C est un A.
Donc C est B.

Sur la base du syllogisme, nous pouvons explorer les formes de l'inférence, en d'autres termes examiner, grâce à une opération logique, la validité ou la fausseté d'une proposition en vertu de sa liaison avec d'autres propositions déjà tenues pour vraies.

Certains principes de logique semblent évidents, mais ils sont de la plus haute importance pour clarifier un raisonnement. Guillaume d'Ockham (c. 1285-1349) est un logicien et un théologien qui, outre ses commentaires de l'œuvre d'Aristote, est connu pour avoir estimé qu'il ne faut pas multiplier inutilement les entités non observables par la perception. Étant donné qu'il y a toujours plusieurs explications possibles, il faut choisir la plus simple. Ce principe logique sera connu sous le nom de « rasoir d'Ockham ».

La logique permet souvent de mettre l'accent sur des erreurs communes. Ainsi, l'argumentum *ad ignorantiam* ou argument d'ignorance est un sophisme logique qui affirme quelque chose parce que son contraire n'a pas été démontré. Afin d'établir le bien-fondé, la justesse de quelque chose, il faut pourtant commencer par apporter des évidences en sa faveur.

En d'autres termes

Il n'y a peut-être pas la moindre évidence qu'une personne n'a pas commis un crime particulier, mais cela ne peut pas constituer la preuve qu'elle l'ait commis. Si le système judiciaire négligeait cette caractéristique fondamentale de la logique, notre société aurait de gros problèmes. Remarquez qu'un argumentum *ad ignorantiam* se glisse parfois dans une discussion sur le paranormal. Étant donné qu'aucune évidence ne permet de démontrer que les extraterrestres ne sont pas la cause de certains phénomènes, par conséquent, en l'absence de toute autre explication, nous devons admettre qu'ils le sont !

La logique peut devenir très complexe, avec des éléments de raisonnement qui dépendent d'autres éléments : « si ce n'est pas ceci, alors c'est cela, mais si cela alors quelque chose d'autre... ». Ce serait très fastidieux de noter tous les éléments de chaque raisonnement afin d'examiner la logique impliquée.

Pour surmonter ce problème, la logique formelle, ou propositionnelle, utilise une forme artificielle de langage. Des lettres (A, B, C, etc.) prennent la place des différentes prémisses et conclusions auxquelles on ajoute des « connecteurs logiques » (des symboles valant pour « et », « ou », « si », « alors », « équivaut à », « si et seulement si » ...). L'utilisation du langage artificiel est particulièrement associée à Gottlob Frege (1848-1925), un philosophe et mathématicien allemand, fondateur de la logique mathématique.

Un exemple

Le connecteur logique «si... alors» est symbolisé par une flèche pointant vers la droite, la conclusion (par conséquent) par un point-virgule.

Prenons le raisonnement suivant : J'ai raté mon train. Or si je rate mon train, j'arriverai en retard à mon travail. Par conséquent, je dois arriver en retard à mon travail.

Nous pouvons formaliser cela en utilisant la lettre «A» pour «J'ai raté mon train» et la lettre «B» pour «J'arriverai en retard à mon travail».

Réécrit, le raisonnement devient :

A (A —> B) ; B

Ce qui est important, dans la logique, c'est qu'elle décompose chaque phrase en ses différentes composantes afin de clarifier la relation entre chacune d'elles. La logique formelle permet donc de clarifier très exactement ce qui est valable et ce qui ne l'est pas. Un raisonnement exposé de cette manière devient très complexe, d'autant que de nombreux signes peu familiers font office de connecteurs logiques. Si vous ouvrez un exemplaire du célèbre *Principia mathematica* de Russell et Whitehead ou que vous parcourez la revue *The Journal of Symbolic Logic*, vous verrez, page après page, quelque chose qui ressemble fort à des mathématiques avancées ou à de complexes formules scientifiques. Pour un non-initié, c'est extrêmement difficile à suivre !

Les mathématiques

Une grande partie de la recherche sur la logique a été effectuée par des mathématiciens. Ce n'est pas étonnant car les mathématiques, tout comme la logique, reposent sur des prémisses et des lois. Deux philosophes déjà cités, Frege et Russell, sont arrivés à la conclusion qu'il est possible de montrer que les lois mathématiques sont de la logique élémentaire et qu'il doit, par conséquent, être possible de prouver ce sur quoi reposent les mathématiques. Dans leurs travaux, développés par Russell dans *Principia mathematica* (publié en trois parties, de 1910 à 1913), les mathématiques deviennent une prolongation de la logique et, en théorie (mais non en pratique, car ce serait trop long à poser), tous les raisonnements mathématiques peuvent être dérivés d'une forme logique et exprimés ainsi.

Quand nous avons examiné la théorie de la connaissance, nous avons vu la distinction qu'établissait Kant entre les choses qui ne peuvent être connues que par les sens et les structures imposées par la raison afin de nous permettre d'apporter du sens et de l'ordre à notre expérience. Nous avons découvert qu'un énoncé peut être soit synthétique (dépendant de notre expérience et incertain), soit analytique (connu directement et certain). Quelle est donc la place des mathématiques dans ce schéma ?

Un exemple classique d'énoncé analytique est 2 + 2 = 4. Il n'est pas nécessaire de vérifier, par de nombreux exemples, que l'on arrive toujours à la conclusion que cela donne 4, et jamais 5. Il en va généralement de même en mathématiques, qui est une question de déduction logique et de certitude. Mais cela signifie-t-il que les mathématiques ne sont vraies que dans l'esprit ? N'est-il pas exact que deux choses, ajoutées à deux autres choses dans le monde extérieur, aboutiront toujours à quatre ? Si c'est le cas, alors on peut comprendre les choses dans le monde « véritable » grâce aux mathématiques et à la logique. Cela a à voir avec les relations réelles, et non simplement avec des opérations mentales.

Commentaire

Si ce n'était pas le cas, comment expliquer alors que les théories sur l'origine de l'univers viennent de professeurs de mathématiques ?

Cette question, comme tant d'autres, remonte peut-être à Platon. Selon lui, les nombres, ou les formes géométriques comme les triangles ou les carrés, sont tous parfaits. Un « presque carré » ou un « pratiquement 2 » n'existe pas en mathématiques. Cependant, dans le monde réel, rien n'est jamais aussi parfait. Il en a donc déduit que les mathématiques concernent des objets connus par l'esprit, et non les sens, des objets qui (comme ses « formes intelligibles ») appartiennent à un monde différent de celui dont nous faisons l'expérience. Par conséquent, on peut connaître les mathématiques *a priori*, avec une certitude impossible en ce qui concerne des choses de ce monde.

Il était prévisible qu'Aristote en prenne le contre-pied, affirmant que les concepts mathématiques sont des abstractions et des généralisations fondées sur des choses dont nous faisons l'expérience. Le débat entre les conceptions platoniciennes et aristotéliciennes a joué un grand rôle dans l'histoire des mathématiques, comme dans tant d'autres domaines philosophiques.

La philosophie des mathématiques est un domaine d'étude important, dont la portée va bien au-delà de ce livre. Nous nous bornerons ici à remarquer la relation étroite entre les mathématiques et la logique. Le débat continue pour savoir si l'arithmétique peut valablement être réduite à la « détermination de théories », si les mathématiques prises dans leur ensemble peuvent être entièrement limitées à la logique et enfin, si c'est le cas, quelle est la valeur d'une telle réduction ?

À la défense de l'illogique

Ce n'est pas parce que Frege a montré que les mathématiques reposent sur la logique et que celle-ci est directement impliquée dans la structure discursive qu'il faut en déduire que tout langage est (ou devrait être) présenté avec une précision mathématique, d'autant que les positivistes logiques ne sont pas parvenus à éliminer tous les énoncés qui ne peuvent être vérifiés de manière empirique. À la fin du *Tractatus logico-philosophicus*, Wittgenstein a fait remarquer que certaines choses sont indicibles. En d'autres termes, elles se situent au-delà de toute proposition significative, validée en référence à l'aune des sens. Pourtant, cela n'a pas empêché qu'on en parle.

Le langage remplit un grand nombre de fonctions et sa signification résulte de sa fonction. Lorsque nous verrons la philosophie continentale (dont l'existentialisme et le post-modernisme), nous aborderons des questions sur le sens qui ne cadrent pas avec les paramètres, plus étroits, de la philosophie analytique. Nous devons être préparés à explorer le fait qu'un énoncé puisse transmettre quelque chose d'important même si c'est illogique selon les critères du syllogisme aristotélicien.

Il ne s'agit pas là d'un jugement de valeur, mais d'un simple constat : un argument logique n'est pas l'unique forme de langage riche de sens.

4

La philosophie de l'esprit

Dans ce chapitre, vous découvrirez :

- les principales théories sur la relation entre le corps et l'esprit ;
- l'intelligence artificielle comparée à la pensée humaine ;
- comment parvenir à se connaître, soi-même et l'un l'autre.

Ce fut pendant une triste nuit de novembre que je contemplai le résultat de mon labeur. Avec une anxiété qui devint une agonie, je réunis les instruments de vie pour en communiquer une étincelle à la chose inanimée couchée à mes pieds. Il était déjà une heure du matin. La pluie fouettait lugubrement les carreaux, quand, à la lumière à moitié éteinte de ma bougie, je vis s'ouvrir les yeux jaunes et mornes de la créature. Elle respira profondément et un mouvement convulsif agita ses membres.

Frankenstein, 1818
Folio junior, Gallimard, p. 73, traduction de Hannah Betjeman, 1992.

L'auteur de *Frankenstein*, Mary Shelley, décrit dans son roman le triomphe puis le désastre de Viktor Frankenstein. Ce jeune savant a recherché l'origine de la vie par l'analyse, en disséquant le corps humain et en explorant ses différentes composantes. Il a observé les modifications qui surviennent chez un cadavre, la décomposition des organes et a voulu inverser ce processus pour redonner vie aux morts. Il a ensuite réuni les « matériaux » pour son expérimentation (des parties de divers cadavres) afin de créer une créature à forme humaine. Il est ainsi parvenu à donner la vie à ce monstre. Dans le roman, Shelley n'indique pas comment le monstre prend vie, mais les adaptations filmographiques mettront en avant l'électricité, cette étincelle de vie provoquée par l'étincelle de la décharge électrique.

La « créature » pas tout à faire humaine et détestée par la société développe néanmoins des émotions humaines, une capacité à raisonner et des talents. Emplie à la fois de tendresse et de rage, aspirant à une compagne de son espèce et éprouvant une colère meurtrière envers Frankenstein, son créateur, elle demande « qui suis-je ? ».

La « philosophie de l'esprit » (parfois appelée « psychologisme philosophique ») est cette branche de la philosophie qui entreprend, comme Frankenstein, d'analyser les corps, les esprits et les personnes, qu'elle dissèque et tente de réanimer afin de comprendre la nature de l'intelligence humaine.

Pendant que vous lisez ce livre, vos yeux le parcourent de gauche à droite, vos doigts tournent les pages, votre cerveau dépense de l'énergie, puisant de l'oxygène dans le sang, et de minuscules impulsions électriques passent de neurone en neurone. Tout cela fait partie du monde physique et peut être détecté scientifiquement. Comment cela aboutit-il à la lecture, à la pensée, à l'apprentissage et à la capacité de se souvenir ? Et comment cela est-il lié à l'identité d'une personne ?

Si, à la suite à un accident, je devais me retrouver amputé d'un bras ou d'une jambe, est-ce que je parlerais toujours du membre manquant comme de « mon bras » ou de « ma jambe », non dans le sens que cela m'appartient, mais que cela fait partie de moi, une partie dont je dois désormais me passer. De la même manière, je peux énumérer toutes les parties de mon « moi » : mes cheveux, mon visage, mon corps, mon esprit, mes émotions, mes attitudes, etc. Certaines relèvent du mental et d'autres de mon corps physique.

Où se trouve donc mon véritable « moi » dans tout cela ?

- Dois-je m'identifier à mon corps physique ? À mon esprit ?
- Suis-je un ensemble de tout cela ?
- Est-ce que j'existe hors de mon corps ?
- Si oui, est-ce que je continue d'exister après la mort de mon corps ?
- Mon esprit est-il la même chose que mon cerveau ?
- Si non, alors où est mon esprit ?
- Puis-je vraiment connaître l'esprit des autres ou juste les regarder, les écouter et deviner à quoi ils pensent ?
- Et que penser de l'intelligence artificielle créée par l'informatique ?

Ce ne sont que quelques-unes des questions qu'explore la philosophie de l'esprit. Ces sujets sont liés à la biologie, à la psychologie, à la sociologie, à l'informatique et à tous les domaines en lien avec la pensée, la mémoire, la communication et l'identité de la personne.

La conception de l'âme chez Platon et Aristote

Nous avons déjà parlé des Idées de Platon, ces réalités éternelles qui nous permettent de comprendre les choses particulières que nous rencontrons et de les organiser selon des catégories. Selon Platon, étant donné que ces réalités sont éternelles et ne peuvent pas être connues par les sens, nous devons en avoir eu connaissance avant notre naissance. L'âme comporte donc un élément éternel. Mais comment cela est-il relié au corps physique ?

Grâce aux dialogues de Platon, nous pouvons suivre le déroulement de la pensée de ce philosophe. De toute évidence, celui-ci voulait tenir compte aussi bien de la connaissance des réalités éternelles que du fait que les individus sont façonnés par l'environnement dans lequel ils vivent. L'âme ne peut donc pas être entièrement séparée du corps.

Dans la *République*, Platon décrit l'âme en établissant une analogie avec la cité. Tout comme une cité se compose de travailleurs qui produisent des biens et des services, de guerriers qui l'organisent et la défendent, et d'une élite de philosophes-gardiens qui la gouvernent, l'âme comporte trois parties : le corps physique avec ses passions, l'élément spirituel qui l'anime et le guide, et l'esprit pensant qui le gouverne. Pour Platon, l'idéal est que les passions soient contrôlées par les facultés actives, elles-mêmes guidées par la raison. En d'autres termes, l'homme, cet animal social, doit parvenir à l'harmonie grâce à une hiérarchisation de ces trois éléments distincts.

Cependant, l'impression générale issue de la philosophie platonicienne est que l'âme est éternelle et piégée un certain temps dans le corps physique. Sa demeure est ailleurs. Cette conception aura une influence sur celle, chrétienne, de l'âme.

L'approche d'Aristote est très différente. Il rejette la conception platonicienne d'une âme éternelle, mais est tout aussi critique pour ce qui est de penser que l'âme posséderait une forme de substance matérielle. Son œuvre majeure à ce sujet est *De anima (De l'âme)*. Selon Aristote, toute chose possède à la fois une substance physique, matérielle, et une forme (essence) ou substance sensible. La forme de quelque chose est ce qui fait ce qu'elle est. Pour reprendre son exemple, on peut, à l'aide d'un moule ou d'un poinçon, modeler un morceau de cire pour lui donner une forme donnée. Quelle est la relation entre la cire et la forme ? Sans cire, il n'y a pas de forme. Mais, en même temps, la forme n'est pas la même chose que la cire physique qui permet cette forme. De même, pour Aristote, l'âme est la forme ou l'essence du corps physique. Ce n'est pas quelque chose qui puisse être séparé du corps (sans cire, vous n'avez pas de forme). Néanmoins, ce n'est pas non plus la même chose que le corps. Une autre analogie d'Aristote permet de préciser cette conception. Un œil est une chose différente de la « vue » mais, pour voir, il faut posséder un œil et, en outre, si l'œil ne peut pas « voir », alors ce n'est pas un œil. L'essence d'un œil est la « vue ».

Naturellement, Platon et Aristote ont bien plus à nous dire sur la nature de l'âme, mais leur différence d'opinion sera reprise par des philosophes qui s'interrogeront, à leur tour, sur la relation entre l'âme et le corps physique. Toutefois, leurs conceptions seront ultérieurement dépassées par celle d'un autre philosophe auquel nous allons à présent nous intéresser : Descartes.

« Je pense, donc je suis »

Lorsqu'on examine la théorie de la connaissance, on trouve que Descartes, en ayant systématiquement recours au doute pour trouver ce qui est indubitable, pouvait douter de tout sauf de sa propre existence en tant que sujet pensant. C'est pourquoi il a énoncé cette phrase célèbre : « Je pense, donc je suis. » Cela lui a donné un point de départ à partir duquel il a pu développer sa méthode. Il a, en outre, établi une distinction absolue entre le corps physique (une substance dont l'essence est l'étendue dans le temps et l'espace, pouvant être connue par les sens) et l'âme (une substance existant à part et en soi, définie par la pensée et dont l'essence n'est pas l'étendue dans le temps et l'espace).

Par conséquent, tandis que Platon parle d'un monde des apparences sensibles (un corps physique doté d'une âme) et d'un monde immuable, celui de l'Idée, et qu'Aristote considère que l'âme donne forme et finalité au corps physique, Descartes établit une distinction entre le corps et l'âme, le corps étant une substance dont l'essence est l'étendue dans le temps et l'espace, et non l'âme.

Dans la prochaine partie, nous aborderons la question générale du rapport entre le corps et l'esprit, un sujet qui a été au cœur du questionnement de la philosophie à partir de l'époque de Descartes jusqu'à la seconde moitié du XXe siècle. Nous aurons, pour cela, besoin de revenir à Platon et à Descartes, car ils ont tous deux été partisans d'une forme de **dualisme**. Cependant, en examinant les différentes formes de dualisme, il faudra garder à l'esprit la perspective historique. En effet, le dualisme cartésien diffère du dualisme platonicien et c'est seulement grâce aux sciences cognitives, à la fin du XXe siècle, que nous pourrons mieux apprécier toute la complexité de la question de l'esprit et du corps qui, d'après Descartes, s'est focalisée sur un « problème » unique : comment un esprit non physique peut-il influencer un corps physique ?

La relation entre le corps et l'esprit

La philosophie a exploré toutes sortes de relations entre le corps et l'esprit. À un extrême, on trouve l'idée que seul le corps physique et son activité sont réels (**matérialisme** et **béhaviorisme ou comportementalisme**) et, à l'autre, l'idée moins répandue que tout relève fondamentalement de l'esprit (**idéalisme**). La plupart des philosophes sont arrivés à la conclusion que le corps et l'esprit sont des réalités distinctes mais liées (dualisme). Leur relation exacte pose un autre problème et c'est pourquoi nos considérations sur le dualisme comportent de nombreuses sous-théories.

Le matérialisme

Pour un matérialiste, seule la matière peut rendre compte de la réalité. Il cherche donc à expliquer toute chose en fonction d'objets physiques et tend à nier toute réalité à ce qui ne cadrerait pas avec cette conception. L'esprit ou la conscience n'est donc alors qu'une manière de décrire un corps physique et son activité. Nous pouvons avoir l'expérience d'une pensée ou d'une émotion mais, en fait, ce n'est *rien si ce n'est* des impulsions électriques dans le cerveau, des réactions chimiques ou autres dans le reste du corps.

Remarque

Ce « rien si ce n'est » est un exemple de cette approche philosophique appelée « réductionnisme » : la réalité de toute chose réside dans ses composantes les plus simples et non dans le phénomène auquel elles participent. Le réductionnisme pourra ainsi énoncer que :

- la musique n'est rien si ce n'est des vibrations dans l'air ;
- une peinture n'est rien si ce n'est une réunion de points colorés sur une toile ;
- *par conséquent*, une personne n'est rien si ce n'est un cerveau relié à un corps et à un système nerveux.

Ce « rien si ce n'est » établit une distinction entre le matérialisme et les autres théories. En effet, personne ne peut nier l'existence d'une relation entre un être et un cerveau, tout comme entre une symphonie et des mouvements de l'air. La question essentielle qui se pose est alors la suivante : peut-on exprimer ce que pourrait être un « quelque chose de plus » en dehors du matérialisme ?

Considérez ces cas de figure :

- Appliquez des électrochocs à un cerveau. Cela risque de modifier la personnalité de la personne. Ce traitement est utilisé en cas de dépression sévère ou de crises d'épilepsie.
- Une personne qui souffre de dommages cérébraux n'est plus la même. Si les dommages sont sérieux, il se peut même qu'elle ne soit plus une personne, mais juste un corps vivant dépourvu de tous les attributs de l'esprit.

Ces deux exemples confirment-ils la conception matérialiste ?

Réflexion

Vous voyez des personnes qui vous font signe de la main et qui vous sourient.

- Cela indique-t-il qu'elles sont amicales ? Qu'elles vous connaissent ? Qu'elles ont un esprit aussi bien qu'un corps ? Qu'elles ont librement choisi d'agir ainsi ? Qu'elles vous ont d'abord reconnu avant d'avoir une pensée amicale envers vous et qu'elles ont ensuite décidé de vous faire un signe de la main ?
- Analysons ce qui se passe quand vous regardez l'une de ces personnes :

  – vous voyez un bras bouger ;

  – dans ce bras, les muscles se contractent ;

  – la contraction est provoquée par des modifications chimiques, induites par des impulsions électriques envoyées par le cerveau ;

  – l'activité électrique dans le cerveau a provoqué ces impulsions ;

  – cette activité dépend de la consommation d'énergie et d'un apport suffisant d'oxygène par le sang ;

  – les aliments et l'oxygène proviennent de l'environnement ;

  – et ainsi de suite...
- Faire un signe de la main est un acte qui résulte d'une succession de causes et d'effets. Cet enchaînement est, pour des raisons pratiques, infini. Il dépend de la manière dont l'univers est construit. De là à penser qu'il existerait un « esprit », ce serait aller un peu vite en besogne. En effet, le monde de l'expérience des sens semble être un système fermé, dans lequel tout est entièrement déterminé. C'est la perspective matérialiste, mais (tant que la notion d'un système fermé prévaut) cela découle également de la conception de Kant, pour qui les phénomènes de l'expérience sont déterminés et la causalité imposée sur eux par l'entendement. La différence entre le matérialisme et Kant, c'est que Kant est convaincu qu'il existe des choses-en-soi (dont d'autres personnes), en d'autres termes des choses qui existent indépendamment de notre perception. Cependant, nous ne pouvons pas les connaître directement étant donné que nous avons tous notre propre expérience sensible. Quant au matérialisme, il affirme qu'il n'y a *rien d'autre* que le monde matériel connu par les sens.

Le béhaviorisme, ou comportementalisme, est le terme utilisé par la théorie matérialiste pour signifier qu'un phénomène mental n'est, en fait, qu'un phénomène physique. Pleurer et frotter une partie de son corps sont des dignes de douleur. Crier et tendre un poing sont des signes de colère. Pour un comportementaliste, tous les états mentaux se réduisent à des choses pouvant être observées et mesurées. Les êtres humains ont tendance à adopter un point de vue comportementaliste parce qu'ils considèrent que tout peut être réduit à des sensations, ce qui est une conception empiriste radicale de la philosophie.

Le problème est que nous faisons l'expérience de la différence entre une sensation ou une pensée et un mouvement physique ou les mots qui en résultent. Je peux penser avant de parler, ou avant d'écrire mais, pour un comportementaliste, il n'y rien d'autre que des mots, parlés ou écrits. Afin de connaître un sentiment, prône un comportementaliste, il faut observer le comportement. Cette théorie serait plausible si l'on observait des rongeurs dans une cage, mais les choses sont plus compliquées dès qu'il s'agit d'un être humain. Prenons l'exemple de la performance brillante d'un acteur (brillante parce qu'elle donne l'*illusion* que l'acteur exprime des émotions ou des opinions sincères). Mais alors, si tout est réduit à ce qui est observé, comment est-il possible de contempler l'idée d'être dupé par une autre personne quant à ses sentiments véritables ? C'est un problème que nous examinerons au prochain chapitre.

L'idéalisme

L'idéalisme prône une conception opposée au réalisme : la réalité n'est pas physique mais mentale. Ce que nous voyons de notre corps et du corps d'autrui est une expérience sensible. Après tout, cette dernière n'est simplement qu'une impression qui provient de notre esprit. Nous avons vu précédemment que Descartes, conscient que ses sens pouvaient toujours l'induire en erreur, en est arrivé au « je pense, donc je suis » comme point de départ philosophique. Tout ce dont il était sûr, c'est d'être un esprit pensant. Descartes a utilisé ce fait comme base d'une conception dualiste. Il ne niait pas la réalité du corps, mais seulement le fait que sa perception nous trompe toujours (alors qu'un idéaliste pur affirmerait que l'esprit est l'unique réalité). Ce que nous décrivons comme un « corps » n'est qu'une agrégation de faits mentaux, l'interprétation de données issues (qui émergent) des organes de nos sens.

Une critique de l'approche idéaliste avancerait que, bien que nous ne puissions pas être certains de l'existence de la matière, nous devons le supposer pour toutes sortes de raisons pratiques. Cependant, l'essentiel de notre connaissance des autres résulte de l'interprétation des impressions sensibles que nous recevons. Le sens commun nous oblige à déduire qu'il s'agit bien d'êtres humains, dotés d'un corps et d'un esprit tout comme nous. L'un des problèmes cruciaux d'une approche strictement idéaliste, c'est qu'elle conduit au **solipsisme**, une conception selon laquelle la contemplation solitaire de notre propre expérience sensible empêche de connaître toute réalité extérieure à soi, notamment l'esprit d'autrui.

Deux des philosophes mentionnés au chapitre 1, Berkeley et Leibniz, étaient des idéalistes.

Le dualisme

Si vous n'êtes convaincu ni par le matérialisme ni par l'idéalisme, vous trouverez peut-être la réponse à la relation entre le corps et l'esprit dans une forme de dualisme, où ces deux entités sont très différentes et distinctes. Chacune est une partie de ce que cela signifie d'être une personne, mais la question devient alors : comment est-ce que le corps et l'esprit interagissent ?

Cette question ne date pas d'hier. Dans *Phédon*, Platon argumente ainsi en faveur de l'immortalité de l'âme :

1. Le corps est complexe et, par conséquent, périssable, tandis que l'âme est simple et, par conséquent, impérissable.
2. L'âme a la connaissance des universaux, des Idées immuables (comme « bonté » ou « beauté ») ainsi que des événements et des objets individuels, à savoir de tout ce dont on fait l'expérience sur Terre. De par sa compréhension et son association au royaume immortel des Idées, Platon en déduit que seule l'âme peut être immortelle et capable de survivre au corps.

De nos jours, peu de personnes présenteraient ces arguments comme l'a fait Platon. Cependant, ils perdurent dans deux caractéristiques largement acceptées quant à la question du corps et de l'esprit :

1. L'esprit échappe au temps et à l'espace, et n'est pas matériel. Par conséquent, il ne saurait être identifié à sa base matérielle dans le cerveau.
2. L'esprit fonctionne par l'entremise de la communication. Il n'est pas limité aux opérations d'un corps particulier unique (l'esprit n'est pas sujet à des limitations physiques et est relié à un réseau de communication transpersonnelle).

Réflexion

Où notre conversation a-t-elle lieu ? Dans ma bouche ? Dans la vôtre ? Quelque part dans l'espace entre nous deux ? Ou est-ce plutôt qu'une conversation n'est pas reliée dans l'espace de la même manière que des corps physiques ? Nous savons qu'une conversation est en cours dans une pièce (cette localisation physique est vaste, et non spécifique). Essayez de demander où se trouve l'Internet et vous aurez le même type de problème. Chaque information est en fait contenue quelque part dans un ordinateur physique, mais l'effet général est celui d'une réalité illimitée d'un point de vue physique.

Chez Descartes, le point de départ de sa quête de connaissance « je pense, donc je suis » implique une distinction radicale entre le monde de la matière, connu par les sens, et le monde mental, perçu (au moins dans son cas) directement. Descartes distingue deux domaines différents, distincts mais en interaction. Selon lui, la pensée est capable de détourner le flot des courants physiques dans le système nerveux et, par conséquent, d'influencer le fonctionnement mécanique du corps physique. Il doit donc y avoir un point d'interaction, sinon, le monde matériel serait gouverné par des forces mécaniques ; or, sans composante mentale pour faire la différence, il serait impossible qu'une décision mentale puisse influencer le monde mécanique.

Le danger serait ici d'imaginer l'esprit comme une forme de corps subtil, invisible, qui n'échapperait ni au temps ni à l'espace et, pourtant, qui serait indépendant de ses habituelles règles de cause et d'effet. Ce serait une bien piètre caricature de ce que Descartes et d'autres dualistes ont affirmé. C'est également une caricature importante qu'a utilisée Gilbert Ryle dans *The Concept of Mind* (*La Notion d'esprit*, 1949), un livre majeur pour la compréhension de la problématique du corps et de l'esprit. Il y a qualifié la conception cartésienne de la pensée de « doctrine officielle » et l'esprit de « fantôme dans la machine ».

L'essentiel, pour Descartes, est que la réalité mentale n'est pas empirique et échappe, par conséquent, au monde de l'espace. L'esprit ne réside pas dans le corps. Il peut être relié à lui, mais il ne s'agit pas d'un ensemble alternatif de causes et d'effets physiques. On peut donc se demander si Ryle a eu raison de traiter le « mythe cartésien » de « fantôme dans la machine », même si une forme courante de dualisme peut donner cette impression.

Formes de dualisme

L'épiphénoménalisme. Selon cette théorie, le cerveau et le système nerveux sont si complexes qu'ils donnent une impression d'individualité et de libre arbitre. Alors qu'ils sont totalement dépendants de lois physiques, il « semble » que l'esprit soit indépendant. C'est l'approche dualiste la plus proche du matérialisme. L'essentiel, ici, est que l'esprit n'influence pas le corps. L'esprit n'est qu'un épiphénomène qui découle de la complexité des systèmes du corps.

Toutes les choses auxquelles je pense, que j'imagine, que je me figure dans mon esprit sont des épiphénomènes. Elles résultent de et sont causées par des impulsions électriques transmises de neurone à neurone dans le cerveau. Cependant, elles ne font pas partie de ce phénomène, mais sont au-dessus (*épi*) de ces impulsions.

Réflexion

Quand est-ce que l'épiphénoménalisme devient concevable ?

Imaginez un robot programmé par un ordinateur. Une version simple pourrait être une source d'amusement, étant donné que le robot essayerait d'imiter le comportement humain. Mais, dès que la capacité de mémoire de l'ordinateur augmenterait, la prise de décision conçue par le programme deviendrait si complexe qu'il ne serait plus possible d'anticiper ce que le robot choisira de faire. Le robot, par l'entremise de l'ordinateur, prendrait peu à peu une personnalité toute « personnelle ». Dans ce cas, la « personnalité » qui apparaît est une conséquence de la mémoire de l'ordinateur et, de ce fait, un épiphénomène. (Nous parlerons plus loin de l'intelligence artificielle.)

L'interactionnisme. La plupart des formes de dualisme affirment que le corps et l'esprit sont distincts, mais en interaction. Par exemple, si j'ai une carie (un phénomène physique), cela provoquera de la douleur (une expérience mentale). Le corps affecte donc l'esprit. De même, si vous êtes tout à coup effrayé par quelque chose, il est probable que vous vous mettrez à transpirer et à trembler. Dans ce cas, c'est l'esprit qui affecte le corps. Bien que le corps et l'esprit interagissent, ils demeurent distincts et indépendants. Pourtant (pour reprendre l'exemple de la personne qui tremble), un interactionniste n'affirmerait pas qu'il y a eu une interruption de cette succession de causes à l'origine du tremblement. Le monde physique demeure un système fermé au sein du corps, mais *la totalité de ce système est influencée par l'esprit* et réagit à lui. Comment cette interaction survient-elle exactement ?

Voici quelques théories :

Occasionalisme ou théorie des causes occasionnelles

Lorsque ma tête a été frappée par une batte de cricket, il y a eu une sensation simultanée mais non « intentionnelle » de douleur. Les deux systèmes (physique et mental) n'ont pas une relation causale directe. L'occasionalisme est la théorie énoncée par le philosophe Nicolas Malebranche (1638-1715), pour qui Dieu est la seule cause qui agit. Il a ainsi écrit : « C'est l'homme qui veut remuer son bras : mais c'est Dieu seul qui peut et qui sait le remuer. »

Harmonie préétablie

Les domaines physiques et mentaux sont des processus distincts. Chacun paraît influencer l'autre alors, qu'en fait, même s'ils fonctionnent en harmonie, ils sont indépendants. Cette conception a été énoncée par Arnold Geulinx (1624-1669), un philosophe hollandais qui contribua à faire connaître Descartes dans son pays. Mais elle a surtout été mise en avant par Leibniz pour qui, en définitive, toute chose, qu'elle soit matérielle ou spirituelle, est composée de monades (des substances simples, n'ayant ni étendue ni figure). Ces monades ne peuvent pas agir l'une par rapport à l'autre étant donné qu'elles ont chacune leur nature propre. Un être complexe comporte un nombre infini de monades. Comment chacune d'elles agit-elle pour produire une activité intelligente ? Pour Leibniz, cela tient à une harmonie préétablie qui orchestre et hiérarchise ces monades avec, chez l'homme, une monade dominante consciente et douée de mémoire, l'« âme », et, tout en haut, Dieu, le créateur de toutes les autres monades.

Remarque

L'harmonie préétablie peut sembler une théorie des plus étranges mais, pour Leibniz, elle sert un objectif très spécifique dont les implications en métaphysique et en philosophie de la religion sont importantes. Leibniz voulait préserver le concept de téléologie (le monde montre des signes d'un dessein intentionnel) afin de réagir à la science et à la philosophie mécanistes de son époque.

À la question « si tout n'est qu'une succession de causes, totalement déterminées par elles, alors quelle place reste-t-il à Dieu ? » Leibniz a répondu par la monadologie. En raison de l'individualité des monades, il fallait que Dieu établisse une harmonie qui leur permette de fonctionner ensemble.

La théorie du double aspect Selon cette théorie, parfois appelée « hypothèse de l'identité », les idées d'une personne et les opérations binaires de son cerveau sont *deux aspects d'une seule et même chose*. Penser et l'activité cérébrale sont donc, respectivement, l'aspect intérieur et l'aspect extérieur. (Nous pourrions oser une analogie en disant que la musique et les fréquences musicales sont, respectivement, l'aspect culturel intérieur et l'aspect physique extérieur.)

Si l'hypothèse de l'identité est juste, cela pose un problème, celui de la liberté. L'activité cérébrale est, comme tout processus physique, limitée par des lois physiques et, en théorie, prévisible. Dans ce cas, les événements mentaux ne sont qu'un autre aspect de ces événements physiques, théoriquement prévisibles et, par conséquent, eux aussi limités par des lois physiques. Si toutes mes actions sont théoriquement prévisibles, comment puis-je être libre ?

Spinoza a répondu à cette question en disant que tout est conscient, à la fois, de soi et du milieu qui l'entoure. Toutes les réalités ont donc un aspect aussi bien mental que physique. Le corps et l'esprit sont inséparables et, par conséquent, il ne saurait y avoir de vie au-delà de l'existence physique. Il a également affirmé que la liberté n'est qu'une illusion, due au fait que nous ne connaissons tout simplement pas les causes réelles de nos décisions.

En d'autres termes

Soit toute chose est matérielle et l'esprit n'est qu'une illusion ;

soit toute chose est mentale et le corps matériel n'est qu'une illusion ;

soit il existe à la fois un corps et un esprit, distincts de par leur réaction l'un par rapport à l'autre.

- Bien évidemment, vous pouvez avoir l'impression qu'il y a quelque chose de fondamentalement faux dans cette manière de considérer la relation entre le corps et l'esprit. Si c'est le cas, l'approche de Ryle (voir plus loin dans ce chapitre) vous séduit peut-être davantage.

Y a-t-il une vie après la mort ?

La relation entre le corps et l'esprit implique l'idée qu'il existe peut-être une vie après la mort.

Si Platon avait raison de croire que l'âme est éternelle, immuable, alors son existence ne dépend pas d'un corps physique et il semble donc logique qu'elle puisse survivre après la mort du corps. De même, le dualisme de Descartes du sujet pensant avec un corps dans l'espace et une âme permet d'envisager la survie de l'âme qui est séparée du corps et ne peut être réduite à quoi que ce soit de physique.

Toutefois, si l'on accepte la conception matérialiste ou comportementaliste de la conscience, cela n'aurait aucun sens de parler d'une conscience séparée du corps, étant donné qu'elle est un aspect de l'activité corporelle. Cela ne servirait donc à rien d'examiner des évidences de sa survie, car il serait logiquement impossible que l'activité du corps puisse survivre au décès de celui-ci.

L'unique possibilité serait de redéfinir la mort d'une autre manière afin de pouvoir envisager la continuation d'une forme d'existence physique, mais cela poserait la question de la survie après la mort, étant donné que la « mort » dans le sens habituel du terme n'aurait pas eu lieu.

D'un point de vue religieux, la croyance en une vie dans l'au-delà est associée à deux autres idées fondamentales :

1. Ceux qui ont la foi sont convaincus qu'il existe une contrepartie, bonne ou mauvaise, pour les actes d'une personne durant sa vie. Toutes les traditions religieuses parlent d'une forme de récompense et de châtiment imposée par une puissance extérieure (comme dans les religions occidentales) ou résultant de nos propres actes (comme le *karma* des traditions orientales).
2. Ceux qui ont la foi pensent, en outre, que la vie humaine ne se limite pas au fragile corps, mais qu'il doit y avoir quelque chose d'autre.

Rien de tout cela ne permet d'affirmer qu'il existe une vie après la mort. Cela montre simplement le bien-fondé d'une croyance pour une personne religieuse et les raisons qui lui permettent de croire malgré l'absence d'évidence.

En fonction de la croyance religieuse, la survie après la mort se présente selon trois possibilités différentes : l'immortalité, la résurrection et la réincarnation.

L'*immortalité* implique la présence d'un élément non physique de l'âme qui existe indépendamment du corps physique auquel elle est associée. Cela présuppose une conception dualiste de la relation entre le corps et l'esprit, ou plutôt l'âme. Croire en Dieu n'est pas, à proprement parler, une nécessité étant donné qu'on peut avancer une immortalité naturelle comme conséquence logique du dualisme.

La *résurrection* est un concept chrétien. L'âme n'est pas naturellement immortelle et la personne dans sa globalité (avec son corps et son âme) meurt, mais elle est ensuite ressuscitée à la vie par Dieu et reçoit un nouveau corps. Cette conception dépend d'une croyance préalable en Dieu et suppose que l'individu ait besoin d'une sorte de corps pour s'exprimer. Cependant, cela soulève de nombreuses questions sur la nature de ce corps réincarné dans une vie future. Si cette dernière doit être infinie, alors quel âge a donc la personne dans cette vie future ? Après tout, un corps évolue de la naissance à la vieillesse. Un enfant ressuscité devient-il ensuite l'adulte qu'il n'a jamais été ? Est-ce que moi, dans cette vie future, je reconnaîtrais mon grand-père sous la forme d'un jeune homme et moi-même sous la forme d'un vieillard ? Cette question soulève bien évidemment toutes les interrogations possibles sur la connaissance de l'âme des autres.

La *réincarnation* est particulièrement associée à la philosophie hindoue. L'âme est considérée comme distincte du corps et, à la mort du corps, elle transmigre dans un autre corps physique. Les qualités et les dispositions personnelles se transmettent d'une vie à une autre et s'expriment par une succession de réincarnations physiques. Un peu comme pour la résurrection, la réincarnation suppose un dualisme (étant donné que l'âme qui transmigre est différente du corps physique), mais considère néanmoins que l'âme a besoin d'une forme de corps physique pour vivre.

Le concept de l'esprit

Gilbert Ryle suggère en 1949, dans *The Concept of Mind* (*La Notion d'esprit*), que le fait de parler du corps et de l'esprit comme s'il s'agissait de choses équivalentes est une « erreur de catégorie ». Pour expliquer ce qu'il entend par là, il donne l'exemple d'une personne qui visiterait une université. Elle voit les différents départements, les bibliothèques et les laboratoires de recherche, et demande ensuite : « Mais où est donc l'université ? » La réponse est, bien sûr, qu'il n'existe pas d'université qui dépasse le cadre de ses composantes, des parties déjà visitées. Le terme « université » est une manière de décrire toutes ces choses dans leur ensemble. C'est un terme qui vient d'une autre catégoric que celle des composants individuels.

De même, selon lui, il ne faut pas s'attendre à trouver un « esprit » qui transcende les différentes parties du corps et ses actes, car « esprit » est un terme qui provient d'une autre catégorie, une manière de décrire le corps et la façon dont il fonctionne. C'est, affirme-t-il, le défaut fondamental dans l'approche dualiste traditionnelle de la relation entre le corps et l'esprit (un « mythe » qu'il attribue à Descartes et appelle le « fantôme dans la machine ») :

> *Quand deux termes appartiennent à une même catégorie, il est normal de construire deux propositions coordonnées les incorporant. Ainsi, une personne pourrait dire qu'elle a acheté un gant pour la main droite et un gant pour la main gauche mais non qu'elle a acheté un gant pour la main droite, un gant pour la main gauche et une paire de gants. [...] Or, c'est ce que fait précisément le dogme du fantôme dans la*

machine en maintenant qu'il existe à la fois des corps et des esprits, des processus physiques et des processus mentaux et qu'il y a des causes mécaniques et des causes mentales aux mouvements corporels. Je tenterai de démontrer que ces conjonctions, ainsi que d'autres de même type, sont absurdes. Toutefois – notons-le –, ma démonstration n'indiquera pas que chacune des propositions liées de la sorte est absurde en elle-même. Par exemple, je ne nie pas qu'il y ait des processus mentaux consistant, par exemple, à effectuer une longue division ou à faire une plaisanterie. Ce que je prétends, c'est que la phrase « des processus mentaux ont lieu » n'a pas le même sens que la phrase « des processus physiques ont lieu ». Les coordonner ou opérer sur elles une disjonction n'a donc aucun sens.

La Notion d'esprit : pour une critique des concepts mentaux, Payot, p. 22, traduction de l'anglais par Suzanne Stern-Gillet ; préface de Julia Tanney, 1978.

Pour Ryle, parler de l'esprit n'est qu'une manière particulière de parler du corps et de son activité. Il faut toutefois se rappeler que Ryle s'intéresse avant tout au langage. Son livre traite du sens que nous donnons au mot « esprit ». Il montre que, dans le langage ordinaire, les termes à propos du mental décrivent en fait des activités accomplies par le corps ou sont, au moins, fondés sur ces activités. Nous parlons de l'esprit d'une autre personne sans posséder la moindre information privilégiée en ce qui concerne les opérations mentales internes.

Un exemple

Si je déclare qu'une personne est intelligente, je le fais sur la base de ce qu'elle a dit ou fait. La description d'un état mental dépend des informations fournies par le corps physique, ses activités et ses formes de communication.

- Pensez à une personne que vous connaissez.
- Examinez attentivement ce que cela signifie quand vous décrivez sa personnalité ou son esprit. Pensez à des qualités particulières qui la décriraient.
- Considérez les évidences que vous pourriez apporter pour soutenir votre conception de ces qualités.
- Considérez ce qui devrait se produire pour que vous puissiez vous convaincre que vous vous êtes trompé à son sujet.

Certes, nous pouvons connaître une autre personne mais, si Ryle a raison et s'il n'existe pas d'esprit « intérieur », en quoi consiste donc la personnalité ? Sa réponse est que les états mentaux ne sont que des « dispositions », rien de plus. Les dispositions sont des qualités qui font ce que je suis, la propension à me comporter d'une manière particulière dans une situation particulière, cette sorte de croyance et de savoir qui influence habituellement mes actes et mes paroles.

Si je dis de quelqu'un qu'il est « irritable », cela ne signifie pas que j'aie un quelconque accès privilégié à un « facteur d'irritabilité » dans son esprit. C'est juste que, face à une situation qui lui déplaît, cette personne risque de se plaindre, d'être maussade, etc. En d'autres termes, l'irritabilité n'est qu'une manière de décrire une disposition.

Par conséquent, pour Ryle, l'attribution d'un prédicat mental (habile, etc.) ne nécessite pas l'existence d'une chose invisible, distincte, appelée esprit. Le vocable « habile » peut se référer à la façon dont quelque chose est fait, mais cette « habileté » ne peut pas simplement être définie par rapport à une action. Ce qui est habile pour une personne ne l'est pas forcément pour une autre et la description mentale se réfère plus à la manière dont une personne est habituellement reliée au monde et à l'attente qu'une autre personne a d'elle, plus que d'une qualité particulière d'une action qui la rend habile.

Un exemple

Un petit enfant est « habile » s'il parvient à se mettre debout et à faire quelques pas avant de retomber sur le sol. Il n'en va pas de même pour un ivrogne qui effectuerait les mêmes mouvements. Si Ryle veut rejeter le « fantôme dans la machine », il doit également rejeter le « fantôme dans l'action », car les prédicats mentaux se réfèrent aux actions individuelles, mais ne sont pas définis par elles.

La notion de douleur permet d'illustrer une difficulté particulière quant à la distinction entre un phénomène mental et une action physique.

- Quand j'ai mal, je peux crier, tenir la partie meurtrie de mon corps, hurler, me rouler par terre, gémir, etc., mais rien de tout cela n'est exactement la même chose que ce dont je fais l'expérience. La douleur est indiquée par ces signes, mais elle n'est pas définie par eux.
- Je peux regarder un acteur en train de jouer tout ce que je viens de citer mais, comme il joue, je n'imagine pas qu'il ait vraiment mal.
- Pourtant, si avoir mal est bien identifié par ces signes (comme le sous-entend Ryle), alors l'acteur a vraiment mal.

Commentaire

La critique du dualisme de Ryle est à l'origine d'une grande partie du débat moderne sur la question du rapport entre l'esprit et le corps. Il ne faudrait pas oublier que son approche est essentiellement linguistique. Ryle demande ce que cela signifie d'attribuer des prédicats mentaux. La question demeure, avec cette approche ou une approche similaire, de savoir si la signification du prédicat mental tient à sa méthode de vérification. Je peux vérifier le fait que je décris quelqu'un comme habile en l'observant et en l'écoutant. Mais est-ce que l'information que je reçois ainsi est identique au sens que je donne au mot habileté ? Ou est-ce plutôt que l'habileté fait allusion à une telle information, sans être définie par elle ?

Une «place» pour l'esprit ?

Comme pour tant d'autres sujets philosophiques, une question fondamentale pour la relation de l'esprit et du corps est la suivante : quelque chose peut-il exister s'il n'a pas une place au sein du monde de l'espace et du temps ?

Il est clair, par exemple, si l'on suit Ryle, qu'il n'y a pas de place pour un " esprit » ou une « âme » à côté du corps. Tout le langage qui fait référence à l'esprit a sa place dans le monde (une action habile, un mot gentil) et il est certainement juste d'affirmer que les mots « habileté » ou « gentillesse » ne font pas ici référence à une quelconque substance obscure, mais à la manière dont une action particulière est accomplie.

Cependant, le dualisme ne prétend pas que l'esprit existe physiquement en dehors du corps. Pour les dualistes, l'esprit n'existe pas au sein du temps et de l'espace. Nous voilà donc revenus à la question fondamentale du réductionnisme. Prenons un morceau de musique :

- Il comprend une séquence d'ondes sonores dans l'air.
- Il n'y a pas de musique hormis celle qui résulte de ces ondes sonores. En effet, même si j'ai un air qui me trotte dans la tête (ce qui est problématique pour n'importe quel philosophe), je ne fais que me souvenir d'un schéma d'ondes sonores.
- Toutes les qualités de la musique (sa capacité à m'émouvoir, à m'apaiser, sa beauté, sa perfection) ont pour origine ces ondes sonores.
- Le langage qu'utilise un musicien pour décrire un morceau de musique est très différent de celui que choisira un physicien pour parler des ondes sonores.

- Il n'existe pas de musique cachée, secrète, qui existerait à côté des ondes sonores. Les ondes sonores sont, en fait, le médium physique qui permet l'obtention de musique.
- *Par conséquent*, il ne devrait pas être trop difficile de voir que le cerveau, avec le système nerveux et toutes les activités physiques (dont la parole) qu'il contrôle, est le médium physique qui permet à un esprit de s'exprimer.

On a présenté la question de la relation du corps et de l'esprit de bien des façons subtiles, mais la plupart sont, d'une manière ou d'une autre, le résultat d'une tentative pour essayer d'exprimer le caractère distinct et, à la fois, interconnecté de la réalité physique et non physique.

Nous savons, grâce aux découvertes récentes des neurophysiciens, que le cerveau est extrêmement complexe, qu'il contrôle, outre le système nerveux autonome, tous ces éléments que nous décrivons comme la personnalité ou l'esprit.

Il est tout aussi évident que la communication est une caractéristique essentielle de l'esprit. Il est difficile de voir comment parvenir à décrire un esprit qui ne communiquerait pas. C'est en communiquant, par les mots, les expressions du visage, l'écriture, que les qualités de cet esprit peuvent être partagées. Il est plus sensé d'essayer d'analyser un cerveau humain dans l'espoir de découvrir les germes de l'histoire de la culture que de mettre en pièces un Stradivarius afin de découvrir pourquoi un concerto pour violon est si émouvant !

Rappel historique

Le point de vue d'une personne sur la question du rapport entre le corps et l'esprit dépend de sa conception générale du monde et de sa connaissance. Ce débat a toujours eu cours en philosophie. Par exemple :

- Pour Platon, l'âme est éternelle, piégée dans un corps matériel limité.
- Pour Aristote, il y a une unité de l'âme et du corps, l'âme étant la “ forme » du corps (tout possède, à la fois, une substance et une forme).
- Pour Descartes (« je pense, donc je suis »), « l'esprit est plus aisé à connaître que le corps ».
- Hume a dit (dans la section « De l'identité personnelle » de son *Traité de la nature humaine*) : « Pour ma part, quand je pénètre le plus intimement dans ce que j'appelle moi, je bute toujours sur une perception particulière ou sur une autre, de

chaud ou de froid, de lumière ou d'ombre, d'amour ou de haine, de douleur ou de plaisir. Je ne peux jamais me saisir, moi, en aucun moment sans une perception et je ne peux rien observer que la perception. »
Hume, un empiriste, trouve, en analysant le phénomène de la vie, les mêmes choses que lorsqu'il s'analyse lui-même. Il voit toujours des choses particulières. Pour lui, le monde est un assemblage de toutes sortes de choses, réglées par les lois de la nature. De même, le moi correspond à quelque chose que nous ne pouvons pas identifier de façon simple et précise. Il ne peut pas voir un « moi » général parce que celui-ci ne peut pas être extérieur au monde des phénomènes.

- Pour Kant, l'homme est une réalité phénoménale pour les autres, et donc conditionnée, mais une réalité nouménale libre, qui existe sans devoir tenir compte des perceptions qu'en ont les autres. Par conséquent, l'esprit transcende les catégories qui s'appliquent à l'expérience sensible.

Il existe également une tradition pour qui l'esprit se trouve bien au-delà de ce qui peut être connu. Ainsi, par exemple, Wittgenstein déclare, à la fin de *Tractatus logico-philosophicus* (5.632) : « Le sujet n'appartient pas au monde, mais il est une limite du monde. » En d'autres termes, du point de vue de l'expérience empirique, je n'existe pas. Tandis que j'en fais l'expérience, le monde est tout ce qui n'est pas moi, même s'il inclut mon propre corps physique.

Les neurones et les ordinateurs

Dans *L'Hypothèse stupéfiante : à la recherche scientifique de l'âm*e (1994), le physicien britannique Francis Crick s'est interrogé pour comprendre comment le cerveau, s'il est une machine composée de neurones, est également capable d'assurer les fonctions de ce que nous appelons l'esprit, d'apprécier les couleurs, de raconter des blagues, de réfléchir à des problèmes, etc. Selon lui, le cerveau possède des « neurones de conscience », qui sont la base physique de l'esprit, et l'« âme » se trouve physiquement située dans la tête. Par conséquent, les recherches sur l'activité cérébrale devraient finir par découvrir comment fonctionne ce que nous appelons la conscience.

En suggérant une telle hypothèse, Crick rejette deux conceptions communément admises. La première (d'un point de vue dualiste) est que l'âme, ou l'esprit, n'est pas physiquement dans le corps, mais extérieure à lui. Elle doit donc pouvoir survivre après la mort du corps. La seconde, c'est l'idée d'un « homuncule » : l'âme est distincte du cerveau, mais elle se trouve dans la tête.

Crick pense plutôt qu'une structure complexe a des caractéristiques qui vont au-delà de celles de ses différentes composantes. (Par exemple, une ville a un caractère additionnel par rapport à ceux de ses habitants.) Par conséquent, l'« âme », ou l'esprit, est le produit de l'interaction de milliards de cellules cérébrales. Le cerveau humain est, après tout, la chose la plus complexe que l'on connaisse dans l'univers. Il contrôle les fonctions qui nous permettent de rester en vie, mais il est possible que d'autres parties du cerveau soient impliquées dans la conscience.

Si l'on considère l'approche de Crick, remarquons ce qui peut être envisagé et ce qui ne peut pas l'être. Une fois identifiés, les « neurones de conscience » pourraient être la base physique de l'esprit, tout comme l'ADN est la base physico-chimique de la vie. (Crick a reçu le prix Nobel de médecine, avec Watson, pour avoir découvert la structure de l'ADN.) Étant donné que les caractéristiques de n'importe quel corps physique résultent de son ADN, l'analyse de ce dernier permet d'identifier n'importe quel individu. Mais cela ne signifie pas pour autant que le corps physique n'est « rien si ce n'est » un code génétique. Celui-ci est seulement l'ensemble des instructions qui permettent d'aboutir à un corps unique. De même, les « neurones de conscience » de Crick pourraient, au mieux, montrer l'emplacement physique de l'activité mentale, mais non l'expliquer.

En d'autres termes

- Notre ADN ne montre pas où nous vivons ni quelles expériences nous avons faites. Il nous rend unique, permet à toutes nos cellules de se multiplier et de fonctionner ensemble, mais il ne fait pas de nous une « personne ». Il permet notre identification à partir de quelques cellules de notre corps, mais il ne peut pas nous décrire en tant qu'êtres vivants. La vie repose sur l'ADN, mais la vie n'est pas la même chose que l'ADN.
- De même, les « neurones de conscience » ne pourraient pas plus être « vous » que votre ADN est « vous ».

Depuis que Crick a parlé des « neurones de conscience », nous avons beaucoup progressé dans la découverte de la cartographie des fonctions du cerveau. Nous savons plus précisément quelles sont les parties impliquées dans la pensée, la perception des sensations et le contrôle des activités. Pourtant, à chaque avancée en neurosciences, il existe la tentation de recourir à cet argument pour suggérer que nous sommes sur le point de découvrir l'« esprit » physique. La logique de cet argument ne suggère pas que c'est possible. L'activation des neurones dans mon cerveau correspond à un niveau d'activité, la pensée à un autre. Que la pensée dépende des neurones n'implique pas qu'il s'agisse de la même chose.

L'intelligence artificielle et la neuro-informatique

Afin de voir comment penser le cerveau pour parvenir à créer l'esprit, nous devons examiner deux domaines différents de la science informatique.

- L'intelligence artificielle utilise des ordinateurs pour accomplir certaines des fonctions du cerveau humain. Elle fonctionne sur le principe de la (re)connaissance et de la réponse. L'ordinateur stocke de la mémoire et est programmé pour répondre à des situations qui correspondent aux données entrées dans l'ordinateur. Il peut, par exemple, reconnaître des mots et donner une réponse sensée. Plus la mémoire d'un ordinateur est grande et plus cette forme d'intelligence artificielle s'apparente à de la vie.
- La neuro-informatique concerne des tâches très différentes. Elle essaie de produire un ordinateur qui soit capable de fonctionner comme un cerveau humain (de reconnaître des choses, de former des images mentales voire de rêver et d'éprouver des émotions). Un ordinateur neuronal est très simple comparé à un cerveau mais, comme lui, il se programme seul et apprend à partir de son environnement.

Certains scientifiques prétendent que l'intelligence artificielle détient la solution. D'après eux, comme le cerveau humain comprend environ 100 millions de « mémoires » et plusieurs milliers de fonctions, il suffirait que la puissance de calcul soit adaptée en conséquence. Cependant, les choses sont plus compliquées, car le cerveau humain est la chose la plus complexe qui soit dans l'univers. Il faudrait donc une puissance de calcul phénoménale.

Cette conception est réfutée par ceux qui prétendent que c'est la neuro-informatique qui détient la solution. Pour eux, un ordinateur neuronal peut prendre des caractéristiques normalement considérées comme humaines. Le cerveau humain n'est pas programmé. Il apprend peu à peu, ce qui est également le propre d'un ordinateur neuronal.

En d'autres termes

L'intelligence artificielle vise à stocker et à reproduire le fonctionnement de cerveaux déjà développés (de ceux qui programment les ordinateurs). L'informatique neuronale vise à créer un cerveau artificiel capable de « croître » en intelligence.

La différence entre l'intelligence artificielle et l'informatique neuronale met en avant la distinction qu'établit Ryle, dans *La Notion d'esprit*, entre « savoir que », le savoir théorique, et « savoir comment ». Selon lui, faire quelque chose de manière intelligente ne repose pas que sur la simple connaissance des faits, mais sur leur application. Il faut utiliser les informations, et non se contenter de les stocker. Agir intelligemment demande donc de ne pas se contenter d'appliquer des règles établies. Pour donner un des exemples de Ryle, une horloge donne l'heure, et c'est son rôle, mais elle n'est pas intelligente pour autant. Ryle parle de « légende intellectualiste » : une personne qui agit intelligemment doit d'abord penser aux différentes règles qui s'appliquent à son action, puis elle doit penser à la manière de les appliquer (c'est le « savoir comment », qui est donc une partie du « savoir que » ; ce « savoir comment » connaît les règles et les faits sur lesquels se fonde l'action).

Ryle prétend que, par exemple, lorsque nous racontons une blague, nous ignorons les règles qui permettraient de savoir ce qui est drôle. Nous n'accomplissons pas deux actions : d'abord penser aux règles, puis essayer de les appliquer. En fait, nous disons quelque chose qui, sans que nous sachions pourquoi, fait rire notre entourage.

On pourrait dire la même chose pour une œuvre d'art, de littérature ou pour une composition musicale. Un compositeur de second plan suit et applique toutes les règles et respecte les goûts du moment. Une personne vraiment créative ne suit aucune règle. Son travail peut être sujet à controverse ou déplaire, mais il s'agit d'une œuvre intelligente, car il y a une vraie recherche qui va au-delà des règles. C'est une forme de « savoir comment » : savoir comment être créatif.

À présent, si un ordinateur a reçu suffisamment d'informations, il « sait cela ». Il peut suivre ce que Ryle appelle la méthode de la « légende intellectualiste » : faire preuve de discernement parmi les différentes règles pour les appliquer à ses nouvelles données. En revanche, ce qu'il ne peut pas faire (à moins qu'il ait tout à coup une vie propre), c'est aller outre toutes les règles établies (programmées) et faire quelque chose de complètement original.

Certains philosophes acceptent que le cerveau soit l'origine de la conscience, mais non qu'il en aille de même avec un ordinateur. John Searle est un philosophe qui travaille à Berkeley, à l'université de Californie. Il croit que la conscience fait partie du monde physique, même si l'on en fait l'expérience de manière privée et subjective. Il suggère que le cerveau provoque la conscience tout comme l'estomac provoque la digestion. L'esprit n'est pas en dehors des fonctionnements physiques ordinaires. En revanche, il refuse que cette question soit résolue par des programmes informatiques. Il appelle cette conception informatisée de la conscience une « superstition préscientifique ».

Si certains maintiennent que la conscience est réellement une activité mentale supérieure (penser sur la pensée, en être conscient), d'autres prétendent qu'il s'agit plutôt, pour le cerveau, d'une reconnaissance et d'une relation des différentes sensations perçues par le corps. Ainsi, par exemple, le professeur Roger Penrose, mathématicien et physicien diplômé de l'université de Cambridge, a écrit dans *The Emperor's New Mind* (*Le Nouvel esprit de l'empereur*) qu'il est impossible de créer un robot intelligent parce que la conscience a besoin d'une prise de conscience de soi, ce qu'un ordinateur ne peut pas simuler. Pour lui, la conscience repose sur un ingrédient « non algorithmique » (en d'autres termes, un ingrédient qui ne dépend pas d'un algorithme, d'un ensemble de règles du calcul des nombres écrits dans le système décimal).

Considération

Un robot n'a pas besoin de prendre conscience de lui pour effectuer des actions intelligentes, mais juste d'objectifs à atteindre. Ainsi, par exemple, un programme d'échecs peut jouer à ce jeu et battre son concepteur, mais il sait juste ce que cela signifie de gagner aux échecs et en ignore la portée réelle.

Une caractéristique du débat sur la relation entre le corps et l'esprit mise en avant par les travaux sur l'intelligence artificielle et l'informatique neuronale est le fait qu'il n'est plus adéquat d'accepter la conception du « fantôme dans la machine ». Ryle se fondait, à ce propos, sur son analyse du langage : les hommes ne parlent pas comme si le corps avait un « fantôme » séparé qui le contrôlerait. Nous savons désormais que, si la vision mécaniste de l'univers donne lieu à quelque chose de très sophistiqué, la nature de l'activité intelligente est probablement une caractéristique de relations des plus compliquées. Si quelque chose est suffisamment complexe et si son fonctionnement repose sur des relations sans cesse fluctuantes entre les composantes de sa mémoire, alors elle semble évoluer d'une manière personnelle et intelligente.

La chambre chinoise

Dans une conférence à Reith, en 1984, *Minds, Brains and Science* (*Esprits, cerveaux et science*), John Searle a donné une vision plus graphique de l'exploration de la différence entre la capacité de traiter des informations (ce qu'un ordinateur fait parfaitement) et la compréhension de ces informations (ce qu'un ordinateur ne sait pas faire).

Imaginez que vous êtes dans une pièce fermée avec la possibilité de recevoir et d'envoyer des caractères chinois, que vous ne savez pas lire, par l'intermédiaire d'un écran et d'un clavier. Des instructions (en français) vous permettent de produire des suites de caractères chinois en les associant. Le résultat, c'est que vous êtes capable de répondre en chinois à des instructions données en chinois (dans le sens où vous parvenez à taper sur le clavier les bonnes réponses). Pourtant, vous ne comprenez pas le chinois. Pour Searle, c'est ainsi que fonctionne un ordinateur. Il est capable de manipuler des données, sur la base d'instructions qu'il a reçues, mais il ne comprend pas l'information qu'il donne.

Le philosophe américain Hubert Dreyfus a critiqué l'intelligence artificielle en se fondant sur la philosophie de Heidegger (voir chapitre 8). Heidegger (et Dreyfus) déclare que l'activité humaine (l'être-dans-le-monde) repose sur la capacité de faire face à des situations, ce qui présuppose un « cadre socioculturel » – tous les faits à propos de la société et de la vie en général qui font de nous ce que nous sommes. L'intelligence artificielle, d'après Dreyfus, essaie de réduire ce « cadre socioculturel » à des faits (« savoir comment » est réduit à « savoir que »). Mais c'est une tâche impossible, car il y a toujours plus de faits à prendre en considération. Pour des raisons pratiques, le nombre des faits liés au cadre socioculturel est infini. En outre, une personne doit choisir ceux qui sont pertinents par rapport à la décision à prendre ; or les règles qui permettraient de décider ce qui est pertinent constituent un ensemble de faits lui aussi infini. Il est donc impossible de fournir suffisamment de règles et de faits pour tenir compte de tout ce qui est nécessaire à n'importe quelle décision. C'est, d'après Dreyfus, un formidable problème qui continuera de se poser pour l'intelligence artificielle.

Réflexion

Il me semble que l'intelligence artificielle est, au fond, une forme moderne, informatisée, de l'expérience menée par Frankenstein ! Il s'agit d'assembler des « matériaux » (dans ce cas, de la mémoire, de la puissance de calcul et des données de travail) dans l'espoir de trouver la clé de l'être humain. Pour l'heure, les membres de l'intelligence artificielle ont commencé à bouger, mais le monstre n'a pas encore pris figure humaine !

Et un commentaire...

Nous avons assisté, depuis dix ans, à un formidable accroissement de la puissance et de la complexité des ordinateurs ainsi que de la manière dont ils sont utilisés, notamment grâce à l'Internet, ce qui a eu des conséquences immenses sur le commerce, la communication et la société. L'essentiel de ce qui a été écrit dans cette partie, lors de la première édition, était pertinent au début des années 1990. Dix ans plus tard, les questions fondamentales sur la relation entre l'informatique et l'esprit humain demeurent finalement les mêmes et les arguments initiaux restent valables dans notre environnement informatique plus sophistiqué.

Se connaître soi-même et connaître autrui

Nous allons à présent examiner quelques implications de la question de la relation entre le corps et l'esprit, en particulier celles qui affectent, pour l'individu, la compréhension de soi, l'identité et la connaissance d'autrui.

Le libre arbitre

Le libre arbitre est une question majeure de ce débat. Si, comme le prétendent les matérialistes voire les épiphénoménalistes, l'esprit n'est qu'un produit dérivé de l'activité du cerveau et si cette dernière, étant une partie du monde matériel, est, en théorie, totalement prévisible, alors le libre arbitre n'existe pas. Nous semblons libres uniquement parce que nous ne comprenons pas la combinaison, unique, de causes qui nous oblige à prendre des décisions particulières. Nous sommes des pions du destin ; si toutes les causes étaient connues, nous n'aurions aucune liberté ni responsabilité pour ce que nous appelons (à tort) nos opérations « mentales ».

En effet, la question qui se pose ici est exactement identique à celle du “ déterminisme » dans le cadre plus vaste de la philosophie des sciences. Nous vivons dans un monde de causes et d'effets. Si la causalité est universelle (ou si, comme Kant, nous croyons que l'esprit le pense automatiquement), alors cela fournit un circuit fermé d'explications pour tout ce qui survient. L'être humain, avec ses choix, fait partie du monde physique. Il est donc partie prenante de ce circuit fermé.

Pourtant, bien des personnes rétorqueraient que la liberté et la morale sont des composantes essentielles d'un être humain. Nous ne sommes pas des robots, pas même des robots sophistiqués. Notre rôle, dans le monde, est d'agir et non de réagir. Nous façonnons le monde tout autant qu'il nous façonne. De ce point de vue, il est difficile de voir l'esprit comme un simple produit dérivé de l'activité du cerveau.

Remarque

Cette question est souvent soulevée à propos de l'éthique, car la responsabilité, assumée ou rejetée, implique la liberté du choix de ses actes. Remarquez comment les différentes branches de la philosophie ne sont pas indépendantes les unes des autres. Notre conception de la science a forcément des retombées sur nos choix philosophiques qui, à leur tour, ont des implications sur la religion et l'éthique.

La conscience désincarnée

Cette question recouvre deux notions différentes : celle de la vie après la mort (dont nous avons déjà parlé) et celle des expériences « hors de son corps ». Hors de toute considération religieuse, des personnes affirment avoir eu une expérience directe de quelque chose qui serait lié à la mort (les fantômes ou la communication avec des êtres disparus lors de séances avec un médium par exemple).

En ce domaine, les évidences de phénomènes étranges ne manquent pas, mais il s'agit toujours d'expériences ouvertes à l'interprétation. Une personne purement matérialiste trouvera une explication rationnelle pour expliquer ces soi-disant phénomènes paranormaux. Beaucoup rétorqueraient qu'une personne pour qui ce type d'expérience est fortement chargé d'un point de vue émotionnel est incapable de faire un récit objectif et neutre. Les évidences sont donc peut-être nombreuses, mais elles ne sont probablement ni objectives ni scientifiques.

Les expériences « hors du corps » sont généralement associées à des époques de crise personnelle ou de danger physique. Certaines personnes ont l'impression d'avoir laissé leur corps physique « en bas », sur la table d'opération, et d'avoir pu s'en détacher, observant d'en haut ce qui se passait. Environ un tiers des personnes ayant frôlé de près la mort disent avoir vécu une expérience de « sortie de son corps ». Ce phénomène n'est donc ni rare ni limité à celles qui auraient des convictions religieuses ou autres.

On peut se pencher sur ce type d'expérience afin de voir s'il s'agit vraiment d'un détachement du corps physique ou si ce n'est qu'un pur produit de l'imagination. Si l'on pouvait le prouver, cela tendrait à suggérer un dualisme du corps et de l'esprit et que, même si c'est étroitement lié à ce qui se passe dans le cerveau, l'esprit ne peut pas être simplement identifié au cerveau. Pourtant, d'autres suggéreraient que c'est le manque d'oxygène dont souffre le corps à l'approche de la mort qui provoque ce type d'expérience.

Comme toujours lorsque nous essayons d'évaluer l'expérience d'un individu, nous pouvons recourir à un test utile, celui qu'a appliqué Hume au récit de miracles (voir chapitre 5) : qu'est-ce qui est le plus probable ? L'événement s'est-il passé tel qu'il a été rapporté ou le récit était-il faux ?

La connaissance de l'esprit d'autrui

D'un point de vue strictement dualiste, nous ne pouvons pas avoir une connaissance directe de l'esprit d'autrui. Nous pouvons connaître ses paroles, ses actes, ses écrits, ses caractéristiques physiques, mais nous n'avons pas accès à son esprit. Pour un dualiste, la connaissance de l'esprit d'autrui n'est donc possible que par une analogie. Je sais ce que c'est qu'être moi. Je sais que, quand je parle, j'exprime quelque chose que je pense. Par conséquent, j'ai tendance à croire que, lorsqu'une autre personne parle, ses propos sont là aussi le produit de son activité mentale.

Du point de vue de Ryle, cela ne pose aucun problème. Il n'y a pas de « fantôme dans la machine ». Ce que nous entendons par esprit n'est que les capacités intelligentes et communicatives de l'autre personne. Si je connais ses actes, ses paroles, etc., alors je connais son esprit. Les deux ne sont qu'une seule et même chose.

Reprenons une question précédente

Quelle différence y a-t-il entre un acteur qui joue le rôle de quelqu'un qui souffre et une personne qui a vraiment mal ?

Si je dis que l'une de ces personnes ressent *vraiment* la douleur, tandis que l'autre *semble* la ressentir, est-ce que cela n'implique pas qu'il existe un moi non physique qui existe au-delà des grimaces et des gémissements qui me conduisent à penser qu'une personne a mal ?

Peut-on connaître directement l'esprit d'autrui ? Que penser de la télépathie ? Des études de neurophysique étudient ces phénomènes. Le Dr Jacobo Grinberg, de l'Université nationale de Mexico, a exposé une telle expérience lors d'une conférence sur la science et la conscience qui s'est tenue en janvier 1994.

Il a pris plusieurs couples, certains qui se connaissaient depuis longtemps, d'autres amoureux depuis peu, et leur a demandé de regarder dans les yeux de leur conjoint sans parler ni se toucher. Il les a ensuite séparés et les a placés dans des cages de Faraday (qui isolent des stimuli extérieurs) puis les a reliés à un appareil permettant de mesurer l'activité électrique de leur cerveau.

Il a trouvé que, lorsqu'un des sujets recevait un stimulus, le conjoint présentait, dans son cerveau, une activité similaire alors qu'il ignorait tout de ce stimulus. Grinberg a constaté que cette « différence de potentiel transféré » ne diminuait pas, même quand les couples étaient séparés par une grande distance. Il en a donc déduit que, quelle que soit la manière dont l'information est transmise, ce n'est pas d'une façon conventionnelle.

Il est donc possible que, d'une certaine manière, l'esprit ne soit pas limité dans le cerveau (et le crâne), mais soit capable de permettre la transmission de stimuli d'un cerveau à un autre.

Une autre possibilité, c'est que, même si l'esprit est directement lié au cerveau (et au crâne), il parvient à communiquer avec d'autres esprits d'une manière que la science n'explique pas.

Cette seconde possibilité contourne la question d'un esprit non limité au cerveau, étant donné que l'esprit peut effectuer nombre des fonctions requises par le dualisme, même si la manière dont cela communique reste inconnue. Néanmoins, un tel esprit serait incapable de survivre à la mort du cerveau.

En d'autres termes

On peut connaître l'esprit d'autrui en :

- observant des corps (comme le propose, par exemple, Ryle) ;
- par analogie à moi-même (position dualiste) ;
- en raison du phénomène du langage (pour qu'il y ait de communication, il faut des esprits avec lesquels on puisse communiquer) ;
- par la télépathie (si ce phénomène est prouvé).

Se connaître soi-même est très différent, car nous sommes immédiatement conscients de nos pensées alors que celles des autres personnes ne nous sont connues que par leurs propos, leurs actes, etc. Cela a conduit des personnes à prétendre que nous ne pouvons connaître *que* notre propre esprit. Nous serions radicalement seuls, entourés de corps dans lesquels nous devrions déduire qu'il existe des esprits similaires au nôtre.

Cette conception, appelée solipsisme, prétend que la connaissance de toute réalité extérieure à soi est impossible directement et doit passer par l'expérience des corps, des mots et des actes d'autrui. C'est le destin de ceux qui pensent que l'âme ou l'esprit est un pur « fantôme » impossible à connaître (comme l'a caricaturé Ryle).

Dans la pratique, nous apprenons à connaître d'autres personnes par l'observation en tenant compte de ce qu'elles disent ou écrivent et en voyant comment elles vivent. Nous pouvons les interroger, afin de comprendre par exemple ce qu'elles aiment et détestent. Mais, en définitive, nous restons dépendants de nos observations.

Un exemple

Je demande à quelqu'un, que j'invite ce soir à manger, s'il aime les fraises. Il me répond que oui.

- S'il me dit la vérité et si je le crois, alors je connais au moins un de ses goûts personnels.
- Il peut cependant me répondre ainsi par pure politesse (voyant que je tenais une barquette de fraises à la main quand je lui ai posé ma question). Je dois donc me demander, à partir de ce que je connais de lui, s'il a tendance à être franc ou s'il cherche toujours à plaire (car si c'est le cas, alors je ne peux pas savoir s'il aime les fraises).
- Je peux l'observer lors du repas, ce soir. Semble-t-il aimer les fraises ou les avale-t-il rapidement ? Est-ce que cela lui procure du plaisir ou est-ce qu'il devient tout à coup pâle et doit se lever de table en s'excusant ?
- Vais-je ensuite le voir en train d'acheter et de manger des fraises ?

Ce simple exemple montre comment on peut chercher à connaître les sensations d'une personne. La question deviendrait bien plus complexe s'il s'agissait de savoir si cette personne a eu une enfance heureuse. Dans ce cas, des raisons psychologiques profondes feraient qu'une réponse immédiate ne serait pas forcément exacte. En effet, son inconscient a peut-être refoulé des traumatismes de son enfance dont elle n'est pas consciente. La psychothérapie vise justement à démêler le vrai du faux, dans les propos d'une personne, en s'aidant de son comportement et de ses réponses physiques.

La connaissance de l'esprit d'autrui est par conséquent un processus d'évaluation qui repose sur l'observation. Elle n'est pas instantanée (si c'était le cas, la plupart des thérapeutes mourraient de faim !), mais est en permanence susceptible d'être modifiée.

Je rencontre un ami que je n'ai pas vu depuis vingt ans.

- Est-ce que je traite cet homme respectable comme s'il était toujours le gamin boutonneux que j'ai connu, en considérant qu'il a gardé les mêmes goûts et les mêmes habitudes. Il est alors probable que notre amitié prendra fin immédiatement !
- Je dois apprendre à connaître ce qu'il est devenu, voir ce qui a changé, l'interroger sur sa vie.

Remarquez que je pars du principe que je vais découvrir une autre personne en tant que sujet avec lequel communiquer. Je n'explore pas son cerveau, ni ne cherche une quelconque « âme » obscure. Je reconnais simplement que cette personne a des idées, des sentiments, des pensées et des expériences qui lui sont propres et que je peux communiquer avec elle. Par conséquent, la connaissance d'une autre personne dépend de mon observation et de mes recherches, mais aussi du désir de cette personne à être connue. Sans la coopération de son patient, même un psychothérapeute expérimenté aurait beaucoup de mal à connaître son moi profond. On peut se faire une vague idée (cette personne a tels centres d'intérêts), mais on ne peut pas voir ce qu'il y a d'unique en elle. Les psychologues qui conseillent la police peuvent suggérer quel type de personnalité est susceptible d'avoir commis un crime donné, en se fondant sur leur expérience de ce type de cas, surtout lorsqu'il s'agit de troubles mentaux graves. Cependant, ils ne peuvent pas désigner un individu en particulier.

Comparez cela avec votre connaissance de vous-même :

- C'est instantané. Dès que je cesse de réfléchir, je peux dire si je suis heureux ou non.
- Cela repose sur des sensations, et non sur l'observation. Je n'ai pas besoin d'écouter ce que je dis ni de regarder dans une glace l'expression de mon visage pour savoir si je me sens bien. J'ai une sensation immédiate de plaisir ou de douleur.

MAIS :

- Cela n'est pas certain. Ma connaissance de moi-même est peut-être plus fiable que celle de quelqu'un d'autre, il n'en reste pas moins que je peux me tromper. Si ce n'était pas le cas, nous ne serions jamais désorientés (nous comprendrions toujours ce que nous venons de vivre et pourrions y réagir). L'adolescence serait une période sans conflit, la crise de la cinquantaine n'existerait pas et les conseillers et les « psy » en tout genre n'auraient plus qu'à mettre la clé sous la porte. En fait, il est probablement plus difficile de se connaître que de connaître quelqu'un d'autre.

En me connaissant moi-même, j'ai deux avantages sur les autres :

1. J'ai de la mémoire, des souvenirs. Par conséquent, ma compréhension d'un événement et ma manière d'y réagir est plus immédiate et précise que si je devais tenir compte des récits de ce même événement par d'autres. Cela étant, ma mémoire me joue peut-être des tours ou (si j'ai vécu un traumatisme), j'ai peut-être refoulé certaines choses trop douloureuses. Dans ce cas, une autre personne que moi a peut-être un meilleur souvenir de ce qui s'est alors passé et de la manière dont j'avais réagi.
2. Je peux intentionnellement induire les autres en erreur à propos de ce que je pense ou ressens. En règle générale, sauf si mon inconscient me joue des tours, je ne peux pas faire de même à mon sujet.

L'identité personnelle

Il existe bien des manières de s'identifier :

- le fils ou la fille de... ;
- le membre de telle école, université, entreprise, etc. ;
- le citoyen de tel pays ;
- un terrien (si vous voyagez dans l'espace, cela pourrait être une excellente manière de vous présenter).

En fonction de la période de notre vie, ces possibilités sont plus ou moins pertinentes. Les relations établissent un sentiment d'identité et plus une relation est étroite, plus son influence sur le sentiment de soi aura de l'importance. Pour Aristote, l'amitié était essentielle pour le sentiment d'une identité de soi.

Un exemple

Je marche dans une rue de Paris et je n'ai pas *a priori* tendance à me définir avant tout comme français (sauf, bien sûr, si je suis près d'un bâtiment célèbre et que je suis entouré de touristes). Pourtant, si je vais à l'autre bout de la planète, je dirais facilement « je suis français » pour dire qui je suis.

- En général, l'identification de soi est facilitée par la mise en avant de ce qui nous différencie des autres personnes à un moment donné.
- Ceux qui ont peur de montrer ce qu'ils sont ont tendance à se « fondre » dans la masse, montrant d'eux une « identité » qui s'appuie sur des valeurs partagées. En pratique, cela mène à une identité de groupe, et non à une identité individuelle.

Concrètement, l'identité n'est pas une question de corps ou d'esprit, mais d'une entité de fonctionnement intégré qui englobe à la fois le corps et l'esprit. Bien sûr, dès que l'on commence à analyser cela, il est difficile de trouver un « soi » qui ne soit pas en même temps quelque chose d'autre – mais c'est exactement pour cela que l'identité n'est pas une question d'analyse.

- L'analyse montre des bribes de votre personne, et non « vous ».
- La synthèse montre la manière dont un corps, un esprit et une fonction sociale aboutissent, ensemble, à une combinaison unique : « vous ».

Par conséquent, l'identité est une question de synthèse et non d'analyse. *Vous êtes la somme de tout ce qui vous constitue.*

Réflexion sur la notion de lieu

Vos pensées sont-elles physiquement contenues dans votre tête pour la simple raison qu'elles résultent de l'activité de votre cerveau ?

Où se trouvent vos amis ? Dans votre tête ? Dans la tête de vos amis ? Quelque part dans l'espace entre votre tête et la leur ? Au niveau de la réalité, qui ne dépend pas de l'espace, existe-t-il une telle chose ?

Pensez à une discussion à la radio. L'émission qui réunit plusieurs personnes autour d'une table est retransmise à des centaines voire à des milliers de kilomètres. Les propos des invités à l'antenne suscitent des pensées dans la tête de milliers d'auditeurs. Certains réagissent et appellent à l'antenne. Où cette discussion radiophonique a-t-elle lieu ? Si elle n'a pas un emplacement physique unique, qu'est-ce que cela dit sur l'identité et la communication ? Se pourrait-il que notre identité ne soit pas contenue dans un lieu physique donné, mais fasse partie d'un réseau plus vaste ?

Est-il possible, quand on pense à l'esprit comme la principale manière de définir une personne, d'ignorer l'importance de l'identité physique ? Examinons un monde dans lequel nous ne serions qu'une identité physique :

- Il serait impossible de savoir si quelqu'un est jeune ou vieux, de sexe masculin ou féminin.
- Il serait impossible de savoir si la personne qui est en face de vous est une connaissance, un ami, un étranger ou un ennemi.
- Les autres ne pourraient pas vous reconnaître et devraient demander qui vous êtes. Votre nom ne leur dirait probablement rien. Il serait peu probable que vous puissiez savoir ce que vous avez déjà vu auparavant.

Comme est-ce que la société ou des relations pourraient se développer dans un tel monde ? Les différences physiques sont le point de départ de toute reconnaissance et expérience partagées. Un monde de clones serait probablement un monde où les relations n'existeraient pas.

Plus d'une fois dans ce chapitre, nous avons pris l'exemple de l'acteur pour montrer la différence entre le jeu au théâtre et la réalité. C'est également pertinent pour comprendre ce qu'est une « personne ». Par exemple, Aldo Tassi a exploré, dans un article paru l'été 1993 dans la revue *Philosophy Today* (*Philosophie aujourd'hui*) la notion de personne (ou de masque) dans laquelle se moule un acteur pour jouer un rôle. L'acteur projette un sentiment de soi, qui est le personnage dans la pièce. En agissant ainsi, il renonce à sa propre identité. Au théâtre, un acteur reprend son identité dès qu'il quitte la scène. Dans le monde réel, avance Tassi, nous créons un personnage quand nous agissons, mais nous ne pouvons jamais sortir du monde pour trouver un autre soi « hors de la scène ». Tassi fait ainsi référence à Aristote, pour qui l'âme est la forme substantielle du corps. Cependant, pour Aristote, la substance n'est pas statique. L'âme ne vient pas s'ajouter au corps pour en faire une chose vivante. C'est plutôt l'âme qui donne au corps son être et sa vie. Tassi déclare ainsi : « Être conscient est projeter un sentiment de soi, à savoir “prendre un masque”. »

L'identité d'une personne, si Tassi a raison, est donc dynamique et non statique. Elle est jouée et développée. Elle n'existe pas du point de vue d'une analyse statique.

Réflexion

Le monstre de Frankenstein prend peu à peu, au fil du roman, de l'étoffe. Il n'est plus le matériau inanimé à partir duquel il a été créé. Est-ce que nous parvenons, un jour, à avoir un « caractère » définitif qui nous soit propre ? Pouvons-nous avoir une personnalité équilibrée à plusieurs facettes, ou allons-nous tous inévitablement vers la schizophrénie ?

La « personne » est une notion sur laquelle il y aurait beaucoup à dire. Cette question philosophique a récemment été mise en lumière par Peter F. Strawson (1919-2006), un philosophe britannique surtout connu pour ses recherches sur la nature de l'identité et ses développements à partir de la pensée de Kant. Dans « Persons », un article d'abord publié en 1958, et dans « Individuals », paru en 1959, il avance que le concept de la personne est antérieur à l'analyse, communément admise, d'un corps inanimé ou d'un esprit incarné. Une personne est plutôt la résultante des caractéristiques physiques et des états de conscience qu'on lui attribue. Le concept de « personne » a de nombreuses implications pratiques et éthiques :

- En quel sens et jusqu'à quel point peut-on appeler un nouveau-né une personne ?
- Un nouveau-né a un cerveau, mais il ne communique pas directement. Une telle communication est-elle nécessaire pour que l'on dise qu'il s'agit d'un être humain complet ? Pensez également au cas de personnes très handicapées mentalement. Est-ce que l'absence de communication les prive du droit d'être des « êtres humains » ?
- Un bébé doit-il d'abord être indépendant pour être considéré comme une personne ? Si c'est le cas, cessons-nous d'être humains dès que nous devenons totalement dépendants d'autrui, par exemple sur une table d'opération ?
- Quel est le statut d'une personne dans le coma ?

La morale dépend d'un sentiment d'identité personnelle et doit, par conséquent, prendre de telles questions en considération.

La mémoire

Si vous avez mal, vous le montrerez probablement d'une manière ou d'une autre. Ces signes peuvent, comme nous l'avons vu, être pris pour la véritable signification de la douleur. Avec la mémoire, c'est différent. Vous pouvez vous souvenir de quelque chose sans le montrer extérieurement. Les souvenirs sont personnels et aussi marquants. Vous êtes ce que vous êtes en raison de ce que vous avez appris du passé, un apprentissage qui dépend de votre mémoire. Une personne ayant perdu la mémoire aura du mal à fonctionner, sera constamment étonnée ou perplexe face à la réaction d'autres personnes qui prétendent être, de longue date, des amis ou des ennemis. Nos réactions sont déterminées par nos souvenirs.

Pour Hume, les souvenirs sont des séries d'images privées qui défilent dans notre tête. Par conséquent, si je dis que je me souviens d'une chose particulière, personne ne pourra me contredire parce que personne n'a accès à ce qui se trouve dans ma tête. Mais alors, qu'en est-il si quelqu'un croit se souvenir de quelque chose dont on montre ensuite que c'est impossible, par exemple que je me souvienne de la Seconde Guerre mondiale alors que je suis né après ? Je devrais alors admettre que ma mémoire me joue des tours ou, peut-être, qu'un film de guerre a gravé en moi des images si fortes que j'ai l'impression de l'avoir vraiment vécu. Je me rappelle nettement des images, et je ne mens pas, mais j'ai oublié l'origine de ces images, l'expérience originelle (du film, dans ce cas, et non de la réalité).

Les erreurs de mémoire peuvent parfois s'expliquer par le fait que la personne ne se souvient pas d'un événement mais qu'elle l'a imaginé. À nouveau, l'image mentale ne fait aucun doute. Ce qui l'est, c'est l'origine de cette image.

Les arguments sur la nature de la mémoire reposent plutôt sur le langage. Qu'est-ce que cela signifie si je dis que je me souviens de quelque chose ? Cela a-t-il un sens de dire que je me souviens de mon nom chaque fois que j'appose ma signature ? Il existe nettement une différence entre les informations (se souvenir de mon nom et de mon adresse, savoir que 2 x 2 = 4, etc.) et la remémoration de souvenirs précis (où étiez-vous la nuit du 2 août quand le crime a été commis ?).

Les prouesses de la mémoire impliquent de passer en revue les nombreux faits et images disponibles afin que l'on puisse se souvenir d'un événement spécifique. Se souvenir d'un endroit conduit à se rappeler une personne particulière qui y était, puis ce qu'elle a fait. Cette mémoire se révèle peu à peu. Quelque chose qui était oublié revient à l'esprit parce qu'un autre souvenir l'a évoqué. Après un crime, on utilise parfois sur les lieux du drame une personne vêtue à l'identique dans l'espoir que quelqu'un se souviendra alors de quelque chose.

Les souvenirs sont privés. Ils nous sont propres. Bien évidemment, il s'agit souvent d'événements, de personnes ou d'informations qui relèvent du domaine public et constituent donc une forme de mémoire collective. Cependant, dès qu'on se souvient d'un événement, il devient personnel. Pour le philosophe britannique John Locke, la mémoire est ce qui nous donne une identité, qui nous permet de nous reconnaître nous-mêmes. Je suis la personne que je suis parce que j'en ai fait l'expérience et que je m'en souviens. Perdre la mémoire revient à perdre son identité.

Cependant, ce n'est pas parce que nous avons un accès privilégié à nos souvenirs que nous sommes infaillibles. Quatre personnes racontant un même repas peuvent fournir quatre versions différentes des mêmes événements. Nos souvenirs sont sélectifs. Nous nous rappelons ce qui nous paraît important et nous ignorons le reste.

La mémoire permet également de développer « l'arrière-plan » de nos actions et de nos pensées (pour reprendre la pensée de Heidegger). Confronté au besoin de faire un choix, je cherche dans ma mémoire des expériences similaires qui auront une influence dans ma décision. Dans ce sens, la mémoire me permet de me définir de mieux en mieux.

En d'autres termes

La question du corps et de l'esprit est importante en philosophie parce que :

- Penser est une activité mentale. Philosopher implique une relation entre l'esprit et le monde des sens.
- Cela concerne bien d'autres domaines : l'épistémologie (comment connaître l'esprit ?), la métaphysique (l'esprit est-il réductible à la matière ou est-ce l'inverse ?) et le langage que nous utilisons pour décrire la vie intelligente.
- C'est pertinent du point de vue de la morale, car cela a à voir avec des « personnes ».

Les sciences cognitives

Nous avons beaucoup développé, dans ce chapitre, la question de la relation entre le corps et l'esprit à partir du dualisme radical de Descartes et des problèmes soulevés par cette conception. Cependant, dans la dernière partie du XXe siècle, cette problématique a été replacée (sans qu'on lui apporte forcément une solution) dans le contexte, plus vaste, des sciences cognitives.

Les sciences cognitives regroupent plusieurs disciplines qui concernent les idées du moi ou de l'esprit.

- Nous avons déjà vu l'effet des ordinateurs sur notre compréhension du processus mental et le développement de l'intelligence artificielle et du réseau neuronal.
- Les neurosciences sont désormais capable de cartographier les fonctions du cerveau, d'identifier les zones associées à des fonctions mentales ou sensorielles spécifiques.
- La pharmacologie permet de contrôler le comportement humain à l'aide de médicaments, ce qui ajoute ce nouvel élément chimique à notre compréhension du comportement.
- On est de plus en plus conscient des effets des additifs alimentaires et de l'environnement sur notre activité mentale. Comment nous nous sentons peut être le reflet de ce que nous mangeons et buvons.
- La psychologie clinique étudie le fonctionnement de l'esprit en tenant compte des travaux sur le conscient et l'inconscient.

Le but de cet ouvrage n'est pas d'examiner ces disciplines. Nous devons juste avoir conscience que leur approche envers l'esprit est bien plus souple qu'il y a un siècle.

La science a besoin de données pour pouvoir travailler. Dans le cas des opérations mentales, une approche a consisté à examiner l'équivalent physique d'une opération mentale (en s'intéressant surtout au cerveau). Une autre approche a suivi les opérations mentales qui fournissent leurs propres données physiques. Par exemple, des comportementalistes ont réuni des données afin de concevoir des expériences impliquant des actions et leur réponse afin de mesurer ensuite ces réponses. Un rat dans une cage peut-il apprendre, moyennant une récompense chaque fois qu'il fait ce qu'on attend de lui, à appuyer sur un bouton pour obtenir à manger ?

Le terme clé est ici celui de **fonctionnalisme**. Cette approche considère les opérations mentales comme la manière dont la vie intelligente détermine comment réagir aux stimuli reçus. Prenons un exemple parlant. Si je pose la main sur quelque chose de chaud, mon corps reçoit une sensation de brûlure. Mon esprit prend alors conscience de la douleur, se souvient que, si la main n'est pas retirée, il y aura des dommages et décide donc que je dois enlever la main. Les muscles se contractent, ce qui éloigne la main, mais la douleur demeure. Nous ne savons pas exactement quels neurones ont été responsables de chacune de ces opérations. Ce que nous connaissons, en revanche, ce sont les *fonctions* mentales qui les ont été effectuées. L'esprit est ce qu'il fait.

Une réflexion fonctionnaliste

Je possède plusieurs tire-bouchons. L'un est droit. J'introduis la vis d'Archimède dans le bouchon, je tiens la bouteille et je tire le bouchon vers le haut. Un autre, une fois la vis dans le bouchon, utilise un levier pour le retirer par le côté. Le plus sophistiqué a des bras qui se fixent autour du goulot, et ainsi de suite.

Ce sont tous des tire-bouchons, en raison non de leur aspect ou de leur mode opératoire mais tout simplement de leur fonction. N'importe quel objet qui vous permet de retirer un bouchon d'une bouteille est votre tire-bouchon !

Y a-t-il une différence si une action est accomplie par un ordinateur ou par un cerveau humain ? Nous n'apprécions pas forcément cette vision mécaniste, mais le fait est que leur fonction est identique. Notre savoir est incomplet, car nous ignorons comment le physique et le mental interagissent. Mais est-ce important dès lors que nous comprenons comment le mental et la matière fonctionnent ensemble ?

Par conséquent, un fonctionnaliste est capable de produire ce qui équivaut à une carte de l'esprit, une carte qui montre les différentes fonctions accomplies par l'esprit. En revanche, il ne sait pas (et prétend que ce n'est pas nécessaire) attendre que l'on ait compris véritablement la fonction mentale pour découvrir ce que fait chaque composant physique ou électrique dans cette succession d'événements.

L'intentionnalité

L'intentionnalité est antérieure aux sciences cognitives, mais elle est pertinente pour nombre de questions examinées. Ce concept résulte des travaux du philosophe Franz Brentano (1838-1917) et a influencé le philosophe et psychologue William James (1842-1910). L'intentionnalité est la reconnaissance que toute perception et toute expérience sont orientées vers quelque chose. Je ne fais pas simplement l'expérience de la pomme qui se trouve devant moi, mais aussi de quelque chose qui se mange. En d'autres termes, les fonctions mentales façonnent et interprètent nos expériences (et nous ne pouvons avoir l'expérience que « de » quelque chose). L'expérience concerne le fait de vivre dans le monde, d'être en relation avec lui, d'y trouver ce dont nous avons besoin et de l'influencer. Elle n'est pas séparée et indépendante des données des sens. L'esprit occupe une « place intentionnelle » vis-à-vis de ce dont il fait l'expérience.

Associations d'idées

On peut tracer des lignes de pensée qui vont de l'intentionnalité au pragmatisme en passant par le fonctionnalisme (par l'entremise de William James) et jusqu'aux dernières thèses de Wittgenstein (dans la mesure où le langage est concerné). Nous ne sommes pas des observateurs passifs du monde. Si nous avons développé des organes des sens et un cerveau, si nous sommes dotés d'un esprit, c'est pour fonctionner, pour trouver des outils autour de nous, qui nous permettent de survivre dans un milieu hostile ou d'apprécier un milieu hospitalier. L'esprit et la pensée sont donc concernés par la mise en relation et le faire. Quand nous observons quelque chose, nous le faisons intentionnellement. Nos sens sont jugés par les fonctions qu'ils accomplissent dans notre vie. Selon Wittgenstein, pour le comprendre, il faut regarder comment on utilise le langage, quelle fonction il joue dans notre vie. Nous pourrions dire la même chose à propos de l'esprit : l'intentionnalité, le fonctionnalisme et le pragmatisme suggèrent que, pour comprendre l'esprit, nous devons examiner ce qu'il *fait*, et non rester en retrait et essayer d'analyser de quoi il s'agit.

Post-scriptum « personnel »

La question de la relation entre le corps et l'esprit illustre peut-être plus que n'importe quelle autre la problématique de l'approche analytique et réductionniste envers des entités complexes. Frankenstein avait tort ! Analyser les différentes parties d'un être humain pour les réassembler ensuite, que ce soit en autopsiant un corps dans l'espoir de dénicher l'« âme » ou en s'efforçant de reproduire la pensée à l'aide de programmes informatiques sophistiqués ne risque pas, d'après moi, de produire grand-chose de plus qu'une caricature d'être humain.

L'expérience de l'être, qui est une personne qui pense, ressent et réfléchit, ne se prête pas à l'analyse parce que ce n'est pas une *partie* du monde dont nous faisons l'expérience. Wittgenstein avait raison quand il disait que le moi, la conscience, est la limite du monde, et non une de ses parties.

Le moi n'est pas non plus une entité fixe. Hume ne pouvait pas voir son esprit. Il ne voyait que la succession de pensées qui le traversaient. De la naissance à la mort, le changement est permanent et nos pensées d'aujourd'hui façonnent ce que nous serons demain.

Cependant, en vivant, nous laissons notre empreinte sur le monde autour de nous : les mots que nous disons, les actions que nous accomplissons, les rôles que nous jouons. C'est tout cela qui constitue notre histoire changeante et qui nous définit à tout moment de notre vie.

Même notre réflexion, l'activité la plus intime de nous, dépend du monde extérieur. Il est extrêmement difficile de faire l'expérience de quelque chose avec une pureté ou une simplicité absolues, car nous cherchons immédiatement à la catégoriser et à la comprendre « comme » quelque chose. Nous ne pouvons pas nous en empêcher parce que la manière dont nous pensons est façonnée par notre langage ordinaire, notre culture ainsi que par toutes les idées et les expériences que nous partageons avec d'autres. Dès que nous nous expliquons, nous nous engageons dans une activité sociale. Le langage privé est dépourvu de sens.

Les philosophes et les scientifiques ont tendance à *penser*. C'est leur rôle, mais c'est également leur problème ! Ils recherchent dans une jungle mentale d'idées, de concepts et d'évidences. Ils ont du mal à localiser le moi ou à expliquer sa nature parce qu'ils ne peuvent pas s'empêcher d'analyser, d'utiliser l'esprit pour essayer de définir la nature de l'esprit lui-même. Ils cherchent la petite bête en se focalisant sur ce qui se focalise sur cette autre chose qui se focalise elle-même sur... et ainsi de suite. Dans cette spirale d'analyse, le moi devient insaisissable et disparaît.

À l'opposé, ceux qui *méditent*, qui apaisent l'esprit en le focalisant sur un point unique, deviennent conscients de quelque chose de très différent. L'ego disparaît, il devient tout et rien en même temps. Il n'y a plus de « moi » séparé à découvrir, juste ce flux en cours de l'esprit en mouvement. Toutefois, une fois revenu dans le monde de l'expérience quotidienne, le « moi », comme nous le comprenons de manière conventionnelle, se remet à penser, à ressentir, à réagir. Cela étant, une certaine idée du moi, même si nous ne savons pas exactement de quoi il s'agit, est nécessaire pour se relier à autrui, pour faire sens dans ce monde. Le moi est une fiction commode. Nous ne pouvons que regarder et apprécier son kaléidoscope.

5

La philosophie de la religion

Dans ce chapitre, vous découvrirez :

- ce qu'est l'expérience religieuse et comment elle peut être décrite ;
- les arguments en faveur de l'existence de Dieu ;
- les miracles, le problème du mal et d'autres questions essentielles soulevées par la religion.

Dans la pensée occidentale, la philosophie de la religion s'intéresse à deux grands domaines :

- Le langage religieux : que signifie-t-il, quel est son objet et peut-on montrer s'il est vrai ou faux ?
- La métaphysique : quelle est la nature des arguments visant à démontrer l'existence de Dieu et comment peut-on montrer si une assertion métaphysique est vraie ou fausse ?

En plus de ces deux principaux domaines d'étude, la philosophie est à même d'examiner de nombreuses questions relatives aux croyances et pratiques religieuses :

- Qu'est-ce que la foi ? Quelle est la relation entre foi et raison ? Le « fondamentalisme » religieux est-il raisonnable ?
- Qu'est-ce que l'« expérience religieuse » et quelle sorte de connaissance peut-elle délivrer ?
- Peut-on déduire de l'univers qu'il a été conçu par un créateur intelligent ?
- Les miracles sont-ils possibles ? Si oui, peut-on disposer de preuves suffisantes pour le démontrer ?
- La croyance en un Dieu aimant est-elle compatible avec l'existence de la souffrance et du mal dans le monde ?
- La psychologie peut-elle expliquer le phénomène religieux ?
- Y a-t-il une vie après la mort ? Si oui, qu'est-ce que cela change ?

Foi, raison et croyance

La croyance religieuse repose-t-elle sur la raison ? Si tel était le cas, elle serait susceptible d'évoluer pour peu que la logique d'un argument vienne la contredire. L'expérience nous montre cependant que la plupart des fidèles d'une religion adhèrent à des croyances qui, même si elles peuvent être soumises à un examen rationnel, reposent sur un engagement préalable, un vouloir croire, et qu'elles peuvent par conséquent se maintenir face à la critique.

Selon le christianisme, et plus particulièrement dans la tradition protestante et calviniste, la nature humaine déchue est en état de péché et la raison humaine ne peut atteindre, du fait de ses limitations, à la connaissance de Dieu. La croyance en Dieu est donc une question de foi et les arguments logiques visant à soutenir cette croyance sont secondaires.

Remarque

Nous venons de parler de « croyance en Dieu » et pas simplement de « croire que Dieu existe ». Il s'agit là d'une différence cruciale, sur laquelle nous reviendrons un peu plus loin dans ce chapitre. La croyance « en » quelque chose implique une valeur ajoutée en termes d'engagement et de valorisation. Après tout, on pourrait croire « que » Dieu existe, mais penser qu'il s'agit d'une croyance dénuée d'importance pour soi-même. Croire « en » quelque chose est d'un tout autre ordre.

La recherche de certitude est parfois qualifiée de **fondationnalisme**, démarche visant à trouver des fondements si manifestement vrais qu'ils ne peuvent être mis en doute. Nous avons vu que Descartes était parvenu à la proposition irréfutable de son fameux *cogito* « je pense, donc je suis ». Certains philosophes contemporains de la religion, notamment Alvin Plantinga, plaident en faveur d'une « épistémologie réformée » : une théorie de la connaissance qui, à l'instar des théologiens réformés, repose sur des croyances qui vont de soi sans avoir besoin d'être justifiées par des arguments rationnels. Nous pouvons donner comme exemple la croyance, fondée sur le sens de la beauté et de l'ordre du monde, en la création de l'univers par Dieu. Elle est à rapprocher de l'« argument du dessein intelligent », que nous examinerons plus loin, à cette différence près que, pour Plantinga, une telle croyance n'est pas une conclusion logique inférée d'un argument mais un fondement *a priori*.

Le **fondamentalisme** s'inscrit dans le même type de démarche. Ce terme désigne à l'origine un courant prônant un retour aux principes fondamentaux de la foi chrétienne, qui est apparu à la fin du XIXe siècle aux États-Unis dans les milieux protestants conservateurs. Son emploi s'étend aujourd'hui à toute interprétation littérale des Écritures – la Bible ou le Coran, par exemple – et au strict respect par les croyants des préceptes de la religion, interdisant l'examen rationnel des dogmes. Un problème se pose d'emblée : les Écritures ont été rédigées dans une langue particulière et dans un contexte donné ; si les textes sont interprétés littéralement et hors contexte, on risque de passer à côté de l'intention première des auteurs. Les fondamentalistes n'admettent évidemment pas cette critique, puisqu'ils croient que les Écritures sont la parole transmise par Dieu aux hommes et qu'elles ne peuvent par conséquent être soumises à aucune forme d'analyse littéraire ou historique.

Selon le philosophe danois Søren Kierkegaard (1813-1855), il nous faut quelque chose de plus que la logique si nous voulons comprendre la nature des propositions religieuses. Un « saut de la foi » est nécessaire et, ajoute Kierkegaard, ce n'est pas tant le contenu qui fait la croyance religieuse que la manière de croire, caractérisée par la subjectivité et l'intériorité.

Le pari de Pascal

On doit à Blaise Pascal (1623-1662) l'un des raisonnements les plus affligeants qui ait jamais été employé en philosophie de la religion. Dans les *Pensées*, publiées à titre posthume en 1670, Pascal se débat (tout comme son contemporain Descartes) avec les implications du **scepticisme** – la remise en cause systématique de la capacité de ne rien connaître avec certitude. Catholique convaincu, Pascal veut un argument qui justifie la foi et incite à croire.

Pour bien comprendre son raisonnement, il faut rappeler que Pascal a une vision assez sombre de la nature humaine : sans l'aide de Dieu, l'homme est intrinsèquement égoïste et ne suit que son propre intérêt. Par ailleurs, les athées craignent que la vie religieuse ne limite leur liberté et ne s'oppose donc à leur intérêt. Le fameux « pari de Pascal » tente de les convaincre du contraire.

Le point de départ de Pascal est que la raison seule ne peut démontrer l'existence de Dieu : croire ou ne pas croire implique donc un choix. Quel est le choix qui s'accorde avec le véritable intérêt personnel et qui puisse par conséquent persuader l'athée ? Le raisonnement pascalien est le suivant :

- Si je crois en Dieu et qu'il existe, je gagne le bonheur et la vie éternelle.
- Si je crois en Dieu et qu'il n'existe pas, tout ce que je perds c'est le désagrément d'avoir mené une vie religieuse – désagrément négligeable aux yeux de Pascal.

De l'autre côté :

- Si je ne crois pas en Dieu et qu'il existe, je serai condamné en enfer à la damnation éternelle, banni pour l'éternité de la présence de Dieu.
- Si je ne crois pas en Dieu et qu'il n'existe pas, je ne perds rien et j'aurai pu jouir des plaisirs d'une vie mondaine.

En pesant « le gain et la perte », Pascal soutient qu'il est de notre intérêt de croire en Dieu et de mener une vie religieuse.

Ce raisonnement nous paraît affligeant parce qu'il donne une vision plutôt sinistre de Dieu – un Dieu qui punit ou récompense en fonction de ce que l'on croit – et une vision pas franchement positive de la vie religieuse – considérée comme un léger désagrément plutôt que quelque chose de bon et de profitable en soi. Croire par peur de l'enfer peut être difficilement assimilé à une foi sincère. En outre, nombre de philosophes contestent l'idée que l'on puisse choisir de croire : ou l'on croit ou l'on ne croit pas, toute autre posture n'est que faux-semblant.

Commentaire

Pour Pascal, les hommes sont pris en tenaille entre le dogmatisme et le scepticisme. Son raisonnement se propose de vaincre le doute sans imposer le dogme. Personnellement, je trouve qu'il garde ce qu'il y a de plus mauvais dans chacun des deux systèmes : l'illusion mue par l'intérêt personnel.

Dans la suite du chapitre, nous examinerons l'argumentation rationnelle concernant les idées religieuses. Cependant, en matière d'expérience et de langage religieux, force est de reconnaître que la foi et les croyances sont souvent plus complexes que l'assentiment intellectuel donné à des propositions.

Le langage religieux

Le langage employé pour décrire un événement ou une institution religieuse n'a pas nécessairement besoin d'être spécialisé. Prenons deux exemples :

Le pape est l'évêque de Rome.
La religion juive interdit de manger du porc.

La première phrase est vraie par définition, puisque « pape » est un titre utilisé par l'évêque de Rome. On peut montrer que la deuxième est vraie en se référant aux Écritures juives. (Elle ne peut pas être invalidée par le fait qu'un juif non pratiquant ait été vu en train de manger un sandwich au jambon, car les règles morales et religieuses restent vraies même si on les enfreint.)

À condition que les termes soient compris et qu'on puisse prouver la véracité des assertions, ce type de discours descriptif ne pose généralement pas de problème dans le domaine de la religion. Les croyants emploient eux-mêmes le langage de différentes manières : ils peuvent prier, rendre grâces, tenir des discussions morales, faire des déclarations sur leurs croyances. Là encore ces discours, à condition que les termes soient compris, ne soulèvent pas de problèmes philosophiques particuliers.

Les croyances religieuses

Le principal domaine dans lequel le langage religieux pose des problèmes philosophiques est la métaphysique, c'est-à-dire les propositions relatives aux réalités transcendantales, à ce qui est au-delà de l'expérience ordinaire du monde physique de l'espace et du temps. Certains philosophes auraient tendance à dénier toute signification à la métaphysique et à la rejeter, écartant du même coup la plupart des assertions relatives aux croyances religieuses.

Il convient d'étudier quelle est la nature spécifique des questions et des croyances religieuses.

Le comment et le pourquoi

Pour mettre en lumière l'une des spécificités du langage religieux, il faut faire la distinction entre les questions *comment ?* et les questions *pourquoi ?* La science apporte des réponses sur le *comment* en expliquant les relations entre les différentes parties du monde. La religion quant à elle s'intéresse au *pourquoi* : il ne s'agit pas de se demander « comment le monde fonctionne-t-il ? », mais « pourquoi y a-t-il un monde plutôt que rien ? ».

Une question *pourquoi ?* interroge sur le sens et le but. On ne peut y répondre en ayant recours aux seuls faits empiriques. C'est ce qu'illustre l'histoire que racontait John Wisdom (1904-1993), professeur de philosophie à Cambridge de 1952 à 1968.

Deux explorateurs arrivent au beau milieu de la jungle dans une clairière où poussent des mauvaises herbes et des fleurs. L'un affirme qu'il doit y avoir un jardinier qui vient entretenir la clairière. L'autre soutient le contraire. Ils s'assoient et attendent, mais aucun jardinier ne se montre, en dépit de tous les stratagèmes mis en œuvre par nos deux explorateurs pour tenter de le découvrir.

L'un des explorateurs continue de nier l'existence du jardinier, l'autre affirme qu'il y a un jardinier, invisible et indécelable. Mais – nous arrivons là au point central du raisonnement – comment faire la distinction entre un jardinier indécelable dont l'activité est sujette à caution et l'idée qu'il n'y a tout simplement pas de jardinier ?

Le but premier de cette histoire est de montrer qu'une idée, aussi bonne soit-elle, peut être infirmée par ses propres attributs. Autrement dit, lorsque toutes les qualités qui peuvent être attribuées au jardinier ont été éliminées, il ne reste rien de substantiel. L'histoire permet également d'illustrer le concept de *blik*, terme inventé par R.M. Hare pour désigner une « vision » particulière de la réalité. Dans notre exemple, les deux explorateurs voient la même chose, mais ils choisissent des interprétations différentes. Chacun de nous a son propre *blik* et c'est à travers ce prisme que nous interprétons tout.

On peut dire que la croyance religieuse est un type de *blik* : une manière de structurer notre expérience du monde. Dans ce sens, elle n'est ni plus ni moins vraie que n'importe quelle autre vision de la réalité et tout argument se heurte à une réplique du genre : « Bon, si c'est ta manière de voir les choses… ».

Les aspects personnels du langage

Dans *Religious Language* (1957), le théologien britannique Ian T. Ramsey (1915-1972) explique que les propositions religieuses comportent à la fois une part de discernement et une part d'engagement. Il ne s'agit pas de simples déclarations impersonnelles, mais d'un discours qui implique une attitude globale et la détermination de suivre un mode de vie en accord avec ce discours. Bien qu'il fasse référence à des faits, le discours religieux est bien plus complexe que de simples propositions factuelles. Ramsey montre que le mot « Dieu » est employé pour décrire une réalité à propos de laquelle le croyant veut communiquer. Il ne s'agit pas simplement d'un sujet de spéculation.

Nous pouvons donc faire la distinction entre le philosophe, qui examine les arguments de l'existence de Dieu d'une manière objective et impartiale, et le croyant, qui emploie le mot « Dieu » pour exprimer une direction, un but et un sens qui passent par l'expérience religieuse et morale.

Les arguments de l'existence de Dieu peuvent être considérés selon deux optiques :

- des discussions sur quelque chose qui existe ou non ;
- des indications sur ce que veut dire un croyant lorsqu'il parle de « Dieu ».

Ramsey emploie les termes *modèle* et *qualificatif* pour expliquer en quoi le langage religieux diffère du langage empirique courant. Un « modèle » est comparable à une analogie : un rapprochement avec un phénomène connu permettant de donner une image d'une réalité difficile à exprimer. Par exemple, si Dieu est appelé « ordonnateur », cela ne signifie pas que le croyant ait une connaissance personnelle de l'ordre voulu par Dieu, mais simplement que cette image se rapproche de son expérience de Dieu. Une fois le « modèle » posé, il est important que le croyant ajoute un « qualificatif » : Dieu est le ceci « infini » ou le cela « parfait » ; le modèle est qualifié, de sorte qu'il ne risque pas d'être compris de façon littérale.

En d'autres termes

- Le langage religieux peut être simplement descriptif (par exemple, description des activités religieuses).
- Quand il exprime des croyances, il implique :

– une vision particulière du monde ;

– un engagement personnel (et non simplement un sujet de spéculation).

- Dans la mesure où il ne concerne pas de simples propositions factuelles – qui puissent être vérifiées en les confrontant à des preuves –, ce type de langage religieux est « dépourvu de sens » du point de vue du positivisme logique (voir chapitre 3).

Dieu existe-t-il ?

Nous allons examiner quelques-uns des arguments utilisés traditionnellement pour démontrer l'existence de Dieu, ainsi que les problèmes qu'ils soulèvent. Mais, au préalable, il convient de préciser ce que l'on entend par le mot « Dieu ».

Dans le domaine de la philosophie occidentale, ce sont les concepts issus des trois grandes religions monothéistes qui nous intéressent. Pour le judaïsme, le christianisme et l'islam, Dieu est l'Être suprême, infini et transcendant. C'est un Dieu personnel et créateur du monde. Il est considéré comme tout-puissant (ayant tiré le monde du néant, il peut tout faire) et tout-amour (dans le cadre d'une relation personnelle avec chaque croyant). Malgré cette conception anthropomorphiste, Dieu est au-delà de toute description. De ce fait, on ne peut pas dire qu'« il » soit masculin, même si c'est ainsi qu'il est généralement représenté.

Quelques définitions

- La croyance en l'existence d'un tel Dieu est le théisme.
- La conviction qu'un tel être n'existe pas est l'athéisme.
- La doctrine selon laquelle Dieu est inconnaissable et son existence ne peut être démontrée est l'agnosticisme.
- L'identification du monde matériel à Dieu est le panthéisme.
- La croyance que Dieu est en tout et que tout est en Dieu est le panenthéisme. Bien que ce terme ne soit employé que par certains théologiens, beaucoup d'interprétations théistes supposent que Dieu est dans les choses : Dieu étant infini, comment pourrait-il y avoir quelque chose qui lui soit extérieur ?
- Le fait de croire en l'existence d'un Dieu, cause du monde, mais sans adhérer à une religion révélée est nommé déisme.

Dans la *Critique de la raison pure* (Dialectique transcendantale, livre II, chap. III, 3e section et suivantes), Kant soutient qu'il n'y a pour la raison spéculative que trois arguments, ou preuves, possibles de l'existence de Dieu :

1. l'argument fondé sur la raison seule ;

2. l'argument fondé sur l'expérience générale de l'existence du monde ;
3. l'argument fondé sur l'expérience particulière de notre monde sensible.

Il s'agit respectivement des arguments **ontologique**, **cosmologique** et **téléologique** (ce dernier est également nommé la preuve physico-théologique). Kant procède à une critique de ces trois types d'arguments et en introduit un quatrième : l'argument moral.

L'argument ontologique

L'argument ontologique de l'existence de Dieu ne repose pas sur l'observation du monde ni sur aucune sorte de preuve extérieure. Il consiste à établir l'existence de Dieu par la seule analyse de sa définition ou de son essence. On peut le résumer ainsi : *Si l'on comprend ce qu'est Dieu, on comprend qu'il doit exister.*

Cet argument est particulièrement intéressant pour les philosophes, car il soulève des questions à propos du langage et de la métaphysique qui concernent d'autres domaines que la religion.

L'argument ontologique remonte à saint Anselme (1033-1109), archevêque de Cantorbéry, qui l'expose dans les premiers chapitres de son *Proslogion*. Il ne s'agit pas pour Anselme d'avancer une preuve qui lui permette de croire en Dieu, c'est au contraire sa foi qui l'amène à comprendre ce qu'est Dieu et à en conclure qu'il doit nécessairement exister.

En partant de son expérience religieuse, Anselme définit Dieu comme *aliquid quo nihil maius cogitari possit* (« quelque chose de tel que rien de plus grand ne peut être pensé »). Il ne veut pas dire par là une chose qui soit physiquement plus grande, ou meilleure, que quoi que ce soit d'autre. La définition d'Anselme renvoie à la notion de « perfection », d'« absolu », à l'être suprêmement réel (*ens realissimum*).

L'argument est présenté dans le chapitre II du *Proslogion* :

> *Et certes, nous croyons que tu es quelque chose de tel que rien ne se peut penser de plus grand. N'y a-t-il pas une nature telle parce que l'insensé a dit dans son cœur : « Dieu n'est pas » ? [Ps 13, 1 ; 52, 1] Mais il est bien certain que ce même insensé, quand il entend cela même que je dis « quelque chose de tel que rien ne se peut penser de plus grand », comprend ce qu'il entend, et que ce qu'il comprend est dans son intellect, même s'il ne comprend pas que ce quelque chose est. Car c'est*

une chose que d'avoir quelque chose dans l'intellect, et autre chose que de comprendre que ce quelque chose est. [...] Et il est bien certain que ce qui est tel que rien ne se peut penser de plus grand ne peut être seulement dans l'intellect. Car si c'est seulement dans l'intellect, on peut penser que ce soit aussi dans la réalité, ce qui est plus grand. Si donc ce qui est tel que rien ne se peut penser de plus grand est seulement dans l'intellect, cela même qui est tel que rien ne se peut penser de plus grand est tel qu'on peut penser quelque chose de plus grand ; mais cela est à coup sûr impossible. Il est donc hors de doute qu'existe quelque chose de tel que rien ne se peut penser de plus grand, et cela tant dans l'intellect que dans la réalité.

GF-Flammarion, p. 41-42,
traduction de Bernard Pautrat, 1993.

En d'autres termes

Une chose est plus grande si elle existe dans la réalité. Si Dieu est ce qu'on peut concevoir de plus grand, il doit nécessairement exister. Je peux peindre un chef-d'œuvre imaginaire, mais cela revient à dire que j'imagine que je peins un chef-d'œuvre. Tant qu'il n'est pas réellement peint, il n'est pas meilleur que mes tableaux « moins bons » déjà peints. Un chef-d'œuvre réel doit nécessairement être supérieur à un chef-d'œuvre imaginaire.

La principale critique de l'argument ontologique a été faite par Kant dans sa *Critique de la raison pure* en réponse à Descartes, lequel avait repris l'argument anselmien. Le raisonnement cartésien est le suivant : Dieu est par essence un être souverainement parfait, on ne peut donc pas penser un Dieu dépourvu d'existence (puisque la non-existence est une imperfection), tout comme on ne peut pas imaginer un triangle qui n'aurait pas trois angles. Kant démonte cet argument de la manière suivante :

- Si je pose qu'un triangle existe,
- alors il doit nécessairement avoir trois angles (car il est contradictoire de poser un triangle sans ses trois angles),
- mais si je supprime le triangle, je n'ai plus besoin de ses trois angles.

Kant applique le même raisonnement à Dieu :

- Si j'accepte le concept de Dieu, il est logique d'admettre son existence nécessaire,
- mais je ne suis pas obligé d'accepter le concept de Dieu.

Pour bien comprendre l'argument kantien, il convient de rappeler la distinction que fait Kant entre les jugements analytiques et les jugements synthétiques :

- Un jugement analytique est une proposition dans laquelle le prédicat, ou attribut, fait partie de l'essence du sujet ; il est donc vrai par définition.
- Un jugement synthétique est une proposition dans laquelle le prédicat ajoute quelque chose au concept exprimé par le sujet ; il est donc fondé sur l'expérience.

Selon Kant, les propositions d'existence sont synthétiques, tandis que les définitions sont analytiques. Ainsi, les angles d'un triangle sont nécessaires, car ils font partie de la définition du triangle, mais cela ne nous informe pas sur l'existence réelle d'un quelconque triangle. Il ne faut pas prendre ici « nécessaire » au sens d'une obligation absolue : chez Kant, la nécessité n'est qu'une modalité de la logique.

Kant poursuit son raisonnement en soutenant que *l'existence n'est pas un prédicat,* c'est-à-dire que, quand on décrit une chose (le sujet) en énumérant toutes ses qualités (les prédicats), on n'ajoute rien à la chose en disant qu'elle existe. L'existence n'est pas une qualité supplémentaire, c'est juste une manière de dire que la chose « est » avec toutes les qualités qu'on a énumérées.

Le philosophe anglais Norman Malcolm (1911-1990) émet une réserve majeure à la critique de Kant (dans *Philosophical Review*, janvier 1960). Un triangle peut exister ou ne pas exister, alors que dans l'argument anselmien il est impossible de penser que Dieu n'est pas. Les deux situations ne sont donc pas tout à fait comparables.

Selon Anselme, « Dieu » est un concept unique. C'est ce qu'explique l'archevêque de Cantorbéry pour répondre à la critique de Gaunilon, un moine de l'abbaye de Marmoutier. Ce dernier réfute l'argument ontologique en prenant l'exemple de l'île « perdue » : si on me dit qu'il y a quelque part dans l'océan une île qui « jouit de toutes les richesses et délices en abondance inestimable », cette île dont je comprends ce qu'elle est dans mon intelligence devrait exister dans la réalité si l'argument anselmien était vrai. Mais Anselme rejette cette critique : une île est une chose limitée, on peut toujours imaginer des îles plus belles et plus merveilleuses, tandis qu'un être « tel que rien de plus grand ne peut être pensé » est unique. Si l'on pouvait penser qu'il n'est pas, on pourrait également penser qu'il ait un début et une fin, mais dans ce cas il ne serait pas la chose la plus grande que l'on puisse concevoir.

Il s'agit là d'une autre version de l'argument déjà exposé dans le chapitre III du *Proslogion* :

> *Lequel, du reste, est de manière si véritable, qu'on ne peut même pas penser qu'il n'est pas. Car on peut penser que quelque chose est qu'on ne peut penser ne pas être, ce qui est plus grand que quelque chose qu'on peut penser ne pas être. Et donc, si l'on peut penser ne pas être ce qui est tel que rien ne se peut penser de plus g rand, cela même qui est ce qui est tel que rien ne se peut penser de plus grand n'est pas ce qui est tel que rien ne se peut penser de plus grand, ce qui ne peut pas convenir. Il y a donc quelque chose de tel que rien ne se peut penser de plus grand qui est si véritablement qu'on ne peut même pas penser qu'il n'est pas.*
>
> *Op. cit.*, p. 43.

En clair, Anselme affirme que l'existence nécessaire est contenue dans l'idée même de Dieu. Mais il ne s'arrête pas là. Dans le chapitre IV du *Proslogion*, il se demande comment l'insensé peut dire que Dieu n'existe pas et il conclut :

> *En effet, c'est d'une certaine manière que l'on pense une chose quand on pense le mot qui la signifie, et d'une autre manière quand on comprend cela même qu'est la chose. Et l'on peut donc, de la première manière, penser que Dieu n'est pas, alors qu'on ne le peut pas du tout de la deuxième. Personne ne peut, comprenant ce qu'est Dieu, penser que Dieu n'est pas […]. Dieu, en effet, est ce qui est tel que rien ne se peut penser de plus grand. Qui comprend bien cela comprend forcément que cet être est tel qu'il ne peut, pour la pensée non plus, ne pas être. Qui donc comprend que Dieu est tel ne peut pas penser qu'il n'est pas.*
>
> *Ibid.*, p. 44.

Pour Anselme, Dieu ne peut pas être conçu comme un objet de plus ; le mot « dieu » n'est pas la dénomination d'une chose. En effet, si Dieu était un objet, son culte serait de l'idolâtrie. Que veut donc dire Anselme lorsque qu'il parle de Dieu comme « quelque chose de tel que rien de plus grand ne peut être pensé » ?

Dans un autre ouvrage, le *Monologion*, Anselme considère les degrés de perfection et de bonté que l'on trouve dans le monde. Il montre qu'il doit exister un être souverain, qu'il appelle « Dieu », qui est parfaite bonté et qui est la cause des divers degrés de bonté dans toutes les autres choses. Le concept des degrés de perfection n'a pas été inventé par Anselme. On le trouve déjà dans le *De philosophia* d'Aristote et il est aussi étroitement lié aux **Idées** platoniciennes. Le concept anselmien de Dieu se rapproche de l'Idée du Bien de Platon.

L'argument ontologique soulève de nombreuses questions philosophiques. C'est pourquoi nous lui avons consacré une place plus importante.

Un exemple par l'absurde

On vous présente une salle de classe remplie d'élèves que l'on désigne par l'appellation « classe 1A ». Où est la « classe » ?

- Vous interrogez les élèves à tour de rôle, mais chacun ne donne que son nom.
- Vous en concluez que la « classe 1A » n'existe pas.

Cet exemple illustre ce qu'on appelle une erreur de catégorie. La classe 1A est réelle et inclut tous les élèves, mais ce n'est pas une chose distincte des parties qui la composent, pas plus qu'elle n'est l'une de ses composantes – un élève particulier). Voyez également au chapitre 4 l'explication de l'« erreur de catégorie » exposée par Ryle dans son ouvrage *The Concept of Mind* (*La Notion d'esprit*).

Des catégories différentes sont tout aussi réelles les unes que les autres, mais on ne peut pas placer une chose dans une catégorie à laquelle elle n'appartient pas. Un problème similaire se pose quand on essaie de mettre sur le même plan un idéal et les exemples particuliers incarnant cet idéal. Pour reprendre l'exemple de la classe, on peut concevoir par la pensée l'idée de « l'élève parfait ». Si l'on considère un élève particulier, aussi brillant soit-il, on peut toujours imaginer un élève encore plus brillant. Mais « l'élève parfait » n'appartient pas à la même catégorie que les élèves individuels et ne fait donc pas partie de la classe. Cependant, si on n'avait pas une idée de ce que pourrait être l'élève parfait, il serait impossible de faire des comparaisons entre les élèves. « l'élève parfait » apparaît comme un concept nécessaire pour procéder au classement des élèves individuels.

De la même manière, Anselme considère que, s'il n'y avait pas d'idée de perfection, nous ne disposerions d'aucun critère pour juger les choses. Même si nos jugements sont totalement subjectifs, nous avons besoin d'une notion de perfection pour faire des comparaisons.

D'aucuns taxeront de politiquement incorrect le classement des élèves par ordre de mérite, objectant que « l'élève parfait » est une idée dangereuse, puisque tous les élèves sont égaux et également bons (chacun à sa façon !). Mais si l'on bannit tout idéal, comment pourrait-on évaluer quoi que ce soit ? Ce « quelque chose de tel que rien de plus grand ne peut être pensé » pourrait être un absolu permettant de comparer les choses et de leur attribuer une valeur.

L'exemple de la classe permet d'illustrer un autre point : un terme comparatif ou superlatif n'est pas une qualité, il sert simplement à établir une relation.

Dire qu'un élève est le plus grand de la classe ne revient pas à attribuer une qualité immuable à cet élève, mais à comparer la taille des élèves. On ne peut pas supprimer l'idée du « plus grand élève » simplement par amputation : l'élève amputé perdra sa place, mais il sera immédiatement remplacé par un autre élève qui sera promu « le plus grand » sans avoir eu besoin de grandir d'un pouce. On n'ajoute aucun centimètre, on établit juste une nouvelle relation. Par conséquent :

- « le x parfait » appartient à une autre catégorie que les choses individuelles ;
- « le x parfait » n'est pas simplement le point culminant d'une série de choses individuelles.

Pour Anselme, Dieu n'étant pas un objet, il n'« existe » pas de la même manière que les objets ordinaires. L'idée qu'il a de Dieu résulte de la conscience des degrés de bonté observés dans le monde sensible.

On peut rapprocher cette conception de l'allégorie platonicienne de la caverne, que nous avons étudiée au chapitre 1. Ce que les hommes enchaînés dans la caverne prennent pour la réalité n'est rien d'autre que des ombres projetées par la lumière du feu qui brûle derrière eux. Le sage, bien qu'il ne puisse pas voir directement la source de la lumière, sait qu'elle se trouve à l'extérieur : il connaît intuitivement l'Idée du Bien.

Le « tel que rien de plus grand ne peut être pensé » d'Anselme est également une intuition : lorsque le monde sensible est vu comme l'ombre de quelque chose de supérieur, la nécessité de ce « plus grand » s'impose.

C'est sous cet angle que la romancière et philosophe Iris Murdoch (1919-1999) aborde l'argument ontologique dans son essai sur les rapports entre métaphysique et éthique, *Metaphysics as a guide to morals* (1992). Elle soutient qu'un argument portant sur la nécessaire existence ne peut être compris que dans la perspective de la théorie platonicienne des degrés de réalité. La preuve ontologique ne saurait être réduite à un simple argument logique, elle renvoie à une réalité spirituelle qui transcende toute idée limitée de Dieu et qui dépasse également les religions individuelles :

> *La « croyance » religieuse ultime est que même si toutes les « religions » venaient à disparaître, la nécessité de la vertu et de la réalité du bien demeurerait. C'est ce que la preuve ontologique tente de « prouver » en une formulation unique.*
>
> P. 427.

Et Iris Murdoch ajoute que c'est une croyance nécessaire pour comprendre la réalité :

> *Ce qui est parfait doit exister, c'est-à-dire que ce que nous concevons comme bonté et perfection, l'« objet » de nos pensées les plus chères, doit être quelque chose de réel, et même ce qu'il y a de plus réel, non pas de manière accidentelle et contingente mais une réalité fondamentale, essentielle et nécessaire. Ce que nous ressentons dans notre vie comme réel au plus haut point se rattache à une valeur qui nous pousse à aller plus loin. La conscience de l'imperfection est source de connaissance. Nous sommes sans cesse en train de reconnaître l'illusion de ce que nous tenons pour « bon » et la futilité de ce que nous jugeons important. À l'instar du grand art, la vie ordinaire et l'amour nous enseignent un certain sens de la réalité.*
>
> P. 430.

En d'autres termes

- Si nous considérons l'argument ontologique en présupposant que « l'existence est un prédicat », la critique que fait Kant de l'argument anselmien est justifiée, car dire que quelque chose « existe » est d'un tout autre ordre que n'importe quelle qualité qu'on peut lui attribuer.
- L'argument anselmien montre par ailleurs que l'idée du « plus grand que l'on peut concevoir » fait partie intégrante de notre mode de pensée, puisque, à chaque fois que nous attribuons une valeur à quelque chose, nous le faisons en nous fondant sur une connaissance intuitive de ce qui est doté de la valeur suprême.
- L'argument ontologique pose en définitive une question philosophique fondamentale : comment nous relions notre expérience conditionnée et limitée à l'idée du parfait, de l'absolu et de l'inconditionné.

Les arguments cosmologiques

Thomas d'Aquin (1224-1274) est sans doute le plus grand philosophe de la période médiévale, en tout cas celui qui a exercé l'influence la plus marquante dans le domaine de la philosophie de la religion. Il a cherché à réconcilier la foi chrétienne et la philosophie aristotélicienne, qui avait été redécouverte et était enseignée dans les universités laïques au XIIIe siècle.

Thomas d'Aquin expose cinq voies qui permettent de démontrer l'existence de Dieu :

1. la preuve du premier moteur immobile ;
2. la preuve de la cause première efficiente ;
3. la preuve de l'être nécessaire cause de tous les êtres possibles ;
4. la preuve fondée sur les degrés de perfection ;
5. la preuve de l'ordre du monde.

L'argument de la quatrième voie, qu'Anselme avait déjà formulé dans le *Monologion*, a été traité dans la partie consacrée à l'argument ontologique. Nous reviendrons sur la cinquième voie dans la section suivante. Ce sont les trois premiers arguments, dits cosmologiques, qui nous intéressent pour l'instant.

Nous avons vu que l'argument ontologique anselmien reposait sur la compréhension juste de l'idée d'un être « tel que rien de plus grand ne peut être pensé » et sur l'impossibilité logique de ne pas croire à l'existence d'un tel être.

Les arguments cosmologiques thomasiens prennent pour point de départ l'observation du monde et s'inspirent de la pensée d'Aristote, qui pour Thomas d'Aquin était le philosophe par excellence.

L'argumentation de la première voie est la suivante :

- Tout ce qui se meut dans l'univers est mû par quelque chose.
- Ce moteur est à son tour mû par un autre moteur et ainsi de suite.
- Mais la série de moteurs ne peut être infinie, car alors il n'y aurait pas eu de commencement au mouvement.
- Il doit donc y avoir un premier moteur, qui cause le mouvement de toutes les choses sans être lui-même mû.
- Ce premier moteur immobile est ce que l'on appelle « Dieu ».

La deuxième voie reprend le même raisonnement :

- Tout phénomène a une cause.
- Chaque cause est à son tour l'effet d'une autre cause.
- Mais la série des causes ne peut être infinie.

- Il doit donc y avoir une cause première, qui cause l'existence de toutes les choses sans être elle-même conditionnée par quoi que ce soit.
- Cette cause première efficiente est ce que l'on appelle « Dieu ».

La troisième voie découle des deux premières :

- Les êtres individuels naissent puis disparaissent.
- Par conséquent, ils peuvent exister ou ne pas exister, ce sont des possibles.
- Mais un être ne pourrait jamais exister s'il n'était produit par un être déjà existant.
- Il doit donc y avoir un être nécessaire, c'est-à-dire dont l'existence ne dépend d'aucune cause mais qui est la cause de tous les êtres possibles.
- Cet être nécessaire est ce que l'on appelle « Dieu ».

L'une des objections que l'on peut faire à ces trois arguments est qu'il pourrait y avoir un nombre infini de causes ou de moteurs. Plutôt que de remonter en ligne droite dans le temps, la série de causes pourrait être circulaire ou faire une boucle, de sorte qu'il serait impossible d'arriver à un premier terme, les choses s'expliquant par leurs causes immédiates. Mais l'image de la circularité ne permet pas de comprendre la force de l'argumentation thomasienne. Il est en effet peu probable que Thomas d'Aquin ait imaginé une série de causes, ou de moteurs, remontant dans le temps. Ses arguments renvoient plutôt à une hiérarchie de causes présentes ici et maintenant. Puisque chaque être individuel a une cause, pourquoi le monde ne pourrait-il pas lui aussi avoir une cause en dehors de lui ? Vous pourriez argumenter que, dans une série circulaire de causes, chaque cause individuelle est l'effet de la cause contiguë, mais quelle serait alors la cause du cercle des causes ? Si le monde avait une telle cause, cette dernière devrait à son tour avoir une cause car elle ferait partie du monde connu. Pour Kant, la causalité est l'un des trois principes de l'entendement humain qui règlent les rapports chronologiques entre les phénomènes et rendent possible la connaissance empirique. Si Kant a raison lorsqu'il affirme que tous les phénomènes « arrivent suivant la loi de la liaison des effets et des causes », une cause inconditionnée est une impossibilité.

Hume émet une objection différente. Philosophe de l'**empirisme**, il fonde toute connaissance sur l'observation du monde et l'expérience sensible. On qualifie un phénomène de cause parce qu'il se produit juste avant un autre que l'on appelle effet. La cause et l'effet apparaissent donc comme deux phénomènes distincts. Mais, lorsqu'on observe le monde dans son ensemble, on ne peut voir que l'effet et pas la cause. Il est impossible de « sortir » du monde pour voir et le monde et sa cause, et donc d'établir une relation entre les deux. Si l'on suit l'empirisme humien, on ne peut pas accepter la validité des preuves cosmologiques qui prétendent démontrer l'existence de Dieu en dehors du monde observable.

Ces objections apportent peut-être un éclairage sur une autre manière de considérer les arguments cosmologiques. Si l'on s'en tient à une approche littérale et logique, ils ne prouvent nullement qu'il y ait une cause première inconditionnée ou un premier moteur immobile. Ils montrent cependant comment le croyant utilise les notions de mouvement et de causalité pour donner une idée de sa conception de Dieu : un être, qui tout en restant en quelque sorte dans les coulisses, est la cause de l'existence et du mouvement de toutes les choses ; ce qui est au-delà de toute chose et pourtant en toute chose.

Remarque

On doit à Thomas d'Aquin la version la plus connue, mais non la plus ancienne, de l'argument cosmologique. Les théologiens spéculatifs musulmans (*mutakallimûn*) avaient dès le IXe siècle formulé un raisonnement, appelé argument cosmologique du *kalâm*, qui remonte de l'existence de l'univers à sa cause première : Dieu.

L'argument du dessein intelligent

La cinquième voie de Thomas d'Aquin, qui démontre l'existence de Dieu à partir de l'ordre du monde, présentait déjà une forme de cet argument, mais c'est l'analogie de l'horloger du théologien anglais William Paley (1743-1805) qui en fournit l'exemple le plus célèbre. Dans son ouvrage *Natural Theology* (*Théologie naturelle*) publié en 1802, Paley explique que, s'il trouvait une montre dans la campagne, il en déduirait qu'elle a été fabriquée par quelqu'un car, à la différence d'une pierre, il verrait du premier coup d'œil que la montre est composée de nombreuses pièces différentes assemblées pour produire le mouvement et que, si l'une quelconque des pièces était disposée autrement, la montre ne fonctionnerait pas. À partir de cette analogie, Paley soutient que le monde est comparable à une machine, chaque partie ayant été conçue pour avoir une place et une finalité au sein de l'ensemble. Si le monde a été conçu selon un dessein, il doit donc avoir un créateur intelligent : Dieu.

Cet argument, qui traduit le sentiment d'émerveillement devant la perfection de la nature, a été sérieusement remis en question par la théorie de l'évolution. La théorie darwinienne de la « sélection naturelle » fournit une autre explication au dessein du monde, qui n'a plus besoin de faire intervenir un créateur extérieur. Elle a permis de considérer le monde, non plus comme une machine, mais comme une lutte perpétuelle dans laquelle seuls les individus les mieux adaptés à leur environnement réussissent à se reproduire et à transmettre leurs gènes à leur descendance, contribuant ainsi à l'évolution lente et graduelle des espèces. La capacité d'adaptation pour survivre est devenue le facteur clé du développement des formes vivantes les plus évoluées, que l'on attribuait jusque-là à l'œuvre quasiment miraculeuse d'un Dieu créateur.

On trouve déjà une sorte d'ébauche de la sélection naturelle dans l'ouvrage posthume de Hume, *Dialogues concerning natural religion* (*Dialogues sur la religion naturelle*) paru en 1779, dans lequel il se livre à une critique de l'argument du dessein plus de vingt ans avant la publication de la *Théologie naturelle* de Paley. Hume soutient que, dans un monde fini et un espace infini de temps, toutes sortes de combinaisons peuvent se produire. Les combinaisons assemblées en un ordre harmonieux se perpétuent et se développent, les autres disparaissent. Par conséquent, lorsque nous observons le monde tel qu'il est actuellement, nous ne voyons que les combinaisons qui ont réussi, car celles qui ont échoué ne sont plus là pour témoigner de leur existence.

Réflexion

Toutes les parties de votre corps fonctionnent ensemble. Sans poumons, vous ne pourriez pas respirer et le reste du corps dépérirait par manque d'oxygène. Est-ce que cela implique un créateur intelligent ? Vous pourriez faire le raisonnement suivant : toutes les créatures qui ont besoin de l'oxygène de l'air, mais qui sont dépourvues de poumons, mourront ; ces créatures ne peuvent pas exister. Seules celles dotées d'organes permettant d'absorber l'oxygène existeront. Il n'est même pas nécessaire de faire appel à la sélection naturelle, c'est juste une question de logique.

- Toute chose est telle qu'elle est.
- Si quoi que ce soit était différent, tout serait différent.
- Toute chose participe au fonctionnement des autres parties du système.
- Si les autres parties étaient différentes, tout participerait différemment au fonctionnement de l'ensemble du système.
- Par conséquent, l'argument d'un dessein intelligent ne se tient que rétrospectivement.

L'argument moral

Kant, qui pense que les arguments traditionnels ne parviendront jamais à prouver l'existence de Dieu, veut les dépasser en exposant une conception de Dieu fondée sur la croyance plutôt que sur le savoir. Pour ce faire, il examine l'expérience morale, et en particulier la relation entre bonheur et vertu. Dans un monde idéal, l'une ne va pas sans l'autre : s'il existe un « souverain Bien » auquel on peut aspirer d'un point de vue moral, faire ce qui est juste (être vertueux) devrait conduire au bonheur. Rien ne prouve cependant que la vertu rende automatiquement l'homme heureux. Dans ce cas, à quoi cela sert-il de respecter la morale ?

Kant part du principe que les hommes ont le sens du devoir moral : sentir qu'une action est bonne et qu'elle doit être faite par respect pour la loi morale, sans tenir compte du résultat ni de l'intérêt personnel. Ce commandement du devoir est un **impératif catégorique**, par opposition aux impératifs hypothétiques ou conditionnels dans lesquels l'action n'est qu'un moyen pour atteindre une fin (« si tu veux obtenir ceci, tu dois faire cela »).

Dans la *Critique de la raison pratique*, Kant commence par examiner les présupposés de l'impératif catégorique. Qu'est-ce que je crois vraiment lorsque je me plie à l'exigence morale absolue ? (Il ne s'agit pas de ce que je dois accepter rationnellement avant d'adhérer à une proposition morale, mais de ce que je tiens pour vrai, par la raison ou autrement, au moment où je me plie à l'impératif moral.) Il expose ensuite trois principes, qu'il nomme **postulats** de la raison pratique, nécessaires à l'exercice de la loi morale : la liberté, l'immortalité de l'âme et l'existence de Dieu. L'expérience morale implique en effet que l'homme a la libre volonté d'agir (quand bien même un observateur extérieur affirmerait le contraire), qu'il parviendra à réaliser le souverain Bien (même si ce n'est pas ici-bas, comme lorsque quelqu'un sacrifie sa propre vie) et que, pour que tout cela soit possible, il doit exister un principe suprême que l'on nomme « Dieu ».

En d'autres termes

Kant affirme que l'on ne peut pas démontrer l'existence de Dieu. En revanche, si l'on connaît le sens du devoir moral, on sait en quoi consiste réellement cette croyance. Pour Kant, c'est par ce moyen que la métaphysique spéculative (qui ne permettra jamais d'avoir la connaissance de Dieu) doit céder la place à la certitude pratique fondée sur l'expérience morale.

La conception que se fait Kant du monde l'oblige à dépasser les arguments traditionnels démontrant l'existence de Dieu. Car, si l'idée de causalité est plaquée sur la réalité extérieure par notre propre raison, comment pourrait-elle servir de fondement à une preuve de l'existence de Dieu ? Nous ne pouvons connaître les choses que telles qu'elles nous apparaissent, non telles qu'elles sont *en soi* :

- *Si* nous posons l'espace, le temps et la causalité comme concepts nécessaires à notre connaissance du monde,
- *alors* inférer de ces concepts quelque chose hors du monde est une impossibilité.
- Dieu, la liberté et l'immortalité ne sont donc pas dans le monde empirique, mais sont liés à notre façon d'expérimenter le monde.
- Autrement dit, *Dieu est un concept « régulateur »* (principe nécessaire servant à diriger l'entendement vers un certain but) *et non un concept « constitutif »* (une chose extérieure dont on pourrait avoir une connaissance objective).

À bien des égards, loin de détruire les preuves traditionnelles, Kant tend à les renforcer : elles ne tiennent pas si on les prend dans un sens littéral, mais symboliquement elles pointent vers un absolu au-delà de notre expérience présente. C'est justement ce qu'implique l'idée kantienne du principe « régulateur ».

Lorsqu'on examine les preuves de l'existence de Dieu, il convient de recadrer le débat en rappelant que le « dieu » dont l'existence reste à démontrer n'est pas forcément ce que la plupart des gens nomment « Dieu ». C'était déjà au cœur de l'argument ontologique, mais il est intéressant de reprendre ce point à la lumière du théologien américain d'origine allemande, Paul Tillich (1886-1965). Voici ce qu'il dit dans son ouvrage majeur, *Théologie systématique* :

> *La question de l'existence de Dieu ne peut alors ni se poser ni recevoir de réponse. Si on la pose, elle porte sur ce qui par sa nature même dépasse l'existence ; par conséquent, la réponse, qu'elle soit négative ou affirmative, contredit implicitement la nature de Dieu. Affirmer l'existence de Dieu est aussi athée que la nier. Dieu est l'être même, non un être.*
>
> Presses de l'université Laval, Éd. du Cerf, Labor et fides, vol. 2, p. 111, traduction d'A. Gounelle en collaboration avec M. Hébert et C. Conedera, 2003

Tillich exprime avec force ce qui était implicite dans les arguments ontologique et cosmologique : il ne s'agit pas d'affirmer l'existence d'une entité comme les autres, mais une conception fondamentale qui façonne la vision de l'univers. La question porte sur la structure de l'« être même » (pour reprendre l'expression de Tillich) et non sur la possible existence d'un être.

En d'autres termes

- L'argument cosmologique et l'argument du dessein soutiennent que certaines caractéristiques du monde conduisent l'esprit vers ce qui est au-delà de l'expérience : quelle est la cause de toute chose ? Pourquoi le monde est tel qu'il est ?
- L'argument moral soutient que nous avons tous l'intuition de Dieu (ainsi que de la liberté et de l'immortalité de l'âme) dès lors que nous éprouvons le sentiment du devoir moral absolu.
- Même si ces arguments ne sont pas concluants, ils donnent une idée de ce à quoi pense un croyant lorsqu'il utilise le mot « Dieu ».

La signification de « Dieu »

Les arguments examinés jusqu'à présent présupposent une idée généralement admise de ce que signifie « Dieu ». Nous nous sommes interrogés plus haut sur le sens du mot « Dieu », mais nous aimerions approfondir cette question.

Le positivisme logique (voir chapitre 3) fournit la plus implacable pierre de touche de la signification d'une proposition. Selon le principe de **vérifiabilité**, un énoncé a un sens s'il décrit quelque chose qui peut être vérifié par l'expérience sensible. Si aucune preuve ne permet d'établir qu'il est vrai, l'énoncé est dépourvu de sens.

En ce qui concerne le langage portant sur Dieu, une telle vérification est impossible. La plupart des définitions de « Dieu » excluent toute explication à partir des données directes de l'expérience. Un positiviste logique de stricte obédience en déduirait que les énoncés sur Dieu n'ont pas de signification.

L'approche plus globale – illustrée par la conception qu'a Wittgenstein du langage comme « forme de vie » (voir chapitre 3) – cherche à comprendre le langage en partant de sa fonction. Le langage religieux trouve son sens dans ce qu'il fait. Par exemple, pour un croyant, « Dieu » n'est pas simplement le nom d'un quelconque objet extérieur, dont l'existence pourrait être soumise à discussion. Un tel « dieu » ne serait pas pertinent d'un point de vue religieux et prouver son existence n'apporterait pas grand-chose au débat religieux.

En d'autres termes

- Si vous démontrez que Dieu « existe » en suivant une méthode répondant aux critères du positivisme logique (c'est-à-dire, vérifiable par des preuves empiriques),
- alors « Dieu » devient un objet du monde,
- donc il n'est plus « Dieu ».

Vous pouvez vous dire théiste, mais un homme religieux vous objectera que votre croyance n'est rien d'autre que de l'idolâtrie. À ce sujet, il convient de rappeler que l'idolâtrie ne se limite pas au culte des images. Quelqu'un peut prétendre croire en « Dieu », alors qu'en fait il ne croit qu'en une idée particulière de Dieu, non en un absolu source de toute réalité. Il s'agit là d'une forme d'idolâtrie très courante. C'est d'ailleurs la cause de la plupart des guerres de religion : quand des opinions divergentes sont sacralisées, les fidèles sont prêts à partir en croisade pour les défendre comme s'il s'agissait de défendre Dieu en personne, une entreprise qui, d'un point de vue métaphysique, est vraiment le comble de l'absurde !

C'est un point essentiel qu'il faut garder à l'esprit. Sinon on court le risque d'interpréter les arguments de l'existence de Dieu comme une réussite ou un échec pour prouver de manière catégorique l'existence objective d'une entité nommée « Dieu ». Ce raisonnement simpliste ne considère qu'une petite partie du problème. Il est plus intéressant de se demander quel rôle jouent ces arguments dans la perception religieuse du croyant.

De manière générale, les arguments indiquent quelle place occupe l'idée de Dieu dans la perception qu'a le croyant du monde : dire que Dieu est la cause inconditionnée ou le créateur du monde équivaut à le situer dans le domaine du sens et de la finalité. Ce genre de conviction résiste à l'épreuve des arguments traditionnels et peut même en ressortir renforcée.

L'« être même » et la « préoccupation ultime »

Revenons quelques instants au théologien Paul Tillich et à sa notion d'« être même », que nous avons mentionnée plus haut. Tillich insiste sur le fait que les idées religieuses ne peuvent s'exprimer qu'à l'aide d'énoncés symboliques. À la différence du signe, qui est purement conventionnel et arbitraire, « le symbole participe à la réalité qu'il représente », il véhicule la puissance et le sens de la chose qu'il symbolise. Selon Tillich, l'expérience religieuse comporte deux facettes : l'élément concret, qui renvoie au domaine de l'expérience ordinaire, et l'élément ultime, qui renvoie à la valeur absolue et à la puissance du divin qui transcendent la finitude humaine.

Il attribue à Dieu, tel qu'il est vécu dans l'expérience religieuse ou décrit par les symboles religieux, deux caractéristiques essentielles :

1. Dieu est l'« être même » et non pas simplement « un être à côté ou au-dessus d'autres êtres ». Autrement dit, l'expérience du divin

ne revient pas à faire l'expérience de quelque chose qui est là par hasard, un objet parmi tant d'autres, c'est l'expérience de la vie même, du fondement de l'être, une expérience qui donne un sens à tout le reste.

2. Dieu est la « préoccupation ultime ». Ce qui implique qu'on ne peut pas penser « Dieu » d'une manière impartiale et détachée. Pour le croyant, Dieu exige une attention et un engagement absolus, il transcende toutes les autres préoccupations relatives ordinaires, tous les autres aspects de la vie. Le sens de Dieu en tant que chose la plus importante dans la vie apparaît dans la nature de l'expérience religieuse.

Par conséquent

- Il est impossible de décrire Dieu de manière littérale (tout énoncé religieux est symbolique).
- Dieu n'est pas un être parmi d'autres êtres, il est l'« être même ».
- Dieu est le nom de cela avec quoi l'homme religieux entretient une relation personnelle et exclusive, qui n'est ni fortuite ni détachée.

Le langage sur « Dieu » n'est pas nécessairement religieux. Un énoncé portant sur la structure de l'univers qui fait référence à l'idée de Dieu n'est pas pour autant religieux, mais simplement cosmologique. Un énoncé est religieux si le langage est employé pour traduire l'expérience ou la pratique religieuse. Deux autres traits caractérisent le langage religieux :

1. Le philosophe juif Martin Buber (1878-1965) fait une distinction importante entre le couple verbal « Je-Tu » et le couple verbal « Je-Cela », bases du langage. Le discours « Je-Tu » est personnel, le discours « Je-Cela » est impersonnel. Le langage religieux concerne la relation entre le Je et le Tu, non des spéculations sur le Cela.
2. Il faut rappeler la nuance entre « **croire que** » et « **croire en** ». Je crois que quelque chose est, si je pense rationnellement que c'est le cas. En revanche, cela n'implique pas forcément que j'y tienne personnellement. Je crois en quelque chose, si j'ai un engagement personnel envers la chose en question. La principale limitation des arguments de l'existence de Dieu réside en ce qu'ils essaient de démontrer qu'il est raisonnable de croire que Dieu existe, au lieu de montrer pourquoi les gens croient en Dieu.

Pour mieux comprendre le langage religieux sur Dieu, nous devons nous demander en quoi consiste l'expérience religieuse.

L'expérience religieuse

Si personne n'avait jamais eu d'expérience religieuse, il n'y aurait aucun fondement à l'idée de « divin » ni rien qui justifierait que des religions se soient développées. Mais qu'est-ce qui fait qu'une expérience est religieuse ?

Le philosophe et théologien allemand Friedrich Schleiermacher (1768-1834) fonde la conscience religieuse sur le « sentiment de dépendance » et l'intuition de la présence de l'infini dans, et à travers, les choses finies. Cette description se rapproche de l'expérience mystique : la soudaine prise de conscience d'une dimension plus vaste, qui jette une lumière nouvelle sur le monde ordinaire qui nous entoure. Schleiermacher veut dire par là que la religion n'est pas affaire de dogmes ou de logique. Elle part d'une expérience directe du moi prenant conscience de sa petitesse et de ses limites devant l'éternel. C'est également une identification de soi avec le tout divin : le sentiment de faire un avec le monde. Les sentiments de cette nature sont balayés par la logique, ils ne sont pas le fruit du raisonnement mais de l'intuition.

Dans son célèbre ouvrage *Das Heilige* (*Le Sacré*) paru en 1917, l'historien des religions et philosophe allemand Rudolf Otto (1869-1937) montre que la caractéristique essentielle de l'expérience religieuse est le *mysterium tremendum*, le sentiment du mystère, du « tout autre » insaisissable et inconcevable, qui provoque l'effroi mystique par sa puissance et son énormité, en même temps qu'il exerce un attrait particulier qui captive et fascine. Otto passe en revue toute une gamme d'émotions (la « chair de poule », la peur des spectres, le sentiment du « sinistre » et du « redoutable ») pour illustrer cette rencontre avec quelque chose qui est totalement différent de soi, quelque chose d'effrayant mais aussi de fascinant et d'une valeur suprême.

Si le contact avec le sacré (ou le « **numineux** » pour reprendre le terme d'Otto) a un caractère singulier et hors du commun, on ne peut toutefois le décrire qu'en employant des mots qui ont un sens ordinaire, rationnel. Ce langage, si l'on s'en tient au sens littéral, est loin de rendre compte de la qualité absolument spéciale de l'expérience religieuse. Beaucoup de mots sont employés pour décrire les sentiments et les idées proches de cette expérience du sacré (l'amour, le merveilleux, la pureté, etc.), mais en réalité ils ne disent rien sur le sacré lui-même. Otto a repris les notions kantiennes de **schème** et de **schématisme** : les termes rationnels que l'on utilise pour tenter de décrire l'élément non rationnel du sacré sont des schèmes et cette représentation analogique est un schématisme. Par exemple : « l'élément captivant du numineux se schématise par la bonté, la miséricorde, l'amour » (*Le Sacré*, p. 228). Le langage religieux a recours a des schèmes, tandis que le sacré est une catégorie *a priori*. Autrement dit, la description des expériences particulières ne permet pas de décrire ou de définir le sacré ; les mots donnent une idée de ce qu'il est mais le sacré reste toujours au-delà, insaisissable.

Quelques exemples

1. Vous êtes saisi à la vue d'une chaîne de montagnes aux sommets enneigés qui se dresse devant vous. Vous vous sentez minuscule face à ces masses impressionnantes et vous ressentez un « frisson », un sentiment d'émerveillement, le sentiment que d'une manière ou d'une autre cela change la vision que vous avez de vous-même : devant ce spectacle d'une beauté absolue et presque terrifiante, votre vie ne pourra plus jamais être comme avant. Puis vous essayez de décrire votre expérience à un ami. Vous cherchez des mots qui puissent exprimer ce que vous avez ressenti. Vous ne pouvez communiquer ce « frisson », sauf si votre description éveille chez votre ami le sentiment du « sacré ».
2. Vous regardez un film d'horreur à la télé. Vous savez que les personnages sont joués par des acteurs, que les décors sont artificiels. Et pourtant, vous sentez vos cheveux se hérisser sur votre nuque, vous pouvez même avoir des frissons, sentir votre cœur battre plus vite. Ce que vous voyez sur le petit écran, en dépit de toutes les explications rationnelles, vous fait ressentir quelque chose qui est « au-delà » de l'expérience immédiate.

Selon Otto, le sacré est comparable à ces expériences. Et comme elles, on ne peut pas l'expliquer, on ne peut qu'en faire l'expérience.

Le concept de schématisme d'Otto est important pour comprendre la nature de la philosophie de la religion, qui serait toujours, de ce point de vue, une activité secondaire. La philosophie étudie les concepts rationnels qui schématisent l'expérience première. Dans cette optique, les arguments de l'existence de Dieu ne sont pas des preuves de l'existence réelle d'un être qu'on nomme « Dieu », mais un moyen rationnel d'exprimer l'intuition du divin résultant de l'expérience religieuse.

Par conséquent, l'idée d'un Dieu créateur de l'univers ne saurait être démontrée par des preuves logiques (nous avons vu les limites de l'argument du dessein intelligent) car c'est un schème. Penser l'ordre harmonieux des choses comme si le monde avait été conçu selon un dessein est analogue, d'après ce schème, à ce que signifie le fait de croire en Dieu. Comme nous l'avons signalé plus haut, même la critique des arguments traditionnels, en soulignant les limites logiques des raisonnements, penche vers l'utilisation de ces prétendues preuves comme des analogies de l'idée de « Dieu ». Les arguments se transforment en ce qu'Otto qualifie – avec une approche très différente – de schème.

À noter que ce concept s'applique également au langage. Si l'on reprend l'idée des modèles et des qualificatifs de Ramsey (voir plus haut, « Les aspects personnels du langage »), le modèle est le résultat du schème (Dieu est comme ceci ou cela), mais on ajoute ensuite un qualificatif (« parfait », « absolu », etc.) pour montrer qu'il ne s'agit pas d'une description littérale.

Nous constatons donc que la structure du langage religieux, l'analyse de l'expérience religieuse et l'examen logique des preuves de l'existence de Dieu convergent tous trois dans la même direction : une expérience et un niveau de réalité qui transcendent le littéral, l'empirique et le rationnel, tout en en étant issus. Toutes ces approches peuvent donner une idée de l'objet de la dévotion religieuse, mais aucune n'est en mesure de le définir ou le décrire littéralement. C'est pourquoi Paul Tillich insiste sur la nature symbolique du langage religieux : il porte toujours le regard au-delà de lui-même.

En d'autres termes

Dans ce chapitre, nous avons examiné la nature du langage religieux, les arguments traditionnels visant à démontrer l'existence de Dieu et la nature de l'expérience religieuse. Nous pouvons dégager quelques points essentiels :

- le langage littéral, empirique, est impropre à exprimer le divin ;
- l'argumentation logique atteint ses limites lorsqu'il s'agit de rendre compte de l'intuition religieuse.

Nous avons vu que le langage religieux :

- utilise des « schèmes » pour tenter de communiquer l'indicible ;
- est symbolique et non littéral.

Nous avons également relevé quelques éléments qui caractérisent l'expérience religieuse :

- le sentiment de l'unité de tout et d'être un avec le tout (mysticisme) ;
- le sentiment de la présence de quelque chose d'absolument extraordinaire, terrifiant, étrange, fascinant, mystérieux ;
- le sentiment de la justice absolue (impératif catégorique kantien) ;
- le sentiment d'émerveillement devant la beauté de la nature ;
- une expérience personnelle qui éveille un sentiment de valeur et d'engagement.

Nous allons maintenant nous pencher sur quelques questions essentielles soulevées par la philosophie de la religion : le monde a-t-il été créé et conçu par Dieu, *quid* des miracles, du problème du mal et de la vie après la mort ? Pour finir, nous évoquerons rapidement les explications de la religion que donnent la sociologie et la psychologie. Il est important de rappeler que la philosophie a recours à des arguments rationnels afin de vérifier la vérité de croyances auxquelles les gens adhèrent pour des motifs profondément personnels. Il ne s'agit pas de nier la valeur des croyances non rationnelles, mais de déterminer si les tentatives de justification rationnelle sont appropriées.

L'origine et la création de l'univers : science ou religion ?

Il va de soi que l'étude de l'origine et de la nature de l'univers relève de la science. En l'état actuel des connaissances, les scientifiques s'accordent généralement sur le fait qu'un « Big Bang » – explosion originelle ayant donné naissance à l'univers connu à partir d'un état de densité infiniment élevée, appelé « singularité de l'espace-temps » – est la théorie la plus vraisemblable de l'origine du monde tel que nous le connaissons, et que sur la Terre l'évolution des espèces s'est faite selon les principes généraux de la sélection naturelle. Bien entendu ces théories sont, comme toute théorie scientifique, sujettes à révision et pourraient même être remplacées – bien que cela semble peu probable – si de nouvelles découvertes venaient les infirmer.

Toutefois, le bref aperçu que nous avons donné de l'expérience religieuse ainsi que des arguments cosmologiques et de l'argument du dessein intelligent montre que le sentiment d'émerveillement devant la perfection de l'univers est un élément très fréquent dans la prise de conscience religieuse. Et c'est ce sentiment qui est à l'origine des preuves de l'existence d'un Dieu créateur.

Le problème est le suivant : si l'on attribue à Dieu un rôle dans l'origine et la création de l'univers, les théories scientifiques qui expliquent ces mêmes phénomènes sans faire appel à l'intervention d'une puissance surnaturelle peuvent apparaître comme des menaces pour la foi. On pourrait donc penser, à première vue, que la religion aurait tout intérêt à ce que la science échoue dans sa tentative de donner une explication complète de l'univers. Mais d'un autre côté, on trouve de nombreux scientifiques – dans le passé et encore aujourd'hui – qui sont croyants et qui ne voient pas la moindre incompatibilité entre leurs travaux de recherche et leur foi.

La question se pose donc : est-ce que les approches religieuses et scientifiques sont compatibles ?

Dans *The Blind Watchmaker* (*L'Horloger aveugle*), le biologiste et éthologiste britannique Richard Dawkins (né en 1941) explique que l'argument d'un monde conçu par un créateur intelligent part du principe que la complexité ne peut pas surgir de manière spontanée. Mais alors, comment un *créateur* organisé et complexe pourrait-il exister sans explication ni cause ? De toute évidence, il n'est pas plus difficile d'admettre l'apparition spontanée de l'organisation complexe du monde que celle d'un créateur complexe. Mais la thèse centrale de Dawkins est que le mécanisme de sélection naturelle – qu'il surnomme « l'horloger aveugle » en référence à Paley – offre une explication satisfaisante pour comprendre comment la complexité peut naître de la simplicité originelle. Si l'on accepte cette idée, nul besoin d'une cause extérieure. Le propos de Dawkins n'est pas de réfuter la croyance en un créateur ; il montre simplement que c'est une idée superflue. C'est la principale menace contre la croyance en un dieu-créateur depuis la théorie de la sélection naturelle de Darwin, qui proposait pour la première fois une explication vraiment indépendante du dessein intelligent du monde.

Cet argument ne rejette pas pour autant le sentiment d'émerveillement devant la beauté et la complexité du monde. Dawkins lui-même dans un autre essai, *Unweaving the Rainbow* (*Les Mystères de l'arc-en-ciel*), témoigne de son étonnement devant tout ce qui surgit à partir de ce qui n'est, en fin de compte, qu'une séquence mathématique. La lumière et la couleur ne sont pas moins impressionnantes parce qu'elles peuvent être analysées scientifiquement. La différence tient à ce que le croyant aura tendance à attribuer l'origine de ce qu'il voit à une divinité, alors que l'athée (qu'il soit scientifique ou pas) se contentera de la beauté en soi, sans chercher une quelconque cause extérieure.

La question fondamentale est donc la suivante :

- Le monde peut-il (en théorie, si ce n'est en pratique) nous fournir une explication de lui-même ?

Si la réponse est affirmative, cet aspect de la religion devient superflu.

Si la réponse est négative, est-ce parce que notre esprit est incapable de comprendre une cause générale du monde dans lequel nous sommes immergés ? Ou bien parce que l'explication ne peut venir que de l'intuition religieuse (ou de la révélation divine) et non de la science et de la raison humaine ?

Mais toutes ces questions présupposent, aussi bien pour le scientifique que pour le croyant, que le monde laisse apparaître de l'ordre et de l'intelligence. Cette vision est contestable. L'une des critiques majeures de l'« argument du dessein intelligent » faite au XIXe siècle est celle du philosophe et économiste anglais John Stuart Mill, qui considère que le monde n'est pas un endroit particulièrement agréable et que l'évolution (Darwin avait déjà publié sa théorie) s'est faite au prix d'énormes souffrances.

Il est indéniable que, si l'on observe la nature de manière objective, avec toutes les espèces qui s'entre-tuent pour assurer leur survie, on ne peut que constater l'universalité de la souffrance. Si la création a été voulue par un Dieu intelligent et aimant, pourquoi toute cette souffrance ? Cela nous amène à deux autres questions auxquelles s'intéresse la philosophie de la religion : est-ce que Dieu, s'il existe, peut intervenir ponctuellement dans le fonctionnement du monde à travers les miracles. Et peut-on montrer rationnellement qu'un Dieu omnipotent et bienveillant est compatible avec l'existence de la souffrance et du mal dans le monde ?

Les miracles

Les arguments cosmologiques pour démontrer l'existence de Dieu étaient une tentative d'amener l'esprit, à partir de l'observation du monde physique, à comprendre la réalité sous-jacente dont dépend le monde. À partir du mouvement et des causes ordinaires, on en déduisait l'idée d'un moteur immobile ou d'une cause inconditionnée. Mais les religions théistes occidentales sont allées encore plus loin en affirmant que l'action de Dieu était visible dans certains événements particuliers qu'on appelle miracles.

Nous allons d'abord nous intéresser au miracle défini comme événement n'ayant pas d'explication rationnelle ou scientifique. Ce n'est pas le seul type de miracle, et il soulève quelques questions religieuses, mais cette définition est suffisante pour commencer.

Pour trouver des arguments réfutant cette notion de miracle, il faut aller les chercher en toute logique auprès des philosophes empiristes, puisque l'**empirisme** rapporte toute connaissance aux objets de l'expérience sensible. Or c'est précisément cela qui est impossible dans le cas d'un événement miraculeux au sens où nous l'entendons ici. Hume fait une critique des miracles en suivant ce raisonnement.

C'est dans le dixième livre de l'*Enquête sur l'entendement humain* que Hume étudie les miracles. Son argumentation est la suivante :

- « Le sage proportionne sa croyance à l'évidence » : plus il y a de preuves d'un fait, plus il est vraisemblable que le fait se soit produit.
- De même, il juge de la véracité des preuves apportées par d'autres personnes en fonction de la fiabilité des témoignages.

Après ces préliminaires, Hume en arrive aux miracles et en donne une définition :

- Un miracle est une violation des lois de la nature.
- Mais les lois de la nature sont établies par un très grand nombre d'observations.

Il poursuit donc son raisonnement :

> *Un miracle est une violation des lois de la nature ; comme une expérience ferme et inaltérable a établi ces lois, la preuve qui s'oppose à un miracle par suite de la nature même du fait est aussi entière qu'aucun argument imaginable tiré de l'expérience. Pourquoi est-il plus que probable que tous les hommes doivent mourir ? Que du plomb ne peut, de lui-même, rester suspendu en l'air ? Que le feu consume le bois et que l'eau l'éteint ? Sinon parce qu'on a trouvé que ces événements étaient conformes aux lois de la nature ; et il faut donc une violation de ces lois ou, en d'autres termes, il faut un miracle pour les empêcher de se produire. On n'estime pas qu'un fait est un miracle s'il nese produit jamais dans le cours commun de la nature. [...] On en conclut manifestement [...] qu'aucun témoignage ne suffit pour établir un miracle, sauf si le témoignage est de telle sorte que sa fausseté serait encore plus miraculeuse que le fait qu'il essaie d'établir.*
>
> GF-Flammarion, p. 188-189, traduction d'André Leroy, 1947 pour la traduction, 1983 pour l'édition.

Autrement dit, la probabilité que le récit d'un miracle soit faux est toujours supérieure à la probabilité qu'il y ait réellement transgression d'une loi de la nature. Car les preuves contre l'existence d'un miracle seront toujours plus fortes que les preuves en sa faveur.

Selon Hume, la seule chose qui conduirait à admettre le miracle serait un autre « miracle » : que la fausseté des preuves soit plus miraculeuse qu'une anomalie des lois de la nature. En pratique, cela revient à exclure les miracles, même si Hume ne le dit pas explicitement. Il se contente d'affirmer qu'*il ne peut jamais y avoir de preuve suffisante* pour qu'un homme sensé croie à un miracle.

L'argument de Hume repose sur l'hypothèse (que nous avons admise au début de cette section) qu'un miracle est une violation des lois de la nature ; autrement dit, que l'événement ne peut être expliqué scientifiquement en l'état actuel des connaissances. Mais est-ce que cela en fait nécessairement un miracle ?

Prenons l'exemple des « trous noirs ». Un trou noir au centre d'une galaxie enfreint ce qu'on appelle généralement les « lois de la nature » (la physique newtonienne). Pourtant, on ne parle pas de miracle mais de propriétés « exotiques » que la physique traditionnelle ne permet pas de comprendre.

Il convient donc de pousser l'analyse un peu plus loin *: qu'est-ce qui distingue un miracle d'un événement rare ou unique ?*

En règle générale, un événement est jugé miraculeux s'il paraît s'insérer dans un plan ayant une finalité positive. Si la vie d'un malade est sauvée contre toute attente, les proches pourront y voir un miracle. Mais si quelqu'un meurt subitement, il est peu probable que l'entourage parle de miracle. Toutefois, un parent éloigné, qui n'a pas de liens affectifs avec le défunt et qui est sauvé de la faillite par un héritage inespéré, trouvera sans doute la chose miraculeuse.

Dans ce sens, l'argument portant sur les miracles renvoie à l'argument du dessein intelligent. « Peut-on déceler dans le fonctionnement du monde une finalité et un dessein d'ordre général ? » Les miracles posent une question un peu différente : « Y a-t-il, dans certaines situations individuelles, une finalité et un dessein particuliers ? »

Une occurrence unique d'un événement (par exemple, un phénomène non observé jusque-là dans une galaxie lointaine) n'est pas un miracle. Plutôt qu'une anomalie de la physique, la science y voit un stimulant pour comprendre pourquoi le phénomène s'est produit. Il manque l'aspect personnel et le caractère intentionnel qui font le miracle. Même si l'événement n'est pas en soi extraordinaire – c'est-à-dire qu'on peut l'expliquer d'une manière parfaitement rationnelle –, il peut être tenu pour miraculeux s'il se produit au bon moment. Dans notre exemple du parent éloigné, l'héritage peut tomber en même temps que l'échéance d'une dette importante qu'il n'aurait pu payer autrement. Ce n'est pas l'événement, mais le fait qu'il se produise juste à ce moment qui est extraordinaire.

Unique ou universel ?

Il y a un point important sur lequel la notion de miracle et les arguments cosmologiques entrent en contradiction. Les arguments cosmologiques comme l'argument du dessein intelligent reposent par définition sur l'idée que l'organisation du monde révèle une finalité générale. Ils sont inséparables de l'ordre et de la régularité, car ce n'est que dans ces conditions qu'apparaît le sens du dessein et de la finalité. Tandis que l'idée de miracle au sens strict rompt cette régularité : le miraculeux introduit l'arbitraire et l'imprévisible dans une compréhension du monde qui vient saper l'organisation cosmologique.

En d'autres termes

- On ne peut pas avoir le beurre et l'argent du beurre. Soit vous croyez que Dieu existe parce que le monde est un endroit où règnent l'ordre et la beauté, soit vous voyez la main divine dans des événements individuels parce que le monde est un endroit imprévisible et miraculeux. Vouloir défendre les deux positions n'est pas raisonnable, puisqu'elles s'annulent mutuellement !
- Un événement est qualifié de miracle parce qu'on lui attribue une valeur spéciale ou une finalité, pas simplement en raison de sa rareté.

Le problème du mal

On peut poser schématiquement le problème de la façon suivante :

- si Dieu a créé le monde
- et si Dieu est tout-puissant et tout-amour,
- alors pourquoi y a-t-il le mal et la souffrance dans le monde ?

Conclusion :

- soit Dieu n'est pas tout-puissant ;
- soit Dieu n'est pas tout-amour ;
- soit la souffrance est irréelle, ou nécessaire, ou un moyen d'atteindre un bien supérieur ;
- soit l'idée même d'un Dieu créateur tout-puissant et tout-aimant est une erreur dès le départ.

Le philosophe et théologien britannique John Hick (né en 1922), connu pour sa contribution au problème du mal mais également pour sa défense du pluralisme religieux, a consacré un ouvrage important à cette question, *Evil and the God of love* (*Le mal et le Dieu d'amour*, 1966). Hick présente deux grandes approches inspirées de saint Augustin (354-430) et d'Irénée de Lyon (v. 130-v. 202).

1. L'approche augustinienne témoigne de la formation néoplatonicienne de l'évêque d'Hippone. Selon Platon, les réalités sensibles sont des copies imparfaites des **Idées** immuables. L'imperfection est donc une caractéristique du monde tel que nous en faisons

l'expérience. L'approche augustinienne du mal et de la souffrance consiste à dire que le mal n'est pas une force séparée et opposée au bien, mais une lacune, une privation du bien. Le monde sensible est rempli de copies imparfaites et c'est de cette imperfection que découlent la souffrance et le mal.

Mais on trouve chez saint Augustin une deuxième argumentation, inspirée cette fois-ci de la Bible et des enseignements de l'Église. Le récit biblique de la chute des anges et d'Adam et Ève au jardin d'Éden conduit à un état « déchu » pour toute la création. À cause de la désobéissance humaine, la souffrance règne dans le monde, plutôt que l'innocence et la félicité. La souffrance morale (la douleur causée par les hommes) est donc une conséquence du péché, et le mal naturel (tremblements de terre, tsunamis, maladies, etc.) est un juste châtiment du péché.

2. L'approche irénéenne suit le raisonnement suivant : la vie humaine est imparfaite, mais l'être humain ayant été créé à l'image et à la ressemblance de Dieu, il est destiné à grandir et évoluer pour que se réalise le plan divin. Par le libre arbitre et à travers toutes les souffrances de la vie, l'homme est amené à progresser et s'éduquer. Ce qui serait impossible dans un monde où il n'y aurait pas et le bien et le mal :

> *Cette connaissance du bien, comment aurait-il pu l'avoir, s'il avait ignoré son contraire ? […] Car, de même que la langue acquiert par le goût l'expérience du doux et de l'amer, que l'œil distingue par la vue le noir du blanc, que l'oreille connaît par l'audition la différence des sons, ainsi l'esprit, après avoir acquis par l'expérience de l'un et de l'autre la connaissance du bien, devient plus scrupuleusement attentif à le conserver en obéissant à Dieu […]. Si tu répudies cette connaissance de l'un et de l'autre et cette double faculté de perception, sans le savoir, tu te supprimeras toi-même en tant qu'homme.*
>
> *Contre les hérésies*, Éd. du Cerf, E. Vitte, Livre IV, 39, 1, édition critique sous la direction d'Adelin Rousseau, 1965.

Autrement dit, le choix moral et le progrès spirituel ne sont possibles que dans un monde partagé entre le bien et le mal. Ce qui permet à Irénée de justifier la présence du mal, puisqu'un monde où l'on est confronté à des problèmes réels comme la maladie et les catastrophes naturelles est la meilleure école pour grandir spirituellement.

Hick considère quant à lui qu'il faut lutter contre le mal, tout en espérant qu'il s'insère en fin de compte dans un plan divin.

Une récompense après la mort ?

Le problème général de la vie après la mort et les questions concernant l'immortalité, la résurrection et la réincarnation ont déjà été examinés rapidement au chapitre 4.

Nous voudrions ici attirer l'attention sur les liens entre la vie après la mort, la nature de l'univers et le problème du mal. Le pari de Pascal présupposait qu'il y avait le paradis à gagner et l'enfer à éviter ; l'importance du gain et de la perte l'emportait sur les avantages relatifs du mode de vie ici-bas. De même, saint Augustin et Irénée, chacun à sa manière, cherchent une justification de la souffrance au-delà de cette vie. Que ce soit un châtiment ou un moyen de progresser, la souffrance imposée par un Dieu aimant n'a de sens que si on envisage une forme de récompense après la mort.

La différence fondamentale entre un croyant et un athée, c'est qu'en règle générale l'approche non religieuse considère la vie comme ayant une valeur en soi, non comme une préparation à un quelconque au-delà. Le défi de l'athéisme est le défi de l'acceptation d'une vie limitée avec son lot de plaisirs et de peines inégalement répartis.

Dire « oui » à cette vie telle qu'elle se présente et être prêt à recommencer sans cesse est le propre de celui qui est complètement affranchi des consolations de la religion. D'ailleurs, Nietzsche a fait de cet acquiescement, de cette affirmation de la vie, une qualité essentielle de son surhomme (*Übermensch*), le type supérieur vers lequel l'humanité est appelée à évoluer.

Cela dit, un psychologue pourrait rétorquer que ce sont précisément les consolations de la religion (par opposition à la philosophie) qui expliquent pourquoi les croyances religieuses continuent de se maintenir face à la critique rationnelle.

Explications psychologiques et sociologiques de la religion

Dans le passage célèbre de sa *Contribution à la critique de la philosophie du droit de Hegel*, Marx s'en prend à la religion :

> *La religion est le soupir de la créature accablée par le malheur, l'âme d'un monde sans cœur, de même qu'elle est l'esprit d'une époque sans esprit. C'est l'opium du peuple.*
>
> *Le véritable bonheur du peuple exige que la religion soit supprimée en tant que bonheur illusoire du peuple. Exiger qu'il soit renoncé aux illusions concernant*

notre propre situation, c'est exiger qu'il soit renoncé à une situation qui a besoin d'illusions. La critique de la religion est donc, en germe, la critique de cette vallée de larmes, dont la religion est l'auréole.

Allia, p. 8-9, traduction de Jules Molitor, 1998.

Marx veut que le peuple s'occupe de sa situation présente et lutte pour atteindre le véritable bonheur. Il part du principe que le bonheur dans une autre vie est illusoire. Néanmoins, pour celui qui croit en cette illusion, le fait de souffrir et d'aspirer à une vie libérée de la souffrance est un puissant aiguillon pour continuer à être religieux face à la misère du monde.

Une explication similaire est donnée par les sociologues, par exemple Émile Durkheim. D'un point de vue sociologique, la religion est un lien social, une force de cohésion au sein de la société. Si l'unité d'une communauté est maintenue par la religion, la perpétuation de cette dernière ne dépend pas tant de l'acceptation intellectuelle des articles de foi que de la perception de sa valeur sociale.

La critique freudienne de la religion repose en partie sur le parallèle que fait le fondateur de la psychanalyse entre le comportement religieux et la névrose obsessionnelle. Dans les deux cas, les actes répétitifs (lavage des mains, rangements, etc., dans la névrose ; prière, confession des péchés, etc., dans la religion) sont une tentative d'échapper à un sentiment de culpabilité et de conjurer le malheur. Mais plus intéressante pour notre propos est l'interprétation que donne Freud de la religion dans *L'Avenir d'une illusion* (1927). De même qu'un enfant a besoin de la protection d'un adulte, la religion offre à l'adulte un substitut paternel en la personne de Dieu, le Père céleste, celui qui apaise et protège l'homme angoissé face aux dangers de la vie et à l'échéance inéluctable de la mort.

Ces explications de la religion nous ramènent encore une fois au même point, à savoir que les arguments rationnels qui font l'objet de la philosophie de la religion n'épuisent pas la question religieuse.

Quelques remarques générales

D'un point de vue philosophique, il est intéressant de repenser le problème du mal à la lumière des arguments traditionnels de l'existence de Dieu et des systèmes métaphysiques qui les sous-tendent.

- Le monde est-il fondamentalement une copie imparfaite de quelque chose de plus réel ? Est-ce que nous voyons le monde comme un verre à moitié vide, à jamais privé de plénitude et de perfection ? Les arguments ontologique et cosmologique recherchent, au-delà de l'expérience limitée de la « grandeur », du mouvement ou de la causalité, quelque chose de tel que rien de plus grand ne peut être pensé, un moteur immobile ou une cause inconditionnée. L'esprit est amené de l'expérience présente d'un verre à moitié vide à la conception de ce que serait un verre plein : une perfection qui sous-tend notre monde imparfait.

- Ou bien le monde est-il en continuelle évolution, tendant vers une perfection future ? Est-ce que le monde (avec tout ce qui le compose, le bon comme le mauvais) est le moyen qui rend le progrès possible ? L'argument du dessein intelligent et l'argument moral ont leur mot à dire sur cette question. La théorie darwinienne de l'évolution des espèces par la sélection naturelle repose sur la souffrance et la mort, une lutte dans laquelle seuls les individus les mieux adaptés survivent et se reproduisent. Sans la souffrance et la mort, point d'évolution ! Dans le marxisme, la lutte des classes, avec son lot de souffrances, est le moyen de réaliser la future société sans classes.

Il s'agit là de questions pratiques, morales et politiques autant que religieuses. Mais elles soulèvent un problème philosophique majeur : *tout ce dont nous faisons l'expérience est en changement continuel*. La naissance, la mort, la souffrance, le mal font partie de ce processus de changement. Comment comprendre quelque chose d'aussi mouvant et ambigu ? Comment peut-on lui dire « oui » avec conviction ? Comment peut-on l'aimer ?

Commentaire

Où trouver la réalité ?

- La réalité est à chercher dans un royaume idéal en dehors, au-dessus et au-delà de la vie ? (Suivez Platon, Augustin, Thomas d'Aquin et la plupart des théistes traditionnels !)
- La réalité est à chercher dans une réalisation future à laquelle on parviendra au terme d'une évolution ? (Suivez Irénée, Darwin, Marx et les évolutionnistes chrétiens tels que Teilhard de Chardin !)
- La réalité est à chercher dans la vie elle-même, avec toutes ses limitations et changements ? (Suivez Héraclite, Spinoza et le Bouddha !)

Dans ce chapitre,
vous découvrirez :

- si nous sommes, ou non, libres d'agir comme bon nous semble ;
- les principales théories sur l'éthique ;
- les relations entre l'éthique et les valeurs d'une société.

6 L'éthique

Faits, valeurs et choix

Nous avons, jusqu'ici, exploré des questions portant sur la connaissance. Que pouvons-nous savoir avec certitude ? Pouvons-nous connaître quoi que ce soit sur la nature de la réalité ? Quelle relation y a-t-il entre nos pensées et le langage, et nos expériences sensibles ? Ces questions ont conduit à s'interroger sur la nature de la science, de l'esprit et de la religion.

Cependant, l'une des caractéristiques essentielles de toute vie douée de sensations est que la conscience de son environnement permet à une créature d'agir, de trouver de la nourriture, de reconnaître un danger, de se reproduire et, par conséquent, de survivre. Les êtres humains ne font pas exception à cette règle, si ce n'est que leurs facultés intellectuelles les mettent face à des choix. La philosophie est donc concernée par des questions d'un tout autre type : que faut-il faire ? comment organiser la société ? qu'est-ce qui est juste ? comment comprendre l'idée de justice ? sur quelles bases peut-on choisir entre différentes actions ? ce questionnement amène à étudier l'éthique ainsi que la philosophie politique et celle de la loi.

Ces aspects plus immédiatement pratiques ne datent pas d'hier. Si les philosophes présocratiques de la Grèce antique ont examiné nombre de questions sur la nature de la réalité (des questions dont les réponses demeurent intéressantes en épistémologie et en sciences naturelles), il faut attendre Socrate, Platon et Aristote pour que l'accent soit mis sur la morale. Ainsi, par exemple, la *République* de Platon ne pose pas la question : « Qu'est-ce que la société ? », mais « Qu'est-ce que la justice ? ». C'est par ce biais que l'on élargit le champ de l'étude de la société et de la manière dont celle-ci devrait être gouvernée.

Dans *Éthique à Nicomaque*, Aristote s'interroge sur le « bien », qui est la finalité de toute action. Il cherche à savoir en quoi consiste le « bien final », ce quelque chose à rechercher pour soi et non pour quelque chose de supérieur. Il aboutit à la conclusion que, pour l'homme, le bien suprême est *eudaimonia*, un terme qui signifie littéralement « avoir un bon esprit », et que l'on peut traduire par « bonheur ». Pour Aristote, il s'agit de l'état dans lequel une personne se réalise pleinement. Cet état qui exprime une forme de vertu ou d'excellence (*arete*) humaine est lié à la conception générale d'Aristote selon laquelle tout a une « cause finale », une finalité qui l'anime. Si vous comprenez la cause finale de quelque chose, vous comprenez également son essence fondamentale, qui trouve son expression dans cet objectif. Si un couteau avait une âme, avance Aristote, cette âme serait « coupante ». C'est ce qui fait qu'il s'agit d'un couteau. C'est ce qu'il est censé faire. Quelle est donc l'essence de l'humanité ? Qu'est-elle censée faire ? Quelle est sa finalité ?

Aristote associe l'éthique à la compréhension générale de la vie humaine. Il refuse d'accepter une règle qui ne couvrirait pas toutes les situations et, en outre, il considère les êtres humains par rapport à la société dans laquelle ils vivent, reconnaissant son influence sur le comportement humain. Pour lui, l'homme est, à la fois, un « animal pensant » et un « animal politique ». Il n'est donc pas étonnant que l'éthique devienne alors l'étude d'un choix rationnel dans l'action, avec un aspect aussi bien social qu'individuel. Dans ce chapitre, nous passerons rapidement en revue les principales approches philosophiques des questions morales puis, dans le suivant, celles de nature politique et sociale. Si, pour des raisons de commodité, nous avons séparé la morale et la politique, il faut se rappeler que la morale va bien au-delà de l'établissement de valeurs personnelles. Il est également possible d'examiner la morale par rapport aux impératifs de l'État et à la place des individus dans la société. En éthique, le personnel et le social sont séparables.

« Est » et « devrait »

Dès que l'on commence à parler de morale, ou de finalité, on introduit des questions de valeur et, aussi, de faits. En philosophie, une interrogation majeure vise à savoir si les valeurs dérivent de faits ou si ceux-ci doivent toujours rester « neutres ». En d'autres termes :

- Les faits disent ce que « est ».
- Les valeurs disent de qui « devrait » être.

Ce qui nous amène à la question :

- Peut-on faire dériver un « devrait » d'un « est » ?

Si la réponse à cette question est négative, alors comment peut-on décider des questions de morale ? Si aucun fait ne peut servir à établir une morale, peut-il exister des règles de morale absolues ? Ou est-ce, plutôt, que toutes les décisions morales sont relatives, car dépendantes de circonstances, de sentiments ou de désirs particuliers ?

Nous examinerons un peu plus loin, dans ce chapitre, deux manières adoptées par des philosophes pour présenter des faits qu'ils considèrent pertinents vis-à-vis de que l'on « devrait » faire :

1. Une argumentation fondée sur le dessein et la finalité (d'après les commentaires d'Aristote cités précédemment).
2. Une argumentation fondée sur les résultats escomptés d'une action.

Nous verrons également d'autres caractéristiques du langage éthique : l'expression d'une approbation ou d'une désapprobation, la recommandation d'entreprendre une action donnée ou encore l'expression d'une émotion. Mais, avant tout, si l'éthique fait sens, il faut se demander si l'homme est libre de décider de ses actes. S'il n'est pas libre, s'il n'a aucun choix, alors l'éloge ou le blâme, l'approbation ou la désapprobation sont inappropriés. Nous ne pouvons pas dire à quelqu'un ce qu'il devrait faire s'il n'en a pas la possibilité.

Liberté et déterminisme

Si, comme l'énonce Kant, le temps, l'espace et la causalité sont des catégories utilisées par l'esprit humain pour interpréter l'expérience, il est inévitable de considérer que tout, dans le monde, est conditionné par un principe de cause à effet. Tout ce qui survient a forcément une raison !

Cette démarche visant à rechercher une cause, qui est au cœur de la recherche scientifique, a comme finalité logique un monde parfaitement compris, dans lequel chaque chose et chaque action individuelles s'expliquent à la lumière de ce qui est survenu auparavant. En théorie, étant donné cette connaissance du passé, tout ce qui adviendra à l'avenir peut être prédit. Cette conception découle en droite ligne de la vision du monde newtonienne : l'univers est semblable à une machine qui fonctionne selon des lois établies.

Nous avons vu que cela pose des problèmes quant à la relation entre l'esprit et le corps. Qu'est-ce que l'esprit humain ? Si tout est conditionné par un principe de cause à effet, alors même les impulsions électriques dans mon cerveau font partie d'un système mécanique fermé et ma liberté n'est qu'une illusion. Je peux croire faire un choix libre mais, en réalité, tout ce qui est survenu depuis ma naissance, et tout ce qui fait que le monde est ce qu'il est depuis le début du temps, a contribué à cette décision.

En d'autres termes

« Je savais que tu dirais ça ! » Ce qui est ennuyeux avec ceux qui affirment prédire nos choix, c'est que nous aimons penser être libre, mais que nous sommes obligés de reconnaître que nous ne sommes pas toujours les meilleurs juges en la matière.

En philosophie, l'une des questions fondamentales est celle de la liberté et du déterminisme, qui renvoie également au réductionnisme (le fait de réduire des entités complexes, comme les êtres humains, à leurs différentes composantes). Si nous ne sommes rien de plus que la totalité des cellules qui constituent notre corps et si ces cellules sont déterminées par des forces physiques prévisibles, alors il est exclu que l'être humain dans sa globalité puisse être libre.

Dès lors que l'on parle d'éthique, une distinction s'impose :

- Si nous sommes libre de faire un choix, alors nous sommes responsable de nos actes. La louange ou le blâme sont appropriés. Nous pouvons agir conformément aux valeurs que nous prônons.
- Si nous sommes totalement conditionnés, nous n'avons aucune liberté pour agir et il n'y a donc aucun sens à parler d'une action morale qui découlerait de choix et de valeurs, ou d'une action qui serait susceptible de louange ou de blâme.

De même, il existe des degrés de déterminisme. Il est clair que personne n'est tout à fait libre :

- Nous avons des limites physiques. Je suis incapable de m'élever de 30 mètres dans l'air sans être aidé, même si je sens que j'en ai l'aptitude. Un homme d'un certain âge en surpoids n'a pas le profil idéal pour être un bon danseur. Ce n'est pas une question de choix, mais simplement de données physiques.
- Nous pouvons être psychologiquement prédisposés à agir d'une manière plutôt que d'une autre. Si vous êtes timide et déprimé, il est peu probable que vous soyez le boute-en-train d'une soirée. Là aussi, ce n'est pas une question de choix, mais de tempérament.
- Nous pouvons être socialement maîtres de nous. Je peux choisir de faire quelque chose de choquant, mais je sais que cela ne restera probablement pas impuni.
- Nous pouvons également être limités par les structures politiques et les conditions financières dans lesquelles nous vivons. Par exemple, il y a tant de choses qu'on ne peut pas faire sans argent.

Lorsque l'on considère les implications morales d'un acte, il faut évaluer le degré de liberté dont on dispose.

Quelques exemples

Un soldat, à qui l'on a *ordonné* de fusiller des prisonniers ou des civils désarmés, est-il par la même absout de toute responsabilité morale ? Est-il libre de choisir d'exécuter ou non cet acte ? Est-ce que la peur de mourir, s'il refuse d'obéir, détermine l'obligation d'obéir ?

Si une personne commet un crime alors que l'on sait qu'elle souffre de maladie mentale, ou si le rapport d'un psychiatre indique qu'elle était perturbée, ce fait sera-t-il pris en considération pour établir sa responsabilité ? Mais combien de personnes « coupables » d'un crime peuvent-elles être décrites comme lucides et bien équilibrées ? Combien d'autres n'ont aucune circonstance atténuante lorsqu'on examine leur histoire familiale, leur éducation, leurs carences affectives et autres ?

Si nous obéissons tous à des ordres, parfois à cause de pulsions inconscientes qui remontent à notre enfance ou sous l'influence des circonstances, sommes-nous responsables de nos actes ? La pédophilie ou la cleptomanie sont-elles des crimes et des maladies ou encore les deux ? Faut-il les punir ou les traiter ?

Nous sommes tous conditionnés par de nombreux facteurs, cela ne fait aucun doute. La différence avec le déterminisme est que ce dernier ne laisse aucune place à la liberté et au choix (nous sommes des automates), tandis que, pour ceux qui rejettent le déterminisme, il reste un certain degré de liberté qui s'exerce dans la vie courante.

Réflexion

Remarquez combien de sujets étudiés en philosophie sont dépendants les uns des autres. Cette question de la liberté et du déterminisme doit être examinée à la lumière de :

- notre compréhension du monde. Selon Kant, nous imposons la causalité à tout ce dont nous faisons l'expérience, si bien que tous les phénomènes sont conditionnés.
- l'existence de Dieu. Peut-il y avoir un nombre infini de causes ? Si Dieu sait ce que je vais faire, suis-je libre et responsable ou est-ce Lui qui l'est ?
- l'élaboration des lois scientifiques. Peuvent-elles prétendre à une vérité absolue ? Peut-on jamais être certain que quelque chose est la cause de quelque chose d'autre ?
- la question de savoir s'il existe, ou non, un moi qui existe au-delà des atomes et des cellules qui composent le corps. Si c'est le cas, ce moi a-t-il une vie indépendante de celle, déterminée, des cellules ?

N'oubliez pas cependant que le choix moral peut être lui-même influencé par notre vision du monde, par notre croyance, ou non, en Dieu, notre détermination par des lois scientifiques et l'existence éventuelle d'un « moi ». Tout ce que nous sommes, tout ce en quoi nous croyons, tout ce que nous comprenons du monde est présent et exerce une influence au moment où nous faisons un choix moral (pas nécessairement de manière consciente, mais en arrière-plan).

Certains philosophes n'ont pas présenté ainsi les questions de la liberté, du déterminisme et du choix moral. En Occident, Spinoza constitue une exception notable. Selon lui, la liberté n'est qu'une illusion, créée parce que nous ignorons toutes les causes de nos actes. Ce qui nous arrive provoque des émotions, passives ou actives. Les émotions passives, comme la haine, la colère ou la peur, asservissent la personne tandis que les émotions actives, générées par une compréhension des circonstances réelles, induisent une vision positive de la vie et une capacité d'être nous-mêmes. Selon

Spinoza, plus on comprend le monde et plus les émotions négatives diminuent pour être remplacées par des émotions positives. En outre, cette liberté, telle que l'entend Spinoza, est la capacité de voir la vie telle qu'elle est et de l'accepter pleinement.

Types de langage éthique

Qu'est-ce que cela signifie de dire que quelque chose est « bien » ou qu'une action est « juste » ? Ces mots font-ils référence à une qualité cachée dans cette action, quelque chose de plus que ce qui est observé ? Quel type d'évidence peut-on donner à une telle description ?

Je peux vous montrer ce que j'entends par « rouge » en désignant des objets de cette couleur et en me fiant à votre capacité à identifier leur caractéristique commune. Puis-je faire de même en indiquant des actes que je considère comme moralement justes ? Prenons quelques exemples :

- un couple marié faisant l'amour ;
- une personne aidant un aveugle à traverser la route ;
- une personne qui paie pour des biens dans un magasin (au lieu de les voler).

Si l'on considère uniquement la *description factuelle* de chacune de ces actions, qu'ont-elles en commun ? Quelle est la qualité que l'on peut qualifier de « morale » ? Et, si le langage moral diffère de la description physique, quel est-il et comment se justifie-t-il ?

Éthique descriptive

C'est la forme la plus pure de langage éthique. L'éthique descriptive, comme son nom l'indique, décrit ce qui survient lorsqu'on met l'accent sur les choix moraux et les circonstances particulières de ces choix effectués dans la pratique. Elle s'attache à des situations concrètes. Par exemple, à propos de l'avortement, elle n'énonce pas ce qui est juste ou non, mais se contente d'indiquer des faits et des chiffres sur le nombre d'avortements effectués et la manière dont ils sont pratiqués, ainsi que le cadre légal qui en limite la pratique. *L'éthique descriptive s'attache à ce qui « est » plutôt qu'à ce qui « devrait » être.*

Éthique normative

L'éthique normative s'occupe, là aussi comme son nom l'indique, de normes relatives à un comportement, considérant ce qui est bon ou mauvais, juste ou injuste. Elle exprime des valeurs et énonce, à partir de cela, un jugement moral. Elle peut se référer à des faits, mais elle ne se définit pas uniquement par rapport à eux. Elle se justifie de plusieurs manières que nous examinerons bientôt. *L'éthique normative s'attache à ce qui « devrait » être et établit, par là même, des jugements.*

Méta-éthique

Lorsque la philosophie examine des assertions énoncées en éthique normative, cela soulève des questions :

- Qu'est-ce que cela signifie de dire que quelque chose est juste ou injuste ?
- Un énoncé moral peut-il être vrai ou faux ?
- Un énoncé moral exprime-t-il plus que la simple préférence déclarée par une personne ?
- Quelle est la signification des termes utilisés dans un discours moral ?

Ces questions ne constituent pas, en soi, des énoncés moraux. Elles ne disent pas que quelque chose de particulier est juste ou injuste. La méta-éthique est cette branche de la philosophie qui analyse les énoncés de l'éthique normative tout comme la philosophie se penche sur le langage en général. Elle examine le langage éthique pour découvrir sa signification et son utilisation.

La méta-éthique produit des théories sur la nature du langage éthique.

Intuitionnisme

Dans *Principia ethica* (1903), George Edward Moore avance ainsi que le terme « bien » ne peut pas être défini et que toute tentative allant dans ce sens aboutirait à réduire le bien à une autre qualité qui n'est pas commune à toutes les choses « bien ». En d'autres termes, le bien peut impliquer la gentillesse, l'altruisme, la générosité, un sens de justice sociale, mais il n'est, en fait, *défini* par aucun de ces termes. C'est ce qui l'amène à écrire :

> *En réalité, chacun comprend bien la question « ceci est-il un bien ? » (Is this good ?) Lorsqu'il y pense, son état d'esprit est différent de ce qu'il serait si on lui demandait : « Ceci est-il agréable ? ou désiré ? ou approuvé ? » Le sens en est pour lui distinct, même s'il ne reconnaît peut-être pas sous quel rapport il est distinct.*

Principia ethica, chapitre 1
PUF, p. 58, traduction de Michel Gouverneur, 1998.

Il compare cela à la description de la couleur jaune. Il suffit de montrer des objets en disant qu'ils sont jaunes. Il n'est pas nécessaire de définir cette couleur. De même, on sait ce qu'est le bien, même si on ne parvient pas à le définir. Bien que Moore n'ait pas utilisé ce terme dans ses travaux, une telle approche fait généralement référence à l'intuitionnisme, une doctrine philosophique selon laquelle la connaissance repose essentiellement sur l'intuition.

Émotivisme

D'après cette théorie selon laquelle un jugement moral ne serait que le reflet d'émotions ou de préférences subjectives, déclarer que quelque chose est bien ou mal n'est qu'une manière de dire qu'on l'approuve ou qu'on le désapprouve. Au chapitre 3, nous avons vu que, dans les années 1920 et 1930, le Cercle de Vienne a été à l'origine d'une approche au langage appelée positivisme logique. Selon sa thèse principale, un énoncé est dépourvu de sens sauf s'il correspond à une donnée empirique ou s'il est vrai par définition. Un énoncé moral est donc considéré comme exempt de sens. En réponse à cette assertion, on a affirmé qu'un énoncé moral ne constitue pas un énoncé à propos de faits, mais qu'il remplit un autre type de fonction. L'émotivisme serait l'une d'elles. Un énoncé moral exprime une attitude. Il n'est ni vrai ni faux en référence à ce qu'il décrit, mais par rapport à sa capacité à exprimer les émotions de celui qui parle.

Naturalisme et éthique métaphysique

Selon Moore, on ne peut pas obtenir un « devrait » à partir d'un « est ". On ne peut donc pas faire dériver la morale des faits du comportement humain. Moore établit une distinction absolue entre les faits et les valeurs. À partir de Platon et d'Aristote, cependant, des philosophes ont affirmé que les valeurs et les principes moraux devaient découler de l'examen des êtres humains, de leur société et de leur place dans le monde. C'est ce qu'on appelle le naturalisme ou l'éthique métaphysique : ce que l'on « devrait » faire est en relation étroite avec ce qui « est » en ce qui concerne notre nature et le monde. En d'autres termes, la morale est plus que l'expression qu'un choix personnel. Elle doit provenir d'une compréhension générale du monde.

Prescriptivisme

Le prescriptivisme est une autre réponse apportée au défi lancé par le positivisme logique. Selon cette thèse, le langage moral vise en fait à conseiller, à prescrire un certain type d'action. Si je déclare que quelque chose est bien, je suis simplement en train de dire que c'est ce que je sens que je dois faire. En d'autres termes, c'est moi qui me dicte ma conduite.

En d'autres termes

- Si vous décrivez les actes ou les décisions de quelqu'un, la vérité de ce que vous dites peut être vérifiée grâce aux faits.
- Si vous dites que quelqu'un a « raison » ou « tort », il n'existe aucun fait qui permette d'en vérifier le bien-fondé.
- Par conséquent, la méta-éthique examine les assertions éthiques et s'interroge sur leur signification, qu'elles soient vraies ou fausses. Elle cherche à voir comment établir la vérité. Si l'éthique ne concerne pas des faits extérieurs, elle peut s'appliquer à des intuitions, des réponses émotionnelles, des recommandations ou encore des structures générales de vie et leurs implications pour l'action individuelle.

Les théories mentionnées ont été développées dans le cadre du débat qui a porté sur la nature du langage en général et sur le statut du langage moral en particulier. Cependant, quel que soit le statut du langage utilisé, le fait est que les hommes continuent d'énoncer des affirmations morales. Il est par conséquent important d'examiner les bases sur lesquelles reposent de telles affirmations.

Trois fondements pour l'éthique

Si le langage moral n'est que l'expression d'une émotion ou d'une préférence, alors aucune autre justification ne s'impose, car cela ne va pas plus loin que ce que l'on ressent sur le moment. Cependant, si vous voulez argumenter en faveur d'une posture morale, vous devez trouver des fondements rationnels pour l'éthique. La philosophie occidentale propose à ce sujet trois doctrines principales : la loi naturelle, l'**utilitarisme** et l'impératif catégorique que nous allons à présent examiner.

Loi naturelle

Dans le livre I de l'*Éthique à Nicomaque*, sur la théorie du bien et du bonheur, Aristote débute en écrivant :

> *Tous les arts, toutes les recherches méthodiques de l'esprit, aussi bien que tous nos actes et toutes nos décisions réfléchies semblent toujours avoir en vue quelque bien que nous désirons atteindre ; et c'est là*

ce qui fait qu'on a parfaitement défini le bien quand on a dit qu'il est l'objet de tous les vœux.

Livre de poche, collection Classiques de la philosophie, p. 35, traduction de Jules Barthélemy Saint-Hilaire.

Aristote développe ainsi l'idée que le bien suprême de l'homme, c'est le bonheur (*eudaimonia*). Si vous admettez, comme Aristote, que tout a un but ou une cause finale, un « bien » pour lequel il existe ou si vous êtes de l'avis de Platon selon qui les Idées, en particulier l'Idée du Bien, sont une réalité immuable, indépendante de notre esprit et de nos perceptions, alors il devrait être possible de spécifier d'une manière indépendante et objective ce qui est « bien » et ce qui est « mal », quelles actions sont « justes » ou « injustes ».

La loi naturelle est donc une approche à l'éthique qui postule qu'une chose est juste si elle accomplit sa véritable finalité dans la vie. Elle est fausse dans le cas contraire.

Quelques exemples

Sexualité. La loi naturelle, qui repose sur le concept d'une finalité naturelle inhérente à tout, peut sembler particulièrement appropriée pour traiter des questions de sexualité étant donné que celle-ci a, de toute évidence, une finalité naturelle essentielle pour la perpétuation de la vie. En termes de loi naturelle :

- la fonction « naturelle » de la sexualité est la reproduction des espèces ;
- une activité sexuelle qui ne vise pas à procréer est « contraire à la nature » et, par conséquent, condamnable (c'est, pour le moins, un mauvais usage de la fonction naturelle de la sexualité). La masturbation, la contraception et l'homosexualité sont donc critiquables de ce point de vue.

Avortement et euthanasie. Il est naturel que chaque créature cherche à rester en vie. Si toute chose a une finalité naturelle à accomplir, alors l'avortement et l'euthanasie sont donc condamnables étant donné qu'ils vont à l'encontre du phénomène naturel de la vie.

- À moins d'un problème entraînant une fausse-couche, un ovule fécondé par un spermatozoïde aboutit à un embryon qui se développera jusqu'à donner naissance à un nouvel être humain. La « cause finale » de l'embryon (pour reprendre l'expression d'Aristote) est l'adulte qu'il deviendra un jour. Il est par conséquent condamnable de contrer cette évolution naturelle en pratiquant un avortement. Sur la base de la loi naturelle, même si un enfant n'est pas désiré et qu'il risque d'avoir une vie malheureuse, l'avortement demeure une erreur.

- Quant un corps n'est plus capable de supporter le poids de la maladie, il meurt. Anticiper cela serait aller à l'encontre de la tendance naturelle pour la préservation de l'être humain. Les conséquences d'un acte d'euthanasie peuvent être d'atténuer des souffrances, mais cette pratique demeure condamnable, même si la personne qui énonce ce jugement moral éprouve de la compassion envers ceux qui souffrent.

Remarquez l'interdépendance qui existe entre cette approche à l'éthique et la philosophie de la religion. Le fondement de la loi naturelle repose sur la conception que le monde a une finalité pouvant être comprise par la raison humaine. Cet aspect éthique est en faveur de l'argument traditionnel pour un dessein intelligent (voir chapitre 8).

Il ne faut pas confondre la loi naturelle avec ce qui apparaît comme une réponse naturelle à une situation donnée (naturelle dans le sens où elle reflète cette nature que l'humanité a en commun avec le reste du règne animal). Il faut plutôt *voir la nature à travers les yeux de la raison*. En effet, pour la plupart de ceux qui utilisent l'argument de la loi naturelle, cette vision se charge d'une connotation religieuse, le monde étant perçu comme un acte de création divin intentionnel.

Dans le *Daily Telegraph* du 29 août 1994, un article d'Anne Appelbaum sur l'adultère avait pour titre : « Nous descendons du singe, mais nous ne devons pas nous comporter comme eux ». L'auteure voulait s'opposer à la théorie alors en vigueur selon laquelle il était « naturel » de commettre un adultère. D'après elle, si les gens sont instinctivement « mauvais », ils sont capables de faire preuve de retenue. Elle critiquait l'idée que l'adultère est simplement une expression naturelle d'un besoin génétique de se reproduire de la manière la plus favorable qui soit, si bien que les hommes sont « naturellement » attirés par d'autres femmes. Pour elle, dire que « nous sommes tous génétiquement enclins à l'adultère » s'apparente à la conception chrétienne traditionnelle selon laquelle « nous sommes tous des pêcheurs ». Mais, la différence fondamentale est que, pour cette dernière, des pratiques et des codes moraux existent afin de contrôler nos instincts naturels alors que, s'agissant de l'adultère, ce sont plutôt nos instincts qui justifient voire expliquent notre comportement.

Réflexion

- Est-il possible que quelque chose soit naturel mais condamnable ?
- La retenue est-elle toujours non naturelle ?
- L'amélioration génétique des espèces (qui devrait normalement être favorisée en permettant au plus fort de se reproduire librement avec la plus belle) est-elle un « bien » final à rechercher ?

En médecine, de nombreuses questions éthiques comportent une composante de « loi naturelle ». Par exemple, on peut proposer à un couple qui ne parvient pas à avoir « naturellement » un enfant une fécondation *in vitro* ou un autre type de traitement pour l'aider à concevoir et il est « naturel » qu'ils aient envie d'accepter. Cependant, qu'en est-il de la nature et de l'objectif du traitement en question ? Doit-il être approuvé par la loi naturelle, dans le sens où il facilite le « but final » de procréer ? De surcroît, la stérilité de certains couples participe peut-être d'un mécanisme naturel visant à limiter l'accroissement de la population et l'introduction d'une technique artificielle irait alors à l'encontre de la finalité naturelle de leur stérilité.

Si un tel traitement est qualité de « non naturel », que dire alors de la médecine en général ? Il est peut-être naturel de mourir d'une infection et non naturel d'en réchapper grâce à des antibiotiques. Cependant, si la loi naturelle recherche l'épanouissement de chaque être humain, décider de prévenir une mort prématurée ne permet-il pas de reconnaître cette possibilité pour chaque individu à la condition qu'on lui donne la chance de vivre ?

En d'autres termes

- Il ne faut pas confondre la loi naturelle avec la loi de la nature.
- La « loi naturelle » est la considération rationnelle de la finalité de toute chose dans la nature et l'élaboration consciente d'une action en accord avec ce but.

Utilitarisme

L'utilitarisme est une théorie morale associée particulièrement à Jeremy Bentham (1748-1832), philosophe anglais, homme de loi et réformateur social qui s'impliqua pour réformer le système carcéral et l'éducation, et promouvoir l'intégrité des institutions publiques. L'école utilitariste sera reprise et développée par John Stuart Mill (1806-1873), philosophe anglais qui s'attachera à défendre la liberté individuelle et les droits des femmes. Ses racines remontent toutefois à l'hédonisme.

L'**hédonisme** est une forme de morale affirmant que le bien final, le but suprême dans la vie est le bonheur. À la fin du IVe siècle av. J.-C., Épicure est un philosophe qui enseigne à Athènes. Il reprend la conception matérialiste des atomistes (tout est composé d'atomes indivisibles), considère que les dieux ont peu d'influence sur le monde et que l'homme doit rechercher le bonheur, au sens étroit de bien-être. La souffrance est, selon lui, de plus courte durée que le plaisir et la mort n'est rien si ce n'est la dissolution des atomes qui composent le corps – il ne faut donc pas redouter une vie dans l'au-delà. Épicure considère qu'un homme sage doit mener une vie exempte d'anxiété et que, si la morale a une finalité, c'est celle de maximiser le plaisir que peut procurer la vie.

Afin de rendre justice à Épicure, il convient de souligner qu'il établit une distinction entre les plaisirs intellectuels et ceux plus charnels. Épicure n'est donc pas un « hédoniste » au sens populaire du terme. Il insiste sur la mesure vertueuse qu'il faut observer dans la recherche du plaisir en tant que finalité suprême de la morale.

Cet hédonisme devait constituer le fondement de la théorie éthique de l'utilitarisme : la chose juste à faire en toute occasion est celle qui vise à procurer le maximum de bonheur à toutes les personnes concernées. C'est ce qu'exprime la maxime « le plus grand bonheur possible pour le plus grand nombre d'individus ». Pour Bentham, il faut que chacun ait la possibilité de satisfaire ses intérêts personnels, une conception radicale pour l'époque. Il reprochera du reste à la Déclaration des droits de l'homme de ne pas avoir fondé le droit sur le principe de la maximisation du plaisir et de la minimisation de la souffrance. L'utilitarisme est donc une théorie *fondée sur les résultats escomptés d'une action, plus qu'un sens inhérent de ce qui est juste ou injuste.*

Accomplir ce qui est juste est souvent associé au fait d'agir dans l'intérêt de la majorité. C'est là une conception de l'éthique particulièrement en phase avec le sens commun. D'un point de vue philosophique, cela soulève toutefois quelques problèmes.

- On ne peut jamais prévoir avec certitude toute la portée d'un acte. Pour prendre un exemple extrême, vous pouvez sauver de la noyade un enfant qui, une fois adulte, sera un tueur en série. Dans la pratique, il existe toujours un stade au-delà duquel il est impossible d'anticiper les conséquences à venir. De surcroît, le résultat de nos actes n'est visible que rétrospectivement et ne correspond pas forcément à nos attentes. Par conséquent, même si l'utilitarisme semble proposer une manière simple d'évaluer une question morale, cette évaluation doit toujours rester provisoire.
- La définition du bonheur n'est pas forcément objective. Des personnes peuvent refuser ce que vous jugez être de leur intérêt ou pour leur bonheur. L'argument utilitariste semble fonder un choix moral sur la considération factuelle des résultats mais, dans la pratique, tout choix d'un degré ou d'un type de bonheur constitue, en soi, un jugement de valeur et, peut-être aussi, moral.
- Qu'est-ce qui est plus important, la douleur causée à un individu unique ou le bonheur qui en résulte pour le plus grand nombre ? Les avantages procurés au plus grand nombre justifient-ils la souffrance infligée à une personne innocente ?

Un exemple extrême

Un jeune visiteur en parfaite santé marche dans les couloirs d'un hôpital où de nombreux patients attendent une greffe d'organe. Un chirurgien utilitariste peut-il être tenté de profiter de l'occasion ?

Et un exemple plus sérieux

Des choix s'imposent lorsqu'il s'agit d'allouer des budgets à la santé. Allez-vous dépenser beaucoup d'argent pour une opération qui sauvera, ou ne sauvera pas, la vie d'un enfant gravement malade si les conséquences de cette décision pénalisent de nombreux patients souffrant d'une maladie invalidante (mais dont la vie n'est pas forcément en danger) ? Comment évaluer le bonheur ou le bénéfice relatif des personnes concernées ?

Prenons le cas d'une femme enceinte qui attend un enfant dont les examens ont montré qu'il naîtrait sérieusement handicapé mais capable de vivre. Si cet enfant naît, la souffrance potentielle de cet enfant et des parents, à cause du handicap, ne s'ajoute-t-elle pas à la somme totale du bonheur de cette famille ? Comment faire pour évaluer cette situation de manière objective ?

Ce dernier exemple soulève d'autres difficultés étant donné qu'en chirurgie, les procédures expérimentales pratiquées aujourd'hui peuvent être bénéfiques pour de nombreux patients dans un avenir plus ou moins proche. En science, la recherche fondamentale se justifie souvent ainsi : sans expérimentations, le développement de nouvelles technologies serait impossible.

Formes d'utilitarisme

Jusqu'ici, nous avons vu l'**utilitarisme de l'acte** qui établit des jugements moraux sur la base des conséquences probables d'une action donnée. Il existe également l'**utilitarisme de la règle** qui s'attache aux avantages que recueille une société si une règle particulière est acceptée. En d'autres termes, violer une règle peut apporter un intérêt à celui qui en est l'auteur, mais l'acceptation de cette violation a des conséquences néfastes pour la société considérée dans son ensemble. C'est la forme d'utilitarisme qu'a mise en avant John Stuart Mill. Elle peut être forte ou faible. Pour la règle utilitariste forte, il n'est jamais juste de violer une règle si celle-ci sert la société dans sa globalité. Pour la règle utilitariste faible, violer une règle se justifie dans certains cas à la condition de ne pas léser la société en agissant ainsi. L'**utilitarisme de la préférence** repose sur la prise en considération des préférences de tous ceux qui sont impliqués. En d'autres termes, la base à partir de laquelle on évalue le « bien » dans une situation donnée n'est pas impersonnel, mais tient compte des points de vue et des attentes de toutes les personnes concernées.

Un cas concret

En janvier 2006, *The Independent* a publié une étude menée durant trois ans, en Chine, sur les conditions de travail des ouvriers employés dans les usines qui fabriquent des biens vendus à l'étranger.

Le rapport indiquait que les ouvriers doivent travailler jusqu'à quatorze heures par jour pour un salaire de misère, des conditions de travail dangereuses et la nécessité de s'entasser à douze dans des dortoirs appartenant à l'entreprise. Les autorités chinoises reconnaissent du reste que 80 % des sociétés privées violent « souvent » les droits des travailleurs.

D'une part, les vêtements, jouets et autres biens vendus à bas prix en Occident constituent un avantage pour les consommateurs de ces pays riches. De l'autre, dans une économie de marché libre, des produits bon marché dans un pays signifient que la compétition se fait au désavantage des pays qui accordent de meilleures conditions de travail avec, à la clé, des licenciements.

On pourrait également avancer que bien des personnes préfèrent accepter un travail mal rémunéré que de ne pas avoir de travail du tout et de vivre alors dans la misère. En règle générale, le développement économique de certains pays peut donc être considéré comme globalement bénéfique, même si cela va de pair avec l'exploitation d'une partie des travailleurs.

Nous pouvons par conséquent demander :

- Quelle serait la solution alternative à une économie de libre échange ?
- Cela contribuerait-il à un accroissement plus grand du bonheur ou cela permettrait-il de satisfaire les préférences d'un plus grand nombre ?
- Si, afin de protester contre les conditions de travail de certaines entreprises chinoises, des individus refusent d'acheter des biens produits par elles, qu'est-ce que cela apporterait et à qui ?

Bien des personnes seraient d'accord pour dire que la situation n'est pas satisfaisante et qu'il faut faire plus pour améliorer les conditions des travailleurs chinois, mais il est difficile de voir comment l'utilitarisme *seul* peut apporter des directives claires pour traiter ces problèmes. L'utilitarisme pourrait être utile pour évaluer la situation à chacun des niveaux (au sein de l'entreprise, à l'échelle de l'économie mondiale, à celle de l'économie de marché, etc.) mais, en raison de leur nature imbriquée, il est difficile de proposer des solutions claires pour un changement.

Cela ne constitue pas une critique de l'utilitarisme en soi, mais une simple illustration de la difficulté à l'appliquer aux situations éminemment complexes de la vraie vie.

L'utilitarisme et la loi naturelle semblent apporter tous deux des bases objectives et rationnelles permettant de décider ce qui est juste et injuste. Néanmoins, ces deux doctrines comportent des présupposés qui ne sont pas pris en compte par la théorie elle-même. La loi naturelle dépend de l'idée d'une cause finale rationnelle et l'utilitarisme de l'acceptation du bonheur en tant que bien suprême.

L'impératif catégorique

Nous avons déjà eu l'occasion de nous pencher sur la pensée de Kant à propos de sa distinction entre les phénomènes (les choses telles que nous les percevons) et les noumènes (les choses en soi) ainsi que de ses catégories d'espace, de temps et de causalité qui permettent à la raison d'organiser ses expériences. Kant a également apporté une contribution majeure à l'éthique. Il a cherché à formuler un principe général et universellement applicable qui permettrait à la raison pratique, éthique de distinguer ce qui est juste, moral, de ce qui ne l'est pas.

Il énonce tout d'abord que l'homme a le sens du devoir, de l'obligation morale. Parfois, nous sentons bien que nous devons faire quelque chose, quelles qu'en soient les conséquences. Selon lui, cette morale présuppose trois postulats :

- La liberté : une personne doit être libre au fond d'elle-même, même si elle semble conditionnée du point de vue d'un observateur extérieur. En effet, on ne peut parler d'obligation morale que si l'on est libre, et non contraint, de faire quelque chose (« tu dois donc tu peux »).
- L'existence de Dieu : s'Il n'existait pas, comment pourrions-nous avoir la certitude que, si nous faisons ce qui est juste, vertueux, cela nous apportera du bonheur (la vertu et le bonheur sont donc associés au sein du concept de « souverain bien ») ? Seul Dieu est susceptible de produire ce plein accord entre le bonheur et la vertu.
- L'immortalité de l'âme : même si une action juste devait aboutir au souverain bien (par exemple en sauvant une personne au prix de la sienne), la perfection morale n'est pas toujours atteinte dans la vie présente.

Remarquez que Kant ne pense pas qu'une personne part de l'acceptation rationnelle de Dieu, de la liberté et de l'immortalité de l'âme pour, ensuite, décider d'être morale. Selon lui, c'est en agissant en conformité avec la morale qu'une personne (consciemment ou non) manifeste sa croyance en ces trois postulats.

Cette obligation morale absolue, sans conditions, est ce que Kant appelle un impératif catégorique par opposition à l'impératif « hypothétique » qui soumettrait le bien à un désir (par intérêt, parce que nos sentiments nous y poussent, etc.). Kant a cherché à énoncer cet impératif catégorique sous la forme de principes universels.

Dans le *Fondement de la métaphysique des mœurs* (1785), il a énoncé comme premier principe du devoir :

Agis uniquement de telle sorte que la maxime de ton action puisse être érigée en règle universelle.

Auquel il a ajouté un deuxième principe :

Agis de telle sorte que tu traites l'humanité, en toi et chez les autres, toujours en même temps comme une fin et jamais simplement comme un moyen.

Et un troisième principe :

Agis comme si tu étais législateur en même temps que sujet dans la république des volontés.

Le premier principe postule que, quoi que l'on souhaite faire, on doit toujours être préparé à ce que quelqu'un d'autre agisse selon cette même base. Si vous ne souhaitez pas ériger la maxime de votre action en règle universelle, alors vous ne devez pas le faire pour tenir compte de vos seules circonstances individuelles.

C'est le plus général des trois principes et celui qui deviendra le plus célèbre. Il découle de la règle d'or selon laquelle il ne faut faire à autrui que ce que l'on souhaiterait qu'il nous fasse.

Le problème qui se pose est que, dans certains cas, une personne peut vouloir tuer ou mentir sans pour autant souhaiter que tuer ou mentir devienne universel. Supposons, par exemple, que la vie d'un innocent soit menacée et que l'unique moyen de la sauver soit de mentir. On peut comprendre qu'une personne souhaite agir ainsi. Dans ce cas, si l'on se conforme à Kant, il faudrait accepter que quiconque, dans une situation identique, soit libre de mentir sans vouloir pour autant que n'importe qui dans cette situation soit libre d'agir ainsi.

La deuxième forme d'impératif catégorique découle de la première. Si vous voulez exprimer votre propre autonomie morale, vous devez traiter tous les autres comme vous voudriez qu'ils vous traitent. Il ne faut donc pas les traiter comme un « moyen » pour arriver à vos fins, mais comme une « fin » en soi. La dernière forme suggère que vous devez vous forger vos propres jugements moraux comme si vous aviez la responsabilité de légiférer dans un royaume où chacun serait une « fin », respecté en tant qu'un être moral autonome.

Un exemple

En juin 1999, dans un article intitulé « Kant à propos des aides sociales » paru dans *Canadian Journal of Philosophy,* Mark LeBar de l'université de l'Ohio a illustré le problème de l'application des principes universels de Kant en vertu desquels il faudrait traiter les hommes non en tant que moyen mais en tant que fin. Il débutait ainsi :

Le débat contemporain sur la politique d'aides sociales publiques est souvent considéré en termes kantiens. On avance, par exemple, que le respect de la dignité des pauvres demande une aide publique ou que le respect de leur autonomie l'interdit.

Il s'agit d'un exemple qui montre parfaitement qu'un principe général ne suffit pas pour établir laquelle de ces deux approches est moralement juste. En théorie, nous savons ce que nous voulons, mais nous ignorons les mesures pratiques qui sont nécessaires pour y parvenir. Cependant, c'est en étant face à ces mesures pratiques que nous sommes confrontés à des dilemmes moraux.

La loi naturelle, l'évaluation des résultats et le sens de l'obligation morale constituent, ensemble ou séparément, les fondements de l'argument éthique. La loi naturelle et le sens de l'obligation morale aboutissent généralement à l'élaboration de principes moraux généraux qui indiquent quelle action est juste et laquelle ne l'est pas. Une question d'un tout autre ordre est de savoir s'il est équitable d'appliquer en toute situation l'une de ces règles générales. De même, l'évaluation utilitariste des résultats, qui semble apparemment plus immédiatement pratique, est toujours ouverte à l'ambiguïté du destin étant donné que nous ignorons les conséquences à long terme de nos actes.

Morale absolue ou morale relative ?

Si les règles morales sont absolues, alors une action particulière peut être considérée comme erronée, quelles que soient les circonstances. Ainsi, par exemple, voler est un acte répréhensible. Mais qu'est-ce que le vol ? En un sens, la définition est simple. Le vol est le fait de prendre à quelqu'un d'autre ce qui lui appartient sans son consentement. Le problème, c'est que « vol » est un terme pouvant être utilisé pour interpréter une situation particulière. Pouvons-nous être toujours sûrs que c'est le terme adéquat ? Car, si ce n'est pas le cas, alors est-il juste de considérer une action comme moralement égale au « vol » si ce n'est pas la manière dont une personne concernée, ou plusieurs, le voient ?

Tuer par miséricorde est un exemple qui permet d'illustrer ce dilemme : une personne gravement malade est condamnée à mourir, à plus ou moins brève échéance, et un proche abrège ses souffrances en l'aidant à mourir. Si, d'après vous, il s'agit d'un absolu moral, alors vous aurez tendance à dire que « tuer est toujours condamnable », ce qui soulève une autre question. Est-ce que tuer par miséricorde revient à commettre un meurtre ? En d'autres termes, vous partez d'un principe de morale absolue, puis vous examinez et évaluez chaque situation particulière à la lumière des principes moraux impliqués (une démarche généralement appelée **casuistique**).

En revanche, si vous pensez qu'il n'y a pas de morale absolue, vous serez enclin à partir d'une situation donnée pour évaluer les intentions et les conséquences impliquées. De la sorte, vous vous forgez votre propre conception de la vie et des implications des différentes actions sur la société.

L'**éthique de situation** est une approche à la morale chrétienne qui met en avant le caractère unique d'un événement. Joseph Fletcher (1905-1991), un théologien protestant, a publié en 1966 un livre, *Situation Ethics*, qui participait à cette réaction contre l'étroitesse de vues de la morale chrétienne traditionnelle à une époque en proie à de rapides changements sociaux. Ce livre est un plaidoyer en faveur de l'approche chrétienne à la vie, à l'amour, telle que prônée dans les *Épîtres de Paul aux Corinthiens*. Il rejette en outre le légalisme juif ou la doctrine de saint Augustin pour qui, si vous aimez, ce que vous comptez faire sera forcément juste.

L'éthique de la situation énonce qu'en toute situation, il faut toujours faire la chose la plus aimante, ce qui implique parfois de mettre de côté les règles morales conventionnelles ou d'aller à l'encontre des attentes de la société. Les traditionalistes ont reproché à cette approche d'inciter à l'anarchie morale, mais ce fut une authentique tentative pour essayer de combiner un principe moral général (l'amour) avec une reconnaissance du caractère unique de chaque situation.

Un exemple

Afin d'illustrer la difficulté d'appliquer des règles générales à des situations particulières, prenons l'exemple d'un « viol commis lors d'un rendez-vous ». C'est l'expression utilisée quand une femme porte plainte après avoir été violée par la personne qu'elle connaît, avec qui elle avait rendez-vous. Ce type de viol est un bon exemple des ambiguïtés soulevées lors du débat juridique et moral. En effet, la description des faits – un rapport sexuel contre la volonté d'un des partenaires ou, dans le cas que nous allons examiner, une tentative de rapport sexuel – est rendue plus compliquée par les circonstances dans lesquelles elle a lieu (concrètement le fait que les deux personnes concernées aient choisi d'être ensemble).

Un avocat emmène une collègue à un bal dans un hôtel de Londres. Chacun d'eux a une idée de la nature de la relation qui s'est établie entre eux après qu'il l'ait invitée au bal et qu'elle ait accepté son invitation. Elle porte plainte contre lui et il est accusé de tentative de viol. D'après le rapport, il aurait agi après avoir passé la nuit à danser le quadrille écossais et à boire du whisky et du champagne avec sa «victime», appelée Mlle X lors du procès. Elle l'aurait invité à partager une chambre dans l'appartement d'un ami, se serait déshabillée devant lui et se serait endormie. Elle se serait réveillée en le trouvant sur elle, portant uniquement des manchettes en dentelle et un préservatif vert.

D'après le rapport, Mlle X se serait comportée stupidement en retirant sa culotte devant l'homme avec qui elle avait passé la soirée. Elle aurait dû accepter une part de responsabilité pour ce qui s'en est suivi.

Lors du procès, l'avocat a été jugé coupable de tentative de viol et condamné à trois ans de prison, une peine commuée en deux ans après qu'il ait fait appel. Il a été libéré après avoir effectué la moitié de sa peine, pour raison de bonne conduite, mais, au moment de sa libération, il était prévu qu'il doive se présenter à une audience disciplinaire au Bureau des plaintes du barreau. Il risque fort de ne plus pouvoir exercer son métier.

Dans de telles circonstances, plusieurs considérations doivent être examinées pour la défense de la personne accusée de tentative de viol :

- Si une personne en invite une autre à partager une chambre, cette invitation implique-t-elle l'idée qu'un rapport sexuel n'est pas exclu (l'invitation de partager une chambre ne constitue pas une invitation directe à faire l'amour, mais ne peut-on supposer que cela n'en exclue pas la possibilité ?)
- Un rapport sexuel entre deux personnes qui ont volontairement passé un certain temps ensemble (dans le cas présent, le rendez-vous) nécessite-t-il un consentement verbal spécifique ?
- Si aucun consentement verbal ou écrit n'est donné (s'il n'y a aucun échange de contrat avant que les vêtements ne soient retirés, même entre avocats !), est-ce qu'une mauvaise interprétation de la situation d'une des deux parties constitue un viol ou une tentative de viol ?
- Considérons une autre possibilité. Si une femme invitait un homme dans sa chambre après une telle soirée dans l'espoir de faire l'amour avec lui (et avec l'impression qu'il est consentant),

mais si l'homme, peut-être parce qu'il aurait trop bu, s'endormait sur le canapé, pourrait-elle lui intenter un procès pour rupture de promesse implicite ?

- Dans de telles circonstances, peut-on qualifier l'acte de « viol » ou s'agit-il simplement de la conséquence d'un malentendu ?
- Le fait de se déshabiller devant une autre personne peut-il être considéré comme une « négligence fautive » si cela aboutit à un viol ou une tentative de viol ?

A contrario, une personne portant plainte pour viol pourrait rétorquer que :

- Le viol, la violence et les autres formes d'abus sexuels sont souvent commis entre deux personnes qui se connaissent. Leur relation préalable ne diminue en rien la gravité de l'acte commis ou de la menace de l'acte.
- Toute preuve objective de malentendu est impossible. Affirmer que vous avez mal compris quelque chose peut constituer un exposé raisonné ultérieur de la situation, mais non une excuse.

Le problème, avec l'éthique, est qu'une situation peut être comprise de différentes manières. Les mots choisis (par exemple tentative de viol) interprètent un événement, au lieu de le décrire. Même si nous sommes d'accord avec le fait que le viol est *toujours* moralement condamnable, il n'en reste pas moins que le problème se pose de décider *exactement quand utiliser un tel terme*. Il faut donc parfois faire preuve de souplesse, même si l'on s'en tient à des valeurs morales absolues.

Par ailleurs, si l'on permettait que chaque événement détermine ses propres règles, cela aboutirait au chaos moral et social. Comme dans bien d'autres problèmes philosophiques, la question est ici de savoir comment relier le particulier à l'universel.

Valeurs et société

L'éthique comporte aussi une certaine part de relativité dont il faut être conscient. En effet, chaque société a des spécificités ainsi que des valeurs et des principes qui s'expriment en elle. Ce qu'une société considère comme juste peut ne pas l'être pour une autre. Les règles morales qui s'appliquent à une société donnée n'ont pas, pour autant, de valeur universelle.

Toutefois, si nous vivons dans une société multiculturelle complexe, nous devons avoir conscience de la relativité de nos jugements moraux. À quoi s'ajoute, à une époque postmoderniste (voir chapitre 8), le sentiment que tout dépend de notre manière de prendre, d'utiliser et de combiner les idées culturelles, linguistiques et mentales que nous trouvons autour de nous. Il est alors difficile d'essayer d'imposer des principes moraux uniformes. En outre, certains principes peuvent être rejetés à cause de leurs origines (pour prendre quelques exemples, nous citerons l'Église catholique, la loi naturelle ou, dans le cas de Kant, les propos d'un philosophe masculin décédé depuis longtemps).

De toutes les théories examinées jusqu'ici, l'utilitarisme de préférence aborde ce problème de manière plus directe étant donné que les préférences individuelles (et, par conséquent, les facteurs culturels et sociaux qui leur donnent naissance) sont soumises à une évaluation utilitariste.

S'agissant de relativisme, c'est l'éthique de Kant qui pose le plus gros problème. En effet, d'un côté elle veut établir des principes moraux universels (ce que ne permet pas le relativisme) et, de l'autre, elle entend considérer chaque individu comme un agent moral autonome (ce que le relativisme approuve). Nous pouvons admettre que Kant n'ait pas su évaluer à sa juste mesure l'ampleur du défi relativiste étant donné qu'il a passé toute sa vie dans sa ville natale de Königsberg.

Les valeurs que vous choisissez

La morale est-elle quelque chose que l'on découvre ou que l'on crée ? Certaines approches, comme la loi naturelle, considèrent clairement que la morale est liée aux faits objectifs sur le monde. La morale humaine est alors façonnée pour correspondre à un sens général de finalité. Une autre approche suggère toutefois que nous sommes libres de choisir les fondements de notre morale.

Cette approche est illustrée par Friedrich Nietzsche qui a, entre autres, écrit *Par-delà le bien et le mal* (1886). Pour ce philosophe allemand, l'humanité a la responsabilité de se développer vers quelque chose de plus élevé, en disant oui à la vie et à l'avenir. Pour lui, la civilisation judéo-chrétienne et la démocratie sont fondamentalement une morale d'esclaves qui tente de protéger les plus faibles (les vaincus de la vie) au détriment des plus forts, ce qui affaiblit l'humanité. Nietzsche prône une morale reposant sur les valeurs des maîtres et des forts en choisissant de manière délibérée le surhomme (*Übermensch*), seul capable de participer aux valeurs authentiques en disant oui à l'élan intérieur de la volonté.

De même, la philosophie de l'existence (qui nous verrons au chapitre 8) tente, en mettant l'accent sur l'authenticité de la personne, de considérer la morale par rapport à l'affirmation de l'homme. Je suis responsable de ma vie par les choix que je fais. Cependant, ces choix ont des implications éthiques. La philosophie de l'existence est donc une approche à la morale centrée sur l'homme.

Éthique de la vertu

Plutôt que d'examiner les actes et de se demander s'ils sont justes ou non, il faudrait peut-être se poser cette question fondamentale : « Qu'est-ce que cela signifie d'être une « bonne » personne ? afin d'explorer les qualités et les vertus qui constituent une « bonne » vie. Cette approche a d'abord été proposée par Aristote qui associait la manifestation de certaines qualités à la finalité de la vie.

Cette conception, telle qu'elle se développa dans les années 1950, séduisit les penseurs féministes pour qui les arguments éthiques traditionnels avaient été influencés par une optique particulièrement masculine de la vie fondée sur la notion de droits et de devoirs. Ils recherchaient une approche plus « féminine » et une reconnaissance de la valeur des relations entre les hommes, notamment dans la sphère privée.

L'éthique de la vertu est également perçue comme **naturaliste** dans le sens où elle se détache de la simple obéissance à des règles pour apprécier plutôt comment chacun peut exprimer sa nature fondamentale et, ainsi, être un être humain à part entière.

L'éthique de la vertu soulève quelques questions essentielles :

- Avons-nous une *essence* déterminée une fois pour toutes ? Y a-t-il des qualités particulières, masculines ou féminines, qui aboutissent à des vertus propre à chaque sexe ? Ou notre nature n'est-elle pas plutôt le produit de notre environnement et de notre éducation ?
- Si notre nature a été façonnée par des facteurs sur lesquels nous n'avons aucun contrôle (par exemple la culture dans laquelle nous avons baigné, nos expériences traumatisantes durant l'enfance) *sommes-nous responsables de nos actes ?*
- Comment pouvons-nous associer l'expression des vertus individuelles aux besoins de la société ?
- Comment peut-on parvenir à décider entre différentes manières d'exprimer une même vertu ? Par exemple, un sentiment d'amour et de compassion peut inciter une personne à en aider une autre, gravement malade, à mourir. Pourtant, quelqu'un d'autre pourrait être d'avis que l'amour et la compassion le poussent à tout faire pour maintenir cette même personne en vie. D'une certaine manière, il faut recourir à d'autres théories éthiques si l'on veut évaluer les actions qui découlent de vertus particulières.

Commentaire

Remarquez que, derrière quelques-unes de ces approches de l' « éthique de la vertu », on trouve les questions fondamentales soulevées par Aristote sur la finalité de la vie humaine. Tandis que la « loi naturelle » a tendance à examiner un acte par rapport à sa « cause finale », l'éthique de la vertu s'intéresse plutôt aux qualités humaines sous l'angle de leur place au sein de la vie et aux manières appropriées qui leur permettent de s'exprimer.

Le contrat social

L'éthique peut avoir pour fondement le contrat social. En d'autres termes, la moralité découle parfois de l'acceptation de se conformer à certaines règles, établies entre les hommes, afin de limiter ce qu'ils peuvent faire dans leur unique intérêt pour que cela profite également à la société. La plupart consentent à la nécessité d'un compromis entre leur liberté individuelle et le bien de la société ainsi que son besoin de sécurité.

Les théories qui reposent sur le contrat social répartissent les *responsabilités* entre les individus et les mécanismes gouvernementaux par lesquels s'organise la société. En d'autres termes, elles établissent ce que l'on peut raisonnablement attendre des hommes dans leurs relations avec autrui. Elles définissent également les *droits* accordés aux individus. Bien des champs de l'éthique appliquée se sont axés sur les droits et les devoirs, en particulier dans le domaine du comportement professionnel. Par exemple, l'éthique appliquée peut demander quelles sont les responsabilités d'un médecin vis-à-vis de ses patients, vis-à-vis de la société dans laquelle il exerce et vis-à-vis des évolutions de la médecine. À partir de tous ces devoirs, un code de bonne conduite professionnelle est instauré. De même, on peut s'interroger sur les attentes d'une personne quant à manière dont elle est traitée par autrui et par l'État. Cette démarche est à l'origine de diverses déclarations sur les droits de l'homme, véritable pierre de touche permettant de savoir si une société se comporte de manière équitable.

Commentaire

Le débat sur les droits et les devoirs reflète une conception absolutiste (par exemple en affirmant que les hommes doivent pouvoir jouir de droits fondamentaux, quels qu'ils soient) ainsi qu'utilitariste (les avantages qui découlent de l'acceptation des responsabilités des hommes en société sont souvent évalués à la lumière du bien-être qu'en retire toute la société).

Si la notion de droits et de devoirs est essentielle dans le débat éthique, les accords à la base de l'éthique du contrat social seront examinés au chapitre suivant, en philosophie de la politique. En effet, ils découlent de questions sur le droit de la société à faire régner l'ordre et la justice.

Éthique appliquée

Tout au long de l'histoire, les philosophes ont cherché à mettre en application leurs idées. Une telle démarche est particulièrement manifeste en éthique. L'éthique appliquée est revenue sur le devant de la scène au cours des trois dernières décennies du XXe siècle, après une période où l'accent a plutôt été mis sur la préoccupation linguistique de la signification et de la nature des énoncés éthiques.

Nous nous bornerons ici à présenter brièvement les principaux champs d'application actuels de l'éthique.

L'éthique professionnelle s'attache principalement aux normes de conduites attendues par les membres des différentes professions ainsi qu'à l'établissement de règles de conduite pour les cas qui posent un choix moral difficile. Les dilemmes moraux à examiner sont, bien évidemment, plus présents chez les professions médicales, paramédicales et juridiques.

Certaines avancées de la technologie soulèvent des questions qui nécessitent un examen éthique. L'essor de l'informatique, par exemple, pose des questions sur le respect de la vie privée, le vol d'une identité et les limites acceptables du stockage des données. L'État doit-il être responsable, et avoir le contrôle, des informations recueillies par des citoyens ? Ai-je le droit de consulter les informations réunies à mon sujet ? Bien évidemment, la question du respect de la vie privée se pose depuis un certain temps, mais elle n'en est que plus vive depuis que l'on est capable de stocker et de récupérer des données sous forme numérique. De même, les manipulations génétiques des aliments que nous mangeons constituent un ancien problème éthique exposé sous une forme entièrement nouvelle. Ces questions concernent tout le monde et ne sont donc pas limitées à ceux qui travaillent dans l'industrie agroalimentaire.

L'éthique des affaires est un domaine majeur, en plein essor, qui soulève la question du conflit entre ceux qui sont favorables à une approche où la loi du marché prévaut et ceux qui veulent un contrôle plus politique et social. De même, l'éthique des médias concerne tout le monde étant donné qu'il s'agit de s'interroger sur la véracité du contenu des articles, sur la dimension morale d'une humiliation ou d'une fraude publique et sur la question de savoir si les médias ont, ou non, des responsabilités sociales et politiques.

De nos jours, un nombre croissant et de plus en plus important de questions d'éthique appliquée porte sur l'environnement. Le débat actuel sur le réchauffement climatique met en lumière un conflit d'intérêt entre les dommages potentiels faits sur l'environnement de la planète et les avantages économiques à s'industrialiser toujours plus. Toute la planète étant concernée, cela amène à réfléchir aux décisions qui s'imposent, en termes d'économie et de société, pour promouvoir un développement durable et aux obligations des nations les plus riches à aider les plus pauvres. La plupart des arguments qui s'appliquent à ce domaine sont, à la base, utilitaristes. Les bénéfices d'une économie à court terme par opposition à ceux relativement peu nombreux mais portant potentiellement sur le long terme pour le plus grand nombre aboutissent à un conflit d'intérêt.

Il ne faudrait pas non plus oublier la question, très vaste, de la morale de la guerre qui s'est posée à nouveau, ces dernières années, notamment à propos du débat sur le bien-fondé de la guerre en Irak. Traditionnellement, cette application de l'éthique a été divisée en réflexions visant à savoir à quel moment il est juste de déclarer une guerre et quels sont les moyens licites à employer une fois que celle-ci a débuté. La morale examine ici le droit d'une nation à se défendre contre une menace, réelle ou perçue en tant que telle, et le type d'armes utilisées au combat.

Remarque

L'éthique est un sujet très vaste, tant en ce qui concerne les différentes théories à son sujet que son application à des questions morales et sociales. Il n'est donc pas étonnant que tant de philosophes en aient fait l'un des sujets de leurs travaux et c'est, du reste, le domaine d'étude le plus vaste au sein des départements de philosophie (à en juger par le nombre d'articles publiés). L'éthique est un champ d'étude philosophique inestimable étant donné que les avantages d'une pensée claire, d'une analyse lucide et d'une clarification des concepts et des présupposés sont d'une importance immédiate pour tous les aspects pratiques de la vie.

Confrontés au dilemme de débrancher, ou non, les appareils qui maintiennent en vie une personne dans un coma profond, on est amené à s'interroger sur le statut éthique de l'euthanasie ainsi que sur ce que cela signifie d'être un être humain, ce qui constitue la vie et, par conséquent, si l'on peut dire d'une personne dont le corps est maintenu artificiellement en vie qu'elle existe dans tous les sens du terme.

7

La philosophie politique

Dans ce chapitre, vous découvrirez :

- le contrat social et les autres théories politiques ;
- comment la société évolue ;
- les questions fondamentales de justice, d'équité et de droits de l'homme.

De temps à autre, un politicien parle de « revenir aux bases » ou aux principes fondamentaux de la démocratie ou du socialisme ou des droits de l'homme ou encore de la législation internationale. Il cherche ainsi à expliquer et à justifier des lois votées ou des décisions adoptées pour le bien de la société ainsi que des notions de justice.

Quelles sont donc ces « bases » auxquelles se réfère ce politicien ?

- S'agit-il des bases sur lesquelles repose un système politique ? Si c'est le cas, quelles sont-elles ?
- S'agit-il plutôt des « valeurs de base » ? Par exemple, si un homme politique est impliqué dans une affaire de mœurs, on pourrait penser que cela va à l'encontre des « valeurs de base ». Derrière cette question, il y a celle, plus générale, qui consiste à se demander si les valeurs de la famille sont fondamentales. Et que dire alors des personnes qui ne se conforment pas aux « normes » en vigueur à ce sujet ?
- D'autre part, quels sont les besoins basiques d'un être humain, ses sentiments et ses envies irrépressibles ? Le politicien malchanceux, piégé avec son pantalon sur les chevilles, n'a fait, après tout, que suivre ses instincts !
- Plus généralement, quelles sont les « bases » d'une vie civilisée ?
- Sur quelles valeurs de base, si tant est qu'elles existent, y a-t-il un consensus ? Ces bases sont-elles sujettes à une évolution ou s'agit-il plutôt de quelque chose d'immuable vers quoi on revient de temps à autre ?

Dès que l'on parle de « revenir aux bases », on aborde une des questions propres à la philosophie politique. Exposées de façon plus abstraite, ces préoccupations sont :

- la liberté, la justice et l'égalité ;
- le rôle de l'État ;
- les relations entre l'État et l'individu ;
- la nature de l'autorité ;
- le statut de la loi ;
- le rôle du pouvoir ;
- les droits de l'homme.

Uniquement des individus ?

L'État existe-t-il ? Y a-t-il quelque chose qui s'appelle la société ? Si je déclarais que les États-Unis n'existent pas, on dirait que j'ai perdu la tête, mais est-ce si évident ? Il y a deux manières de considérer les individus et la société :

1. La société, ou la nation, est une réalité qui est supérieure aux citoyens. Elle est « réelle » dans le sens où elle peut exercer son pouvoir sur les citoyens, les obliger à partir en guerre, leur imposer des impôts et des lois. Le patriotisme dépend de l'idée que la nation existe, que cela vaut la peine de se battre pour elle.
2. La société n'existe pas. Il n'y a que des individus qui décident des règles pour leur bénéfice mutuel et qui se regroupent afin de faire des choses allant au-delà des capacités d'une personne ou d'une famille. Dans ce cas, la France ou les États-Unis ne sont que des noms. Leur unique réalité est celle des millions de personnes qui vivent dans ces parties du monde et des institutions qui régissent leurs vies.

Si vous penchez pour la première solution, vous pourriez aller un cran plus loin et prétendre que les individus n'existent qu'en tant que partie de groupes sociaux plus vastes. Vous pourriez, par exemple, déclarer que :

- Vous appartenez à une famille ou à un cercle d'amis. Vous êtes une mère, un père, un enfant ou un ami en raison de votre relation. Sans les autres, vous ne seriez rien de tout cela.
- Vous parlez un langage qui n'est pas de votre invention. Vous partagez en commun des mots et des pensées. Sans société, il n'y aurait pas de langage. Vous avez des « droits » en tant qu'individu qui vous sont conférés par la société.

Par conséquent, même si vous continuez d'être un être humain, sans la société, vous n'êtes pas véritablement un « individu » avec un nom, des droits, un langage et un patrimoine commun d'idées.

En d'autres termes

- Menacée par un chat, une souris ne peut pas défendre son droit à la vie, à la liberté et au bonheur.
- Les droits individuels et les obligations sociales ne sont pas découverts dans la nature. Ils sont générés par la société.
- Sans société, il n'y aurait ni droits, ni devoirs, ni lois, ni morale.

La notion d'individu ou de citoyen est étroitement liée à celle de société ou d'État. Chacun se définit en référence à l'autre. Pour un philosophe de la politique, la question centrale est de trouver un point d'équilibre acceptable entre ces deux notions. Qu'il s'agisse d'individualisme, de démocratie, de totalitarisme, de socialisme, d'impérialisme culturel, de régionalisme ou d'internationalisme, toutes ces doctrines parlent de l'équilibre entre des individus (ou des groupes) et de l'entité sociale, plus vaste, dont ils font partie.

Quelques exemples

- Au sein de l'Union européenne, voyez-vous plutôt les avantages pour tous les pays d'un système politique et monétaire unifié ou mettez-vous plutôt l'accent sur le besoin (ou la menace que cela pose) de décisions locales prises par les États individuels ?
- Les Nations unies sont-elles un futur « État » mondial émergeant dans lesquels chaque nation ferait passer ses intérêts après ceux du plus grand nombre ? Ou ne s'agit-il que d'un groupe de nations réunies pour leur intérêt mutuel, au sein duquel chacun chercherait à obtenir le maximum dans la limite de ce qui est compatible avec l'appartenance à cette entité ?
- Qu'est-ce que cela signifie d'être un « bon » membre d'une équipe ou d'une entreprise ?

Le contrat social

L'instinct de conservation est un besoin fondamental (« l'homme est un loup pour l'homme »). Le philosophe britannique Thomas Hobbes (1588-1679) était aux premières loges pour assister à la guerre civile qui mit l'Angleterre à feu et à sang. Cette situation de conflit et d'anarchie sera le point de départ de sa théorie politique. Dans le chapitre 13 du *Léviathan*, paru en 1651, il s'interroge sur ce qu'est la vie d'une personne qui ne peut compter que sur elle-même pour se protéger :

> *Dans une telle situation, il n'y a de place pour aucune entreprise parce que le bénéfice est incertain, et, par conséquent, il n'y a pas d'agriculture, pas de navigation, on n'utilise pas les marchandises importées par mer, il n'y a ni vastes bâtiments, ni engins servant à déplacer et déménager ce qui nécessite beaucoup de force ; il n'y a aucune connaissance de la surface terrestre, aucune mesure du temps, ni arts ni lettres, pas de société ; et, ce qui est pire que tout, il règne une peur permanente, un danger de mort violente. La vie humaine est solitaire, misérable, dangereuse, animale et brève.*
>
> *Léviathan ou Matière, forme et puissance de l'État chrétien et civil*, chapitre 13, p. 225, traduction de Gérard Mairet, Gallimard, 2000.

Pour ce contemporain de Descartes, l'instinct de conservation est si fondamental que, en utilisant un argument ou une forme de « loi naturelle », la raison doit montrer que le fondement de la science politique, c'est la préservation de la vie. Il met également en évidence, dans le passage que nous venons de citer, que la société dépend de la sécurité des personnes et que, sans cela, toute civilisation serait impossible. La valeur d'un État se juge à sa capacité à protéger les individus qui le composent et à agir dans leur intérêt.

Les individus se regroupent donc en communautés afin de se protéger mutuellement et établissent des règles pour préserver l'ordre. Cette théorie politique, qui découle de l'instinct de conservation, marque le point de départ de ce qu'on appellera la tradition du « contrat social ». Hobbes pense toutefois que le souverain ainsi désigné doit se voir conférer des pouvoirs absolus, ce afin de préserver la sécurité de l'État et la paix civile. Il est donc partisan d'un absolutisme politique.

John Locke (1632-1704) est un philosophe britannique qui part d'une conception similaire. Pour lui, les lois imposées par un souverain sur des individus reposent sur le besoin de préserver la vie et la propriété privée au sein de l'État, et de défendre ce dernier des menaces extérieures. Cependant, il va plus loin que Hobbes en prétendant que les sujets ayant adopté ce contrat social devraient avoir le droit, si un souverain n'agit pas dans leur intérêt, de le remplacer par un autre. En d'autres termes, il prône une démocratie représentative où celui qui gouverne doit rendre des comptes à ceux qui lui ont donné le pouvoir. Il s'agit donc d'un gouvernement constitutionnel où le pouvoir est accordé au souverain par le peuple selon des principes établis par une constitution. En cela, il est le précurseur de la conception libérale de l'État.

En d'autres termes

Pour Hobbes et pour Locke, la justification morale, éthique des actions d'un État est utilitaire. Comme l'ont formulé John Stuart Mill (voir ses essais *De la liberté* et *Considérations sur le gouvernement représentatif*) et Jeremy Bentham, l'utilitarisme prône « le plus grand bonheur possible pour le plus grand nombre d'individus ».

De tels systèmes politiques reposent sur le contrat social, sur l'acceptation des individus à agir collectivement dans l'intérêt de tous. La question qui se pose est de savoir ce qu'il faut entendre par l'intérêt de tous et, en outre, qui en décide. Dans quelle mesure un individu peut-il agir, sur la base d'un contrat social, pour le bien commun ? Faut-il un accord unanime avant d'entreprendre une action ? En cas de conflits d'intérêts, sur quelle base peut-il y avoir un arbitrage ? Pour Locke, il va sans dire que les décisions doivent refléter la volonté de la majorité, et que toute minorité doit s'y plier :

> *Ainsi, chacun lorsqu'il consent avec d'autres à instituer un seul corps politique soumis à un seul gouvernement, s'oblige-t-il envers tous les membres de cette société à se soumettre à la décision de la majorité et à en accepter l'arrêt ; ou alors, s'il restait aussi libre de ses mouvements qu'il l'était auparavant dans l'état de nature, le pacte initial par lequel il s'associe avec d'autres pour former une seule société n'aurait aucun sens et ne serait pas un pacte.*

Deux traités du gouvernement, chapitre VIII, section 97, p. 190, traduction de Bernard Gilson, J. Vrin, 1997.

Un gouvernement peut donc agir tant qu'il a l'assentiment et le soutien de la majorité. Mais qu'en est-il si un gouvernement entend agir d'une manière qu'il considère comme de l'intérêt du peuple si cela va à l'encontre de ce que les individus (qui forment ce peuple) veulent vraiment ?

Quelques questions à se poser

- Quand est-il légitime de désobéir à la loi ?
- Dans une démocratie, la désobéissance civile est-elle justifiée ?
- Le soutien d'une majorité justifie-t-il les actions décidées par un gouvernement démocratique ?

La volonté générale

Jean-Jacques Rousseau (1712-1778) est un philosophe suisse qui, malgré un manque d'éducation initiale et une vie privée difficile, est à l'origine de pensées sur la démocratie qui auront une influence immense, notamment lors de la Révolution française.

Reconnaissant que tous les États existants sont imparfaits, il cherche à établir les bases d'un système politique légitime. Comme Hobbes et Locke, il se penche sur le rapport entre l'homme et la nature. Mais, contrairement à eux, il pense que l'homme dans un « état de nature » a peu de besoins et que ceux-ci sont relativement faciles à satisfaire, ce qui limite le risque de conflit.

En revanche, dès que les hommes vivent en société, certains s'approprient les biens disponibles au détriment des autres. Les besoins fondamentaux de nourriture et d'un toit doivent alors être acquis par le troc, ce qui en réduit un grand nombre à la misère. Avec la propriété privée, les inégalités s'accroissent et mènent droit à la guerre civile. Par conséquent, là où Hobbes et Locke considèrent la propriété privée comme un droit naturel à défendre, Rousseau pense qu'il s'agit de quelque chose d'artificiel imposé par la société : « L'homme est bon par nature, c'est la société qui l'a corrompu ». D'après lui, les instincts et les sentiments naturels sont fondamentalement bons. C'est le gouvernement imposé par la raison qui menace l'humanité.

Rousseau présente, comme Hobbes et Locke, une forme de contrat social, mais une forme bien différente. La question centrale est, pour lui, de trouver comment concilier la liberté individuelle avec l'acceptation d'un contrat social et la nécessité de se plier aux volontés de la société. Il y répond par la « volonté générale », un pacte où chaque individu apporte toute sa personne, y compris ses droits, à la communauté. La volonté générale est souveraine et les individus trouvent leur propre liberté en s'y conformant.

Pour Rousseau, la liberté naturelle est, en fait, un esclavage des passions individuelles. En revanche, la volonté générale fait abstraction des volontés personnelles, des intérêts divergents, des passions de chacun, pour ne se soucier que du bien commun et découvrir une aspiration plus élevée et une liberté morale. Il y a forcément des fois où l'individu s'oppose à la volonté générale mais, en ces occasions, un individu qui se soucie du bien de tous devra s'y plier. Rousseau justifie ainsi la répression de l'État, qui a le droit d'imposer ce qu'il considère comme la volonté générale.

Dans tout système politique, quelqu'un doit décider comment adapter les lois générales aux situations individuelles. Pour Rousseau, cela doit se faire par l'entremise d'un législateur, une personne qui sait instinctivement quelle est la volonté générale et comment l'appliquer.

Pour Hobbes comme pour Locke, les individus peuvent décider librement ce qui est de leur intérêt (même s'il faut parfois le mettre de côté pour donner la priorité à la majorité). En revanche, pour Rousseau, les individus sont incapables de savoir ce qui leur convient le mieux et doivent, par conséquent, accepter ce qui est le plus approprié pour la volonté générale – en d'autres termes, ce qui émane de l'État.

Commentaire

Les implications de cet aspect de la pensée de Rousseau sont immenses. Un État peut prendre les décisions les plus drastiques (décapiter l'aristocratie, éliminer des classes entières par des purges) au nom de la volonté générale. Le problème tient à l'incapacité de contester cette « volonté générale ». Par conséquent, des exactions ne sont pas forcément l'expression de la volonté du peuple. Au XXe siècle, les exemples de la Russie de Staline, de la Chine de Mao et du Cambodge de Pol Pot illustrent la toute puissance de l'État à gouverner officiellement pour le bien du peuple... tout en faisant régner la terreur.

Marx et le matérialisme

Karl Marx (1818-1883) est un philosophe dont l'influence a été immense. En effet, il est impossible de parler de l'histoire du XXe siècle sans faire référence au marxisme et aux régimes communistes qui en ont découlé. Né en Allemagne, il gagne Paris quand le journal dont il est le rédacteur en chef est interdit. Expulsé de Paris puis de Bruxelles, il se réfugie à Londres. Son ouvrage le plus important, *Le Capital* (1867), prédit que le capitalisme a créé ses propres contradictions qui le mèneront à sa perte et permettront l'avènement du socialisme.

Pour Marx, la religion, la morale, les idées politiques et les structures sociales sont fondamentalement ancrées dans l'économie, en particulier dans la production et la distribution de biens. Les hommes ont des besoins auxquels ils doivent subvenir pour vivre et la société devient forcément de plus en plus complexe afin de répondre à la demande, croissante, de biens et de services. Marx interprète par conséquent l'histoire d'un point de vue économique. Il considère qu'elle est façonnée par la lutte entre les différentes classes sociales. La bourgeoisie exploite le prolétariat, les employeurs les employés et les propriétaires terriens les paysans. Les actions individuelles sont jugées par la manière dont elles contribuent à la lutte des classes et les actions d'une classe dans son ensemble sont envisagées dans le contexte plus vaste du mouvement de la société.

En ce qui concerne l'histoire de la philosophie, Marx a été influencé par Hegel (1770-1831), un philosophe allemand marqué par les guerres napoléoniennes qui chercha à comprendre le mouvement de l'histoire. Pour lui, l'histoire doit être une œuvre de la raison afin de réconcilier la vie des individus à la marche de l'histoire qui se déploie d'une manière rationnelle. Comme Hegel, Marx pense la réalité comme une marche vers le changement.

Hegel a introduit la notion de « dialectique » : il y a d'abord une thèse puis, en réponse, son opposé (une antithèse) qui aboutit, après confrontation de ces deux points de vue, à une synthèse. Pour Hegel, cette démarche n'est pas matérielle. Elle apporte une conscience harmonieuse du *Geist,* ou esprit de l'époque, dans lequel chacun accepte librement l'intérêt de toute la société.

En revanche, pour Marx, la démarche dialectique est matérielle. Ce sont les conditions économiques imposées aux classes sociales qui produisent un besoin urgent de changement. Il faut donc renverser le système économique en place par la révolution afin d'instaurer un nouveau système qui, à son tour, provoquera de nouvelles luttes des classes, et ainsi de suite. Marx appelle de ses vœux une société sans classe où il n'y aurait plus de conflit et où les travailleurs seraient propriétaires de leurs moyens de production et de distribution. Cette société sans classe serait donc caractérisée par une justice économique dans laquelle chacun pourrait jouir du fruit de son travail.

Chez Marx, cette conception va de pair avec l'épanouissement de l'être humain. D'après lui, dans un système capitaliste, l'individu qui travaille pour un salaire produit quelque chose qui permettra à un autre d'en tirer un profit. Cette appropriation revient à une aliénation du travailleur. Celui-ci ne peut pas faire preuve d'une humanité ou d'une créativité véritables. Il devient une « chose » impersonnelle, une machine dont l'unique but dans la vie est de produire, un moyen de faire du « capital ». Ce processus aboutit à une accumulation de richesse dans les mains de quelques nantis de la « bourgeoisie », tandis que le prolétariat sombre peu à peu dans la pauvreté. Cela doit conduire les travailleurs à agir ensemble pour renverser le système capitaliste. Avec l'avènement d'une société sans classe, chaque individu pourrait enfin développer son potentiel propre.

La philosophie marxiste a eu une influence considérable, car elle parle de la nature de l'histoire, du travail, de l'individu, des institutions politiques et des classes sociales. Marx est, en outre, emblématique de la manière dont un philosophe peut agir sur le cours de l'histoire. Il est difficile d'étudier Marx sans avoir conscience des conséquences de l'idéologie marxiste sur le XXe siècle. Le déclin du communisme, à la fin du XXe siècle, et l'incapacité du capitalisme à s'autodétruire comme il l'avait prédit sont, bien évidemment, à prendre en considération quand on étudie sa philosophie politique. En revanche, sa pensée reste d'actualité en particulier, peut-être, en ce qui concerne sa conception selon laquelle la politique repose sur l'économie. L'œuvre majeure de Marx est *Le Capital*

(1867), mais il est probablement plus facile d'aborder sa pensée à partir de ses premiers écrits, notamment *L'Idéologie allemande* (1846) et le *Manifeste du parti communiste* (1848).

Marx, qui reprend en cela la pensée de Rousseau et, surtout, de Hegel, considère que l'individu fait passer ses intérêts après ceux de la collectivité. Les individus agissent en tant que représentants de leur classe ou de leur nation, et ces actions sont jugées à l'aune de ce qui est considéré comme juste pour le groupe social le plus important. Cela va à l'encontre de la conception prônée par Hobbes et par Locke, qui met l'accent sur l'individu. Nous verrons, plus loin, que cette divergence d'opinion se retrouve en philosophie politique chez deux philosophes modernes, Rawls et Nozick, à propos de la justice.

En d'autres termes

On peut étudier une théorie politique sous l'angle de l'individu ou de la société dans son ensemble. Si l'on se place selon le point de vue de l'individu, on a les théories sur le contrat social : des individus libres se réunissent dans leur intérêt mutuel (Hobbes, Locke). Si, en revanche, on se place selon le point de vue de la société, l'individu doit trouver sa liberté en travaillant et en acceptant la volonté générale (Rousseau, Marx).

La justice

La notion de justice est fondamentale en philosophie politique. Si des individus se regroupent pour se protéger mutuellement, s'ils doivent s'engager par contrat, mettre de côté leurs intérêts, il faut qu'ils soient convaincus que la société dans laquelle ils vivent repose sur des principes qui sont justes. Mais en quoi consiste la justice politique ?

Nous examinerons comment trois philosophes, un ancien et deux modernes, ont parlé de la justice.

Platon

La question « qu'est-ce que la justice ? » domine l'une des plus grandes œuvres de la philosophie, la *République* de Platon. Dans ce dialogue, plusieurs réponses sont proposées et rejetées. D'après Platon, ce qui compte, c'est la valeur absolue de l'Idée de justice et non ce qu'elle est. Glaucon (l'un des personnages dans la *République*) introduit l'histoire de Gygès, un berger qui découvre un anneau. Celui-ci rend invisible celui qui le porte, ce qui permet d'échapper aux conséquences de ses actes. Cependant, si nos actes n'ont aucune conséquence, pourquoi faudrait-il que l'un d'eux soit juste ? Quelle est donc la valeur de la justice en elle-même ? Telle est la question centrale.

Socrate considère les trois classes sociales qui constituent la cité – celle des chefs, des guerriers et des artisans. Selon lui, chacune a des vertus particulières, mais il faut que la justice politique soit une harmonie : chaque classe doit accomplir la tâche qui lui est dévolue. De même, l'âme humaine comporte trois parties : l'esprit (ou raison), la volonté (ou courage) et la sensibilité (ou appétits du corps) et la justice repose là aussi sur un équilibre, chaque individu accomplissant sa tâche pour son propre avantage.

Platon considère donc la justice comme une harmonie reposant sur le bon fonctionnement de chaque partie de la société. La République qu'appelle Platon de ses vœux doit être gouvernée par les plus aptes, à savoir les philosophes, qui ne recherchent que la vérité et non leur intérêt propre. C'est là une condition nécessaire pour que la justice soit rendue pour le bien de tous et non pour l'intérêt d'une partie seulement de la population.

Chaque pensée doit être abordée à la lumière de son époque. Celle de Platon ne fait pas exception. Son désir de voir un État gouverné par des philosophes qui chercheraient le juste équilibre entre les divers éléments de la société et en chaque individu, la primauté étant donnée aux facultés intellectuelles, est difficilement transposable dans un contexte politique moderne. Pour Platon, la justice n'est pas à considérer en termes d'égalité (il n'a jamais envisagé une société où tous seraient égaux) ni en termes d'intérêts partisans (il rejetait que la loi soit celle du plus fort), mais doit être un équilibre, une harmonie où chacun, toutes classes confondues, agirait conformément à ce qu'il doit faire, dans l'intérêt de tous.

Rawls (la justice comme équité)

Dans la *Théorie de la justice* (1972), le philosophe américain John Rawls (1921-2002) expose l'idée qu'un groupe de personnes décident en commun des principes sur lesquels doivent reposer leur association politique. En d'autres mots, ils envisagent un contrat social. Cependant, Rawls ajoute un autre critère important : ils doivent tout oublier d'eux en tant qu'individus. Par conséquent, ils ne savent plus s'ils sont riches ou pauvres, des hommes ou des femmes, blancs, noirs ou autres, ni quelle place ils occupent dans la société. Ils ne sont plus que des individus, rien de plus. Rawls cherche par conséquent à établir les principes suivants :

> *Ce sont les principes mêmes que des personnes libres et rationnelles, désireuses de favoriser leurs propres intérêts, et placées dans une position initiale d'égalité, accepteraient et qui, selon elles, définiraient les termes fondamentaux de leur association.*
>
> *Théorie de la justice*, p. 37, traduction de Catherine Audard, éditions du Seuil, 1997.

En d'autres mots, ils se préoccupent de ce qui est de leur intérêt, mais ne savent plus qui ils sont. Rawls espère ainsi parvenir à la justice étant donné que les hommes voudront alors légiférer dans un sens qui leur sera favorable, quel que soit cet avantage.

Pour Rawls, un tel groupe a besoin de deux principes :

1. La liberté : chaque personne devrait avoir des droits égaux qui lui accorderaient le plus de libertés possibles dès lors que cela ne prive pas les autres des mêmes libertés fondamentales.
2. La distribution des ressources : étant donné l'existence d'inégalités sociales, il faudrait que les moins avantagés dans la société reçoivent le maximum d'avantages.

C'est une justice fondée sur « l'équité ». Pour Rawls, il est équitable d'accorder à chacun une liberté et des opportunités égales. En outre, s'il devait y avoir des inégalités, elles ne seraient tolérées que dans la mesure où elles avantageraient ceux qui sont les plus désavantagés. Le rôle de la société (outre la protection des individus qui en font partie) est de prévoir un échange équitable des avantages matériels et sociaux. Rawls est donc partisan de l'intervention de l'État pour lutter contre les inégalités.

Tous les philosophes n'ont pas été d'accord avec la tentative de Rawls de diminuer les inégalités. Au XXe siècle, Nietzsche pensait ainsi qu'il fallait défendre les forts contre les faibles. Selon lui, la démocratie et le christianisme avaient un effet négatif. Ils avaient affaibli l'espèce humaine en recherchant des avantages spéciaux pour les faibles, les pauvres et les handicapés. Il prônait ce qu'il appelait le surhomme, un homme doté de force morale et de courage. L'homme était quelque chose qu'il fallait dépasser, un point de départ à partir duquel s'élever.

L'approche de Rawls amène aussi une critique plus générale. Nous avons vu, dans ce chapitre, la distinction qui existe entre ceux qui donnent la priorité à l'individu (pour qui l'État doit jouer un rôle minimal) et qui peuvent aller jusqu'à affirmer que l'État n'existe pas, et ceux qui mettent en avant l'État si bien que les individus ne parviennent à leur potentiel optimum que dans le contexte de la société. Examinons la théorie de Rawls à partir de cette perspective.

Si des individus qui se regroupent pour établir les principes d'une société oublient qui ils sont, ils abandonnent également tout ce qu'ils pourraient avoir gagné ou accompli. Une personne ayant brillamment réussi doit oublier tout ce qu'elle a acquis par son dur labeur et opter pour un partage égal des ressources mises en commun, ce par peur de découvrir qu'elle était, en fait, particulièrement pauvre.

En théorie, cela permettrait d'instaurer une société qui offrirait à tous une part équitable. Mais cela fonctionnerait-il ainsi dans le monde véritable ? On pourrait argumenter en disant que cela n'a jamais été, et ne sera jamais, une « position première » à partir de laquelle établir les règles d'une société. Tous les systèmes législatifs et toutes les idées de justice qui existent se constituent, et évoluent, dans un contexte historique.

Le juriste et philosophe américain Ronald Dworkin a énoncé une autre critique à cette approche. Pour lui, avant de se demander ce qu'est la justice, il faut se poser la question suivante : « Quel type de vie auraient alors les hommes et les femmes ? Qu'est-ce qui compte le plus pour promouvoir l'excellence chez un être humain ? » Selon lui, la position libérale de Rawls ne prend pas cela en considération. Le traitement que propose Rawls pour les individus ne dépend de *rien d'eux en tant qu'individus*.

Réflexion

Si les inégalités n'étaient tolérées que dans la mesure où elles avantagent les plus désavantagés (conception de Rawls), il y aurait alors peu de chance de développer l'excellence, étant donné que chaque moyen offert pour promouvoir l'excellence aurait tendance à augmenter, et non à diminuer, l'écart entre les plus capables et les moins capables. Comment une telle théorie pourrait-elle éviter la médiocrité ?

Nozick (la justice en tant que droit)

Si le but d'une société est de protéger la vie, la liberté et les biens des individus, alors chaque personne devrait pouvoir conserver ce qui lui appartient de droit. Une société qui, au nom de l'égalité, redistribuerait ces richesses priverait en fait l'individu de la protection qui est justement à l'origine de la formation d'une société.

Cette approche à la question de la justice est celle du philosophe américain Robert Nozick (1939-2002). Dans *Anarchie, État et utopie* (1974), il avance que l'État a tort de prélever des impôts ou d'obliger les individus à contribuer au service public pour le bien d'autres personnes. Cela viole la liberté de devenir riche et de le rester. Pour Nozick, il est parfaitement juste de donner ce que vous possédez dès lors que c'est votre choix, mais non de demander à quelqu'un de vous donner quelque chose. Selon cette théorie sociale, les contributions volontaires sont bienvenues, mais non l'obligation de payer des impôts. Selon lui, la justice est une question de droit des individus à conserver leurs « possessions », des biens acquis légitimement.

Le libéralisme de Nozick correspond à un état de fait qui existe de tout temps. La richesse d'une personne est liée à l'histoire : celle d'un individu (parce qu'il a travaillé dur pendant des années, par exemple) ou celle de sa famille (par héritage). Cependant, dans la pratique, il n'est pas toujours facile d'établir si une fortune a été acquise légitimement. Une terre qui appartient à une famille depuis des générations peut avoir été obtenue par des moyens plus que douteux.

Nozick avance également, en s'opposant à ceux qui prônent l'égalité, que même si les hommes étaient égaux, ils commenceraient immédiatement par faire du commerce, ce qui instaurerait rapidement de nouvelles inégalités.

En d'autres termes

- La propriété privée est du vol ! Cela implique que tout doit appartenir à l'État ou, sinon, à la communauté. La justice impose la redistribution sur la base du besoin de certains.

Ou

- La redistribution est du vol ! Cela implique que chaque individu a le droit de garder ce qu'il a légalement acquis. La justice impose à chacun d'exploiter au maximum son potentiel, sans être entravée par une fausse notion d'égalité.

La liberté et la loi

Dans ce contexte, la liberté signifie quelque chose de bien différent que le débat « liberté-déterminisme » évoqué précédemment. Dans ce cas, l'argument déterministe était que tout dépend d'une cause préalable et peut (en théorie) être prédit de manière scientifique. Par conséquent, nous ne sommes jamais libres de choisir ce que nous faisons, même si notre manque de compréhension des causes déterminantes signifie que nous avons l'illusion d'être libre.

Ici, le débat porte sur le degré de liberté qu'a le droit d'exercer un individu dans la société, étant donné les conséquences de cette liberté sur celle des autres. Il s'agit donc de la liberté d'agir conformément à des paramètres définis par la loi. Dès qu'une personne agit en dehors de ces paramètres, la société peut alors imposer, en utilisant la police et la justice, une amende au « hors la loi ».

John Stuart Mill (1806-1873) est un philosophe anglais qui, à partir de la conception utilitaire de la morale (voir chapitre 6), avance qu'en cas de question d'ordre privé, où un acte et ses conséquences n'affectent que l'individu concerné, il faudrait une liberté absolue. La loi ne devrait intervenir pour limiter la liberté que lorsqu'un acte aurait des conséquences sur d'autres personnes. C'est une règle de bon sens qui prévaut le plus souvent en législation.

Un exemple

Si fumer était une activité privée dont les conséquences, certes nocives, n'affecteraient que la personne qui choisit de fumer, alors il n'y aurait pas besoin de légiférer. La loi peut interdire de fumer dans un lieu public si :

- cela constitue un risque d'incendie ;

Ou

- des non-fumeurs veulent pouvoir respirer un air non pollué par la fumée des cigarettes.

La législation peut se justifier sur une base utilitaire. La loi protège autrui des effets d'un acte individuel.

Mais faut-il que la société dans son ensemble, avec son système de santé, paye le prix impliqué par la décision d'un individu de fumer, de se droguer ou de pratiquer un sport dangereux ? Ici, la loi doit trouver le juste équilibre entre la morale utilitaire et la préservation des droits des individus.

La notion de liberté individuelle a eu une importance fondamentale dans la pensée politique moderne, peut-être en réponse aux expériences horribles menées au XXe siècle par les systèmes totalitaires nazis, staliniens et autres. Le livre de Karl Popper *La Société ouverte et ses ennemis*, paru dans les années 1940, fait du reste de la liberté la question centrale. Dans les années 1960, on a beaucoup débattu pour savoir comment préserver l'ordre social tout en autorisant un maximum de libertés. La théorie de la justice de Rawls peut être vue comme une tentative pour justifier une conception libérale de la société dans laquelle la redistribution des richesses est un choix logique d'individus libres. Selon Rawls, dès lors que tous les besoins fondamentaux sont acquis (un présupposé de sa théorie), les hommes choisiraient la liberté plutôt que, par exemple, la possibilité de devenir plus riches. Cette théorie a été vivement critiquée par Ronald Dworkin et d'autres théoriciens qui pensent que certains préféreraient jouer ce qu'ils gagneraient plutôt que de ne prendre aucun risque et de suivre la conception libérale et égalitaire de Rawls.

Les droits de l'homme

La loi résulte d'un accord entre des individus libres, chacun d'eux étant considéré comme détenteur de droits fondamentaux. Il existe toutefois une différence entre le fait d'avoir des droits et la possibilité d'en jouir librement. En règle générale, même si ces droits sont indépendants de l'âge et des capacités de chacun, il est parfois nécessaire de restreindre l'exercice de ces droits :

- **Sur la base de l'âge.** Les enfants ont des droits et la loi les protège contre l'exploitation par d'autres, mais ils ne peuvent pas, par exemple, acheter des cigarettes ou de l'alcool, conduire une voiture ou piloter un avion. Ces limites sont imposées parce que, en dessous d'un certain âge, on estime que les enfants ne sont pas capables de prendre des décisions responsables. Par conséquent, les parents ou la société imposent une restriction à la liberté des enfants.
- **Sur la base de la démence.** Ceux qui souffrent de maladie mentale ou sont susceptibles d'être un danger pour eux-mêmes ont eux aussi des droits limités.
- **Sur la base d'un manque de compétence.** Piloter un avion sans licence ou conduire une voiture (hormis dans une propriété privée) sans permis est illégal. Cela se justifie par le fait qu'on pourrait mettre en danger d'autres personnes. De même, l'exercice de la chirurgie sans diplôme est illégal. Sans la reconnaissance publique d'une compétence acquise, bien des tâches de ce genre seraient un danger pour la vie d'autrui.

Des droits existent également pour protéger contre ceux qui violent la loi, par exemple :

- par des peines de prison ;
- par des injonctions légales pour stopper des actions en cours ou empêcher une personne d'en approcher une autre ou de se rendre dans un lieu donné. Cette mesure peut être prise rétrospectivement, si une personne a déjà violé la loi, ou de

manière préventive, par exemple pour empêcher la parution d'un article potentiellement dommageable dans la presse.

Dans ces cas, une personne conserve ses droits fondamentaux, mais elle ne peut pas les exercer, même si cela va à l'encontre du bien-être général. Après tout, à quoi bon revendiquer mon droit de faire quelque chose si personne ne veut le contester. Un droit est quelque chose que je peux revendiquer dans des circonstances difficiles.

Par conséquent (au moins dans un contexte immédiat), les droits ne peuvent pas être justifiés sur une base utilitaire. Ils ne procurent pas nécessairement le plus grand bien au plus grand nombre. Les droits sont revendiqués par les minorités. Les droits sont établis par un contrat social (par exemple, la constitution américaine ou la Déclaration universelle des droits de l'homme) et représentent une garantie minimum qu'un individu peut s'attendre à recevoir en vertu du système social et légal en vigueur.

En d'autres termes

- La liberté individuelle doit être accordée en tenant compte des besoins de la société considérée dans son ensemble. La morale de l'exercice des droits individuels doit être évaluée sur une base utilitaire.
- Les droits de l'homme sont des libertés fondamentales, notamment pour les possibilités d'action, qu'un individu peut s'attendre à recevoir de la société. Ils sont parfois limités si leur exercice constitue une menace pour l'individu ou pour la société dans son ensemble.
- L'exercice des droits de l'homme ne peut pas toujours se justifier sur une base utilitaire. Il est important qu'un individu puisse revendiquer un droit, même si ce n'est pas à l'avantage de la majorité.

Le féminisme

Il n'aura pas échappé à la perspicacité du lecteur que presque tous les philosophes présentés dans ce livre sont des hommes. Le fait est que la politique et la philosophie sont essentiellement entre les mains des hommes. Les approches rationnelles et légales à la plupart des questions semblent particulièrement appropriées à un environnement intellectuel masculin, mais tendent à ignorer la contribution spécifique des femmes.

Le féminisme introduit la question du sexe dans les concepts de justice, d'équité et de droits, mettant en avant des domaines où les hommes ont cherché à exclure ou à marginaliser les femmes. Le livre de Mary Wollstonecraft (1759-1797), *A Vindication of the Rights of Woman* (*Défense des droits de la femme*), paru en 1792, marque la naissance du féminisme social et politique en revendiquant l'égalité des deux sexes sur une base intellectuelle. Cependant, sa thèse n'est pas qu'il n'existe aucune distinction entre les hommes et les femmes et, du reste, elle était satisfaite de voir que les hommes et les femmes avaient des rôles très différents dans la société. En fait, elle considérait que les femmes avaient essentiellement un rôle à jouer à partir du foyer.

Au XIXe siècle, les femmes se sont surtout battues pour avoir le droit de voter. En Angleterre, ce combat pour l'émancipation fut soutenu par le philosophe utilitaire John Stuart Mill.

Le féminisme a généralement cherché à présenter une critique historique des injustices sociales dont souffraient les femmes, suggérant que le parti pris contre les femmes n'était pas une simple question de préjudice individuel, mais qu'il était inhérent aux institutions politiques et sociales. Sur un front plus vase, cela a permis de débattre à propos des relations entre les deux sexes, du rôle distinctif des femmes et des implications éthiques de l'appartenance à un sexe. La contribution de la philosophe existentialiste Simone de Beauvoir (1908-1986), compagne de Jean-Paul Sartre, est particulièrement remarquable à ce sujet. Son livre *Le Deuxième Sexe* (1949) a remis en question le rôle qu'était censé jouer la femme en tant que mère, épouse, amante, etc., et la place qu'on lui attribuait dans la société. Sa phrase la plus célèbre « on ne naît pas femme, on le devient » suggère que la féminité n'est pas inhérente à sa nature et qu'elle a été imposée à la femme, par une société dominée par des hommes.

Quelques conclusions

La philosophie politique – et peut-être la philosophie tout court – repose sur des concepts abstraits et généraux, ce qui rend rarement justice à la situation réelle des individus. Or le monde est complexe. La richesse des uns est acquise au détriment de la pauvreté des autres. Un marché « libre » apporte le succès à quelques-uns et l'échec à d'autres. Les lois qui protègent ceux qui veulent conserver leurs biens sont considérés par les moins privilégiés comme une excuse pour continuer de s'enrichir.

La philosophie politique permet d'examiner les principes sur lesquels reposent les systèmes politiques et légaux. Les droits de l'homme, la justice, l'équité, le contrat social, la démocratie sont des notions étudiées par les philosophes afin de préciser ce qu'ils impliquent exactement. Cependant, de telles idées résultent de concepts plus généraux sur la vie, sur sa signification et sa valeur. La philosophie politique est, par conséquent, l'application pratique d'une compréhension fondamentale de la valeur, de la signification et de la finalité de la vie humaine.

Dès lors que vous pensez, comme Hobbes, que la société existe pour apporter à tous une protection, que vous trouvez qu'il est juste de la concevoir d'une manière particulière, pas uniquement pour une simple raison de survie, alors vous devez vous poser la question de la justice, de la liberté, de l'égalité, de l'appréciation de la vie humaine et de la place de la vie afin de mieux appréhender le monde dans sa globalité.

Une question générale

Si vous compartimentez la philosophie en sections, chacune d'elles se limitant à quelques thématiques, on risque parfois, en se concentrant sur des questions particulières de politique ou de justice, d'en oublier les questions les plus essentielles. Pourtant, la philosophie se développe comme un tout systématique.

- La manière dont on pense la société dépend de notre conception fondamentale de l'éthique.
- L'éthique à son tour dépend de l'individu et de ce que cela signifie d'être un être humain.
- L'individu est concerné par les questions, plus générales, de la signification et de la valeur de la vie explorée en philosophie de la religion.
- Les questions religieuses soulèvent des interrogations fondamentales sur la vie, par exemple : « Qu'est-ce que je peux connaître avec certitude ? », « Pourquoi y a-t-il quelque chose et non rien ? », « Quel est le but de la vie ? » ou « Que devrais-je faire ? ». Il s'agit là de points de départ pour toute la philosophie.

8

La philosophie contemporaine continentale

Dans ce chapitre, vous découvrirez :

- les principales différences entre la philosophie analytique et la philosophie continentale ;
- les grands principes de la phénoménologie et de la philosophie de l'existence ;
- un aperçu des mouvements structuralistes et postmodernistes.

Au XXe siècle, en Europe occidentale, une divergence est apparue quant à la manière de philosopher et au type de sujets à traiter. C'est ainsi que la plupart des philosophes contemporains relèvent désormais de la tradition « analytique » ou de la tradition « continentale ».

- La philosophie analytique s'est surtout implantée en Angleterre et aux États-Unis. Elle se préoccupe essentiellement de la signification des énoncés et de la façon dont on peut en vérifier le caractère de vérité. Elle utilise la philosophie comme un outil analytique permettant d'examiner et de montrer les présupposés du langage et de la pensée. Les philosophes de cette école incluent Quine, Putnam, Searle, Rawls, Hampshire, Strawson et des penseurs déjà mentionnés comme Russell, Ryle et Ayer. La philosophie du XXe siècle présentée jusqu'ici dans cet ouvrage est issue de cette tradition.
- La philosophie continentale n'est pas un type de philosophie à proprement parler, mais plutôt un terme qui regroupe divers courants d'Europe continentale ayant une pertinence quant aux questions considérées. Cette tradition inclut les penseurs suivants : Husserl (qui a influencé bien d'autres philosophes continentaux), Heidegger et Sartre pour la phénoménologie (ces derniers s'étant ensuite tournés vers la philosophie de l'existence) et, plus récemment, Lacan et Derrida (pour ne citer qu'eux) pour le structuralisme. Nous rencontrerons également, ici, les termes **existentialisme** et **postmodernisme**. La philosophie continentale reflète souvent une approche intellectuelle tournée vers les arts créatifs en général. Elle ne se limite donc pas, contrairement à l'école analytique, à un champ plus restreint.

Nous n'avons pas la place de nous attarder, dans cet ouvrage, sur ces penseurs, mais nous en donnerons un aperçu afin d'apporter une meilleure vision d'ensemble de la philosophie. C'est important parce que, de nos jours, les concepts de ces deux écoles sont plus imbriqués qu'ils ne l'étaient au milieu du XXe siècle. En outre, si la philosophie enseignée dans les pays anglo-saxons reste très influencée par la tradition analytique au sens large, les philosophes de tradition continentale sont désormais plus présents et leurs thèses ont eu un retentissement, outre sur la philosophie, sur l'art.

La phénoménologie

Edmund Husserl (1859-1938) est le fondateur de la phénoménologie. Ce philosophe allemand d'origine juive s'intéresse aux mathématiques avant de suivre à Vienne les cours de Franz Bretano

(1838-1917), un philosophe et psychologue qui aura une grande influence sur sa pensée. En 1916, il enseigne à l'université de Fribourg-en-Brisgau où il se lie d'amitié avec Heidegger. Comme Descartes et Kant, il recherche les bases de la connaissance et fait de la philosophie une « science rigoureuse » reposant sur des vérités nécessaires indépendantes de tout présupposé. Son œuvre la plus importante est *Recherches logiques* qui paraît en deux volumes en 1900 et 1901. Il y déclare que, pour trouver des certitudes, il faut commencer par revenir aux « choses mêmes » par une intentionnalité de la conscience. De quoi faisons-nous vraiment l'expérience ? Husserl suggère que chaque acte mental est dirigé vers un « objet intentionnel ». La conscience est toujours dirigée vers un objet qui n'est pas nécessairement une chose perçue, réelle.

Quelques exemples

- Je veux manger un gâteau. J'ai donc besoin pour cela d'un vrai gâteau, mais le fait d'y penser demande seulement un « objet intentionnel ». En fait, je penserai plus facilement à un gâteau s'il n'y en a pas vraiment !
- Si je réfléchis au fait que je me sens dépressif, la dépression est un « objet intentionnel » de ma pensée, même s'il n'existe aucun objet extérieur qui y corresponde. Quelqu'un peut dire : « La dépression n'est rien, elle n'existe pas », mais pour moi, en cet instant présent, elle est bien réelle.

La philosophie de Husserl fait référence à ces « objets de conscience » : tout ce dont nous faisons l'expérience, hormis les questions qui visent à savoir s'il existe, ou non, un monde extérieur, objectif. La phénoménologie cherche également à dépouiller les objets individuels de ce qui les rend particuliers en recherchant leur essence pure (ce qu'ils partagent en commun avec d'autres objets du même type). De bien des manières, cette conception reflète celle platonicienne de l'Idée, de la « forme intelligible ». Ces « essences » fondamentales, affirme-t-il, sont connues par l'intuition. Dès que nous pensons à quelque chose, cela prend un sens pour nous, en raison des diverses essences qui nous permettent de le comprendre. J'ai, par exemple, la conscience d'un « arbre » en tant qu'essence pure et, dès que je le vois (ou dès que j'y pense), cette essence m'en donne la signification.

Quelques exemples

On montre à un enfant plusieurs objets rouges. Sa mère lui dit : « C'est rouge ». L'enfant discerne automatiquement le dénominateur commun de cette expérience et saisit rapidement l'essence pure « rouge ». Quand on lui montre ultérieurement des objets de la même couleur, l'essence « rouge » est déjà présente et devient une essence parmi tant d'autres lui permettant de comprendre n'importe quel objet nouveau. De manière plus subtile, un artiste jouera avec des nuances inhabituelles de rouge pour en expérimenter « l'horizon », les limites de l'essence « rouge ». Est-ce rouge ou est vraiment magenta ? Ajoutez une pointe de bleu à cette couleur. Que voyez-vous à présent ?

Pour Husserl, la conscience a besoin de trois choses :

1. un moi (qu'il appelle « ego transcendental ») ;
2. un acte mental ;
3. un objet de cet acte mental.

Les objets ne deviennent des « objets de conscience » que lorsqu'on leur confère une signification et une importance. Un objet n'est compris (vraiment « vu ») qu'une fois que l'esprit l'a perçu intuitivement et lui a donné un sens en tant qu'essence pure. Tout est par conséquent dépendant d'un « ego transcendental ». Dès que nous sommes confrontés au monde, nous passons de la perception intuitive à cette vision des essences dont le phénomène est la manifestation. En d'autres termes, « toute conscience est conscience de quelque chose ».

L'importance de Husserl pour la philosophie continentale tient, entre autres, au fait qu'il a permis de placer les thématiques de la signification et de la valeur, et toute la gamme des émotions et des autres expériences, au cœur de la philosophie. En d'autres termes, grâce à lui, la philosophie continentale est devenue libre d'explorer de nombreux aspects de la vie dont ne se préoccupent pas les philosophes de tradition analytique, essentiellement centrés sur la question du langage.

La philosophie de l'existence

La philosophie de l'existence est le nom donné à cette branche de la philosophie qui, comme son nom l'indique, s'intéresse non pas à l'essence ou à des concepts, mais à l'existence humaine (ses objectifs, son importance et sa finalité générale) ainsi qu'à la liberté et à la réponse créative des individus.

Remarquez comment cela découle de la phénoménologie. Si la philosophie est libre de s'intéresser à la conscience et aux actions qui en découlent, elle peut explorer la prise de conscience de soi, la capacité à douter de soi et tous les actes et événements qui donnent du sens à la vie. Deux philosophes sont, ici, particulièrement importants. Il s'agit de Martin Heidegger (1889-1976), un philosophe allemand controversé pour son adhésion au nazisme, dont *Être et temps* (1927) constitue l'œuvre maîtresse, et de Jean-Paul Sartre (1905-1980), un philosophe, romancier et auteur de pièces de théâtre dont l'écrit philosophique majeur est *L'Être et le néant* (1943). Sa citation la plus célèbre est probablement une réplique de la fin de sa pièce *Huis Clos* (1945) : « L'enfer, c'est les autres ».

Un exemple

Vous prenez un marteau et vous vous mettez à taper sur un clou pour l'enfoncer. Vous ne pensez pas d'abord au marteau pour décider, ensuite, comment l'utiliser. Vous le faites automatiquement. Votre esprit est occupé à taper avec le marteau. Pour Heidegger, il s'agit d'une manière de s'impliquer directement avec les choses, non en tant qu'observateur mais en tant qu'individu engagé.

Husserl a essayé, en gommant toute caractéristique particulière et en essayant de ne voir que l'essence pure d'un phénomène, de parvenir à une vision généralement acceptable des choses. La philosophie de l'existence s'est éloignée de la phénoménologie en mettant l'accent sur le fait qu'il y a toujours une implication personnelle, un point de vue particulier. Cela soulève la question philosophique générale de savoir si toute conception relève d'une perspective particulière, qui porte en elle les valeurs et la compréhension de la personne qui en est l'auteur. L'alternative (souvent recherchée par les sciences et la philosophie empirique) est une « conception de nulle part » qui ne prend pas en compte un point de vue personnel. Mais est-ce possible ?

Pour Heidegger, nous sommes « jetés dans le monde » et notre principale expérience du *Dasein* (être-là) est d'avoir conscience que certains objets que nous rencontrons dans le monde sont plus importants que d'autres. De ce fait, nous devenons impliqués avec eux. Heidegger affirme en outre que nous sommes ce que nous décidons d'être, que notre nature humaine n'est pas figée. Vous vivez d'une manière *authentique* si vous prenez chaque situation telle qu'elle vient et montrez par vos actes votre nature véritable. Vous pourriez, sinon, essayer d'échapper à l'angoisse d'être vrai envers vous-même en vous conformant à ce que les autres attendent de vous.

Sartre a théorisé la philosophie de l'existence sous le nom d'existentialisme. Pour lui, ce sont les choses particulières qui ont de l'importance, et non celles comprises en tant que catégories générales. Dans son roman *La Nausée*, les choses individuelles apparaissent telles qu'elles sont et refusent d'être mises dans des catégories. Sartre a insisté sur la liberté absolue de l'homme. De même que les choses individuelles ne sont pas entièrement connues par leur essence, une personne n'est pas uniquement ce que ses devoirs et ses obligations lui imposent de faire. Une telle liberté peut constituer une menace. Elle désoriente et provoque de la nausée.

Réflexion

Retournez voir le chapitre 4. Nous sommes définis par bien des choses et par les nombreux rôles que nous jouons. Mais cela suffit-il à nous définir complètement ? Y a-t-il un moi qui refuse d'être mis dans une catégorie, qui insiste sur la liberté d'être unique ?

Sartre décrit trois types d'êtres :

1. L'**être-en-soi**. C'est l'être des objets non humains, à savoir les choses qui existent « en soi ».
2. L'**être-pour-soi**. Un être conscient de lui-même a également conscience du monde qui l'entoure. Il ne peut alors être réduit à un être-en-soi. Dans *L'Être et le néant*, Sartre décrit un garçon de café pour illustrer ce qu'est l'être-pour-soi. Je peux travailler comme garçon de café, mais cela ne me décrit pas pleinement car, en tant qu'être humain, je suis forcément plus que cette simple description. Si des gens me traitent simplement de « garçon de café », ils me déshumanisent. Ils m'ôtent ce qui fait de moi une personne à part entière.
3. L'**être-pour-autrui**. En tant qu'êtres humains, nous établissons des relations et exprimons ainsi notre nature humaine. Reliés aux autres et conscients de notre liberté, nous pouvons vivre de manière « authentique » : nous sommes pleinement nous-mêmes.

En d'autres termes

La phénoménologie permet aux expériences et aux actes de l'homme d'être un objet valable d'étude philosophique.

La philosophie de l'existence explore la manière dont les hommes sont en relation avec le monde, ce qui inclut des questions de valeur, de sens et de finalité. Cela a à voir avec l'engagement et non une simple observation détachée.

Si je joue un rôle, je ne suis pas engagé avec tout mon être. Pour être authentique, je dois agir d'une manière qui reflète ma conscience de moi-même et la conscience de ma liberté. C'est ce que je suis. C'est ce que je choisis d'être. C'est mon moi véritable.

Le structuralisme

Le structuralisme est un mouvement de pensée, ou plutôt une méthode, qui est apparu après la Seconde Guerre mondiale, principalement en France, sur les ruines du courant existentialiste. Sa thèse principale est qu'on ne peut comprendre quelque chose d'une fois que l'on est en relation avec les structures plus vastes au sein desquelles elle fonctionne. Les choses se définissent essentiellement par rapport à leur relation avec les autres. L'approche structuraliste s'est développée dans la philosophie du langage et l'anthropologie, mais elle a essaimé ensuite dans de nombreux domaines culturels.

Quelques exemples

- Pour comprendre un mot, je dois étudier sa signification par rapport à d'autres termes et au langage en général.
- Pour comprendre un énoncé politique, regardez le politicien, comment il garde le pouvoir, ce qu'attendent les médias, quel effet il doit obtenir avec cet énoncé.
- Une phrase prononcée par un homme politique reprise dans un média ne peut être vraiment comprise que par rapport à la puissance du média qui la répercute.

Dans la phénoménologie de Husserl, il y a un moi indépendant qui existe avant la rencontre avec le phénomène. C'est l'« égo transcendental ». La philosophie de l'existence s'est axée sur l'homme et tout particulièrement sur sa liberté et sa possibilité de s'impliquer dans le monde. Le structuralisme – en particulier dans ses développements ultérieurs, appelés poststructuralisme – est une réaction contre l'importance accordée au moi, à l'homme. Les structures et ses relations priment.

Jacques Lacan (1900-1980) énonce que nous ne sommes pas des individus à part entière qui exprimons ensuite notre individualité par le langage. Nous devenons des individus (en développant notre personnalité) grâce à l'utilisation du langage. Ce dernier, avec ses concepts et sa grammaire, nous précède. Nous ne le structurons pas au fur et à mesure que nous progressons dans la vie. Nous en héritons.

Lacan a d'abord été psychanalyste ; or la psychanalyse s'intéresse justement aux idées qui font surface grâce aux pensées et aux émotions refoulées dans l'inconscient. Le langage qui apparaît ainsi n'est pas contrôlé par l'ego (« l'inconscient est structuré comme un langage »). Du reste, une analyse vise à guérir une personne en modifiant son ego. Le sujet véritable apparaît grâce au langage. Pour Lacan, sans langage, il n'y a pas de sujet. Il va même plus loin en annonçant une liquidation de la métaphysique. Dieu, par exemple, est une fonction de l' « Autre » dans le langage et non quelque chose qui existe en dehors du langage.

L'approche structuraliste-poststructuraliste repose sur deux caractéristiques principales :

1. Il n'y a pas de moi transcendant qui posséderait une idée pure qu'il voudrait transmettre et qui serait ensuite traduite imparfaitement par un moyen de communication (parlé, écrit ou visuel). La signification, c'est justement ce qui est parlé ou écrit. Il faut le comprendre par rapport aux structures de communication, et non en référence à un auteur extérieur. Une histoire n'a pas de signification. Elle est la signification.
2. Pour comprendre un écrit, il faut le déconstruire afin de mettre à nu les présupposés du texte et de comparer ce qu'un auteur prétend dire avec la forme de langage utilisée et les affirmations parfois contradictoires qu'une telle forme écrite implique. La **déconstruction** a été particulièrement développée par Jacques Derrida (1930-2004), un philosophe français influencé par Husserl et Heidegger. La déconstruction vise à mettre fin à la métaphysique. Pour Derrida, il n'existe aucune signification externe ou figée à un texte. Il n'y a pas non plus de sujet qui soit antérieur au langage et antérieur aux expériences. Il est impossible d'aller hors de la structure et au-delà.

Derrida s'intéresse tout particulièrement à l'actualité, à ce qui est en phase avec les événements présents. C'est ce qui l'amène à parler d' « artéfactualité ». Lors d'un entretien filmé, Derrida en a donné la définition :

Ce mot-valise d'« artéfactualité » signifiait d'abord qu'il n'y a actualité, au sens de « ce qui est actuel » ou plutôt de « ce qui se diffuse sous le titre d'actualités sur les radios et les télévision », que dans la mesure où un ensemble de dispositifs techniques et politiques viennent en quelque sorte choisir, dans une masse non finie d'événements, les « faits » qui doivent constituer l'actualité : ce qu'on appelle alors « les faits » dont sont nourries les « informations ».

Échographies de la télévision : entretiens filmés de Derrida-Stiegler, 6 février 1997,Galilée, p. 52.

En d'autres termes, l'information que nous recevons n'est pas neutre, mais est le produit des structures par lesquelles opèrent les médias. Cela a des conséquences pratiques. L'actualité, telle qu'elle est présentée par les médias, n'est aucunement composée d'événements « bruts » qu'il s'agirait simplement de « montrer », puis de commenter ; ils sont immédiatement filtrés et formatés ou, du moins, ne s'y réduisent nullement. Il s'agit d'un effet de structure de ces médias, conséquence de leur position stratégique au sein de la société, et de leur rapport au public.

Cependant, Derrida met en garde contre le « néo-idéalisme » : l'idée que rien n'arrive vraiment, que tout est illusion étant donné qu'elle figure dans une structure médiatique. Il cherche plutôt à mettre l'accent sur le fait que la déconstruction vise à ramener un événement, une « singularité » à ce qui est irréductible et particulier dans ce qui survient de manière individuelle.

En d'autres termes

- Pour comprendre quelque chose, regardez les relations et les structures dans lesquelles elle se trouve.
- Il n'existe pas de sujet antérieur au langage. Je peux penser à quelque chose avant de l'écrire, mais même le fait de penser découle de toute une tradition de langage et de pensée.
- Les nouvelles du monde nous arrivent par les médias. C'est le résultat d'un processus par lequel l'information est choisie et exprimée d'une manière particulière. Les vrais événements sont uniques. Les rapporter les place dans des catégories, ce qui colore notre interprétation d'eux.

Le postmodernisme

Le posmodernisme est un terme plutôt vague qui qualifie un certain nombre d'approches à la philosophie, à la littérature et aux arts ayant en commun un rejet de la conception antérieure « moderniste ». La conception « moderne », contre laquelle réagit le postmodernisme, considère l'image comme la production d'un sujet humain unique. L'existentialisme en particulier mettait avant tout l'accent sur l'homme, sur sa liberté. Le structuralisme conteste cette vision « moderne » de la primauté de l'imagination humaniste en tant que source créative de signification.

Le postmodernisme fait référence aux écrits de Derrida, de Lyotard et d'autres penseurs qui travaillent dans le domaine de la philosophie et de la critique littéraire étant donné qu'il s'applique à tous les arts. Ce concept a en effet été exploré en architecture avant de l'être en philosophie. Auparavant, une image pouvait être considérée comme faisant référence à quelque chose d'extérieur, dans le monde « réel » ou dans la conscience humaine. Dans le postmodernisme, une image ne reflète que d'autres images. Elle est dépourvue de références figées. Il n'y a par conséquent pas d'image « authentique », authentique dans le sens où l'entend un existentialiste.

Pour un postmoderniste, un message n'est plus envoyé par un auteur créatif à un lecteur réceptif. Il est plutôt lié à une masse de reduplication. Nous brassons et nous disposons des images, mais nous n'en avons aucun contrôle créatif. Dans une œuvre d'art, un roman ou un film, une approche postmoderniste sape la vision moderniste d'une image en tant que production d'une conscience individuelle.

Une image postmoderniste montre sa nature artificielle. Elle est clairement une représentation, mais sans profondeur. Ainsi, par exemple, dans le monde de l'art, nous pouvons comparer Picasso (qui, en tant que « moderniste », s'est efforcé de communiquer d'une manière unique) avec l'utilisation des photographies sérigraphiées, reportées sur toile et reproduites en grand nombre de Andy Warhol.

Réflexion

Modernisme. Le dilemme et l'angoisse existentielle de la feuille de papier vierge ou des pinceaux et de la toile, et le désir de s'exprimer en créant une image unique.

Postmodernisme. Le logiciel d'imagerie vient à la rescousse et permet d'insérer toutes sortes d'images numériques pouvant être instantanément imprimées sur du papier.

Le posmodernisme est encouragé par le développement de la technologie, en particulier par la communication de masse et la capacité à reproduire des images. Le sujet individuel n'est plus considéré comme le créateur de ses images. Ce qui semble avoir été créé est, en fait, ce qui existe déjà autour de nous. Nous fabriquons des produits de consommation. Ce n'est pas tant la philosophie qui est postmoderne que toute la société. De nombreuses images peuvent être brassées, mais il n'y a aucune perspective métaphysique ni aucune réalité transcendantale à représenter.

En d'autres termes

Pour le postmodernisme, on ne peut pas aller au-delà des images, des symboles et des biens reproduits par une ère technologique afin de discerner une quelconque individualité, finalité ou signification. C'est une conception dénuée de ce que l'on appelle traditionnellement la « métaphysique ».

Jean-François Lyotard (1924-1998) est un philosophe français associé au poststructuralisme et généralement reconnu pour sa théorie de la postmodernité. Sa pensée est à la croisée de la philosophie et de la linguistique. Il remet en cause l'idée même de sujet. D'après lui, les énoncés sur la finalité générale de la vie ou de la société (par exemple, une société existe dans l'intérêt de ses membres), qu'il appelle parfois des « métanarrations », ont perdu toute crédibilité. Il n'est plus réaliste d'affirmer quoi que ce soit sur la nature métaphysique de la vie étant donné que cela ne reflète plus la nature fragmentée de la société moderne.

Un dernier exemple

Je suis l'auteur de ce livre. Je m'adresse directement à vous, lecteur, pour illustrer quelques-unes des questions en relation avec le structuralisme et la perspective postmoderne.

Que pensez-vous de moi en tant qu'auteur ? Vous pouvez dire : « Il se contente de réunir des informations que d'autres lui ont données. » C'est vrai. Vous pourriez ajouter : « Il n'y a rien d'original dans tout ça ! » Cette accusation est plus sérieuse, mais aussi plus complexe parce qu'il y a une certaine originalité dans la manière dont j'ai choisi, analysé, mis en forme et présenté les idées des autres.

Mais supposons que j'affirme avoir dit quelque chose d'original. Est-il possible de le justifier ?

- Quels sont les mots que j'utilise ? Leur signification est déjà donnée par la société qui utilise ce langage (si ce n'était pas le cas, vous ne les comprendriez pas). Ils ne viennent pas de mon esprit.
- Dans quel climat ambiant est-ce que j'écris ? L'opinion des autres n'influe-t-elle pas sur mes idées ? Est-ce que je suis responsable de mes idées ou plutôt influencé par le climat ambiant ?
- Et que dire de mes commentaires que je prétends être originaux ? Si vous connaissiez déjà tout ce que j'ai lu, toutes les personnes

avec qui j'ai parlé, pourriez-vous prédire mes opinions ? Ne pourriez-vous pas analyser mes points de vue, en montrer les influences, voir dans quelle catégorie je me situe et à quelle tradition je me rattache ? Un critique littéraire montre souvent que ce qui semble être l'expression d'une pensée personnelle unique n'est, en fait, qu'un patchwork d'influences intellectuelles.

- Ce livre a été écrit avec un certain nombre de pages, et dans un style particulier. Ses chapitres reflètent les branches de la philosophie enseignées dans certaines facultés de philosophie. Des relecteurs professionnels ont formulé des suggestions sur leur contenu. L'éditeur m'a demandé de tenir compte de certaines choses. Ce que j'ai dit est donc déterminé par les contraintes d'espace, de finalité et de marché.
- Par conséquent, l'auteur de ce livre peut disparaître !

Remarque personnelle

Je peux m'en tenir à la structure générale du langage mais je sens que, de temps à autre, je m'en éloigne pour m'adresser directement à vous, lecteur. C'est ce que nie le structuralisme et, effectivement, l'idée qu'un auteur s'adresse directement à ses lecteurs n'est qu'un autre procédé littéraire. Je disparais à nouveau !

9

D'autres branches de la philosophie

Dans ce chapitre, vous découvrirez :

- quelques questions en philosophie de l'art ;
- comment interpréter les événements du passé d'un point de vue « historique » ;
- ce que des philosophes ont dit à propos de l'éducation.

Un tel ouvrage ne peut, malheureusement, pas présenter toutes les grandes questions que se pose aujourd'hui la philosophie, ni tous les grands penseurs du passé. Il a fallu faire des choix. Ainsi, par exemple, Hegel, Nietzsche ou Frege sont des philosophes majeurs qui méritent plus qu'une courte mention ; or la place manquait ici pour en parler de façon approfondie. Afin de comprendre ces grands penseurs, il vaut probablement mieux consulter un ouvrage de philosophie générale permettant d'étudier leurs thèses dans le contexte, puis lire ce qu'ils ont écrit.

Ce chapitre est une simple tentative pour combler quelques manques en parlant brièvement de trois autres champs de la philosophie afin de montrer la diversité des centres d'intérêt de la philosophie actuelle et la manière dont la philosophie s'applique à d'autres domaines de l'expérience humaine.

L'esthétique

La plupart des branches de la philosophie partent d'une interrogation fondamentale. Par exemple, l'épistémologie cherche à répondre à la question : « Que pouvons-nous savoir ? » et la philosophie politique à : « Qu'est-ce que la justice ? ». L'esthétique demande : « Qu'est-ce que la beauté ? » ou « qu'est-ce que l'art ? »

L'homme s'est, de tout temps, posé ces questions. Les Grecs de l'Antiquité se sont interrogés sur l'idée du beau. Au Moyen Âge et durant la Réforme, le débat a fait rage pour savoir si les images religieuses n'étaient que de simples supports de la foi ou si elles ne risquaient pas d'être sujettes à une idolâtrie. Hume a essayé de trouver une norme du goût. Kant a posé : « Est beau ce qui plaît universellement et sans concept ». Marx a critiqué l'art par rapport à sa fonction politique et sociale. Les philosophes de l'existence et les postmodernistes ont, eux aussi, opinion sur ce sujet.

Il est toutefois difficile de dire exactement ce qui fait que quelque chose est de l'« art ». On pourrait le définir comme une « représentation de la réalité » mais, alors, il faudrait faire abstraction de la musique ou de l'architecture qui sont bien des formes artistiques mais dont les créations sont dépourvues de référence extérieure directe avec le monde naturel. Bien évidemment, toutes deux suggèrent quelque chose du monde naturel, ou y font allusion, mais c'est là un autre sujet. Une autre approche serait de partir de l'artiste plutôt que de l'œuvre artistique. L'art est alors le produit d'un certain type d'activité humaine, en relation avec l'expression d'émotions ou la mise en avant d'une perception.

Pensez à toute la gamme des activités artistiques qui sont nécessaires, par exemple, pour produire un opéra. Il y a ceux qui conçoivent et réalisent les décors, ceux qui créent les costumes, l'auteur du livret, le compositeur de la musique et tous les chanteurs, avec leur voix spécifique. Une simple expérience esthétique résulte d'une combinaison très spéciale d'un grand nombre d' « arts ». Ici, comme pour l'appréciation d'une « personne », on comprend plus de choses par la synthèse – voir comment tout fonctionne ensemble – que par l'analyse – isoler et essayer de définir chaque composant séparément.

Il en va de même pour la littérature. Les termes choisis par un écrivain peuvent avoir une signification directe, littérale et les événements décrits être factuels (ce qui amène à se demander jusqu'à quel point un fait peut être incorporé tel quel dans une œuvre de fiction). Pourtant, l'effet général – la synthèse – vise à créer quelque chose qui reflète la réalité sans la copier.

Les débats modernes sur la manière de définir l'art considèrent sa fonction. En d'autres termes, quelque chose est de l'art s'il est traité en tant que tel ou si nous le considérons comme de l'art, même si le médium utilisé est entièrement nouveau. On peut également penser que l'art se définit par les procédés qui *aboutissent* à sa production et à son utilisation. Est-ce que cette œuvre ou cet événement découle d'une tradition établie ou est-elle acceptée en tant que telle par la communauté artistique ? L'art est ce qui a une valeur artistique ou ce que le monde de l'art est préparé à accepter comme étant de l'art.

L'esthétique est reliée à d'autres domaines de la philosophie. Par exemple, dans les années 1950, aux États-Unis, le théologien Paul Tillich et la philosophe Suzanne Langer ont tous deux parlé de l'art comme d'un symbole qui transcenderait la réalité. Pour Tillich, les idées et les images religieuses sont des symboles qui révèlent un « être-en-soi » et les vérités religieuses ne peuvent pas être transmises autrement que par des symboles. Une œuvre d'art peut, par conséquent, être porteuse d'un sens « religieux », même si son contexte est séculier, étant donné qu'elle met en avant ce qui se situe au-delà de l'expérience ordinaire.

Notre conception de la fonction de l'art dépend en partie de notre compréhension de l'expérience et de la réalité. Platon, par exemple, considérait les choses individuelles comme de pauvres copies de la réalité immuable (l'Idée du beau était intelligible, unique et séparée de ses manifestations concrètes et sensibles). Pour Platon, l'art présentait donc quelque chose d'« irréel », qui allait, par conséquent, au-delà du vrai. En revanche, pour Tillich et Langer, c'est une manière nécessaire pour rencontrer la réalité transcendantale et, par conséquent, ce qui est suprêmement « réel ».

Le travail d'un artiste est également lié à la nature de son être profond, du langage et de la perception. Un romancier, par exemple, utilise le langage d'une manière riche et subtile afin de transmettre toute une gamme d'émotions et d'intuitions. Il ne se contente pas de les communiquer, il les évoque au lecteur. Une œuvre de fiction invite donc à une réponse émotionnelle et imaginative. Deux lecteurs auront forcément une « représentation » différente des événements décrits dans un roman. Cela contraste avec une œuvre de philosophie qui présente chaque argument le plus clairement possible. Ce dernier est précis et direct alors qu'un roman ou un poème est riche, évocateur, symbolique et souvent délibérément ambigu.

La richesse de l'art a produit une grande diversité de réponses de la part des philosophes. Platon craignait l'art en général, et la poésie dramatique en particulier, pour sa capacité à corrompre le peuple en remuant des émotions. À l'opposé, Nietzsche appréciait cela. Dans *La Naissance de la tragédie* (1872), il montre l'opposition entre les deux divinités de l'art, Dionysos et Apollon, le premier apportant une élévation de l'âme, une ivresse et l'exaltation des émotions et le second une rationalité posée. L'art a pour fonction positive de maintenir une unité entre les deux.

Réflexion

Platon était hostile à l'art et favorable à une censure stricte. Pour lui, l'art est subversif car il remplace la réalité par de l'imagination et manipule les émotions. Pourtant, ces dialogues sont des chefs-d'œuvre de littérature. C'est de l'art !

- Comment une œuvre d'art peut-elle produire un effet sur la personne qui la voit, la lit ou l'entend tout en conservant un certain contrôle rationnel sur ce qu'elle dit ?
- L'art doit-il être politiquement correct ? Pour Marx, l'art a une fonction politique et sociale. L'art doit, d'un point de vue marxiste, refléter les valeurs de la révolution sociale et provoquer des émotions en accord avec les valeurs politiques en vigueur.
- Une œuvre d'art porte-t-elle en elle sa propre justification ? Si c'est le cas, cela a-t-il du sens de parler d'art bon ou mauvais ?

Pour ceux qui voudraient approfondir cette question, Hume a dit des choses intéressantes sur le bon goût et la norme classique et Kant a écrit la *Critique du jugement esthétique* (1790). Au XXe siècle, les philosophes qui ont exploré la question de l'esthétique sont, entre autres, Ernst Gombrich, auteur, outre de *Histoire de l'Art*, de *L'Art et l'illusion* (1960) et Nelson Goodman qui a écrit *Langage de l'art* (1990 pour la traduction en français). Il est intéressant de remarquer qu'il s'agit souvent de comprendre la place de l'art et de la créativité dans un contexte de prépondérance de la science et de montrer le succès évident de ce rapport avec la philosophie des sciences et celle du langage.

La diversité des problèmes associés à l'esthétique peut être illustrée par le dilemme pratique qui consiste à savoir si vous êtes, ou non, capable d'appeler quelque chose une œuvre d'art.

Un exemple

Je rends visite à un ami fortuné qui me dit qu'il vient d'investir dans une nouvelle œuvre d'art. Je regarde par la fenêtre et je vois un empilement de briques et de gravats au milieu de sa pelouse. Mon ami s'est aperçu que je regardais son jardin et la fierté qui illumine son visage m'oblige à penser que ce tas de briques et de gravats est sa nouvelle œuvre d'art !

- Il considère que c'est une œuvre d'art. Moi, je vois un empilement de briques et de gravats. Y a-t-il une manière objective de départager ces deux points de vue (« voir comme ») ?
- Si j'admets l'idée qu'il s'agit d'une œuvre d'art, où se trouve cet « art » ? Est-il dans l'objet artistique (analysé comme un tas de briques et de gravats) ? Est-il dans la tête de l'artiste ? Est-ce que, comme le dit le proverbe, la beauté est quelque chose de subjectif ? L'art est-il quelque chose qui a lieu dans une relation triangulaire entre l'artiste, l'objet artistique et la personne qui apprécie cet « art » ?
- Est-ce que cela transcende une caractéristique de réalité que je ne peux pas décrire au sens littéral, mais que je ressens en regardant cette œuvre d'art ? Ou cette œuvre existe-t-elle simplement en tant que telle et m'invite à lui accorder de l'attention ? Et cette attention que je lui donne est-elle une expérience esthétique ?
- Est-ce que cet empilement de briques et de gravats serait toujours qualifié d'œuvre d'art si personne ne l'appréciait en tant que tel ?
- Quelles émotions cela évoque-t-il en moi ? Si c'est de l'irritation et de l'embarras, peut-on toujours parler d'une expérience esthétique ?
- L'empilement de briques et de gravats sur la pelouse est une partie d'une construction sociale artificielle : un artiste qui en vit,

un investisseur qui veut une nouvelle œuvre et une transaction financière. L'art est-il toujours de l'art s'il devient une manière de placer son argent ?

- Quelle est la nature de l'imagination de l'artiste ?
- L'artiste crée-t-il une illusion en essayant de me faire voir quelque chose de plus que ce qui se trouve devant moi ?
- Si l'artiste la voit d'une certaine manière et moi d'une autre, s'agit-il de deux œuvres d'art ou d'une seule et même œuvre ?

Les différentes périodes de l'histoire ont exploré divers aspects de l'art. Au XVIIIe siècle, par exemple, on privilégiait la beauté naturelle et un sens de l'équilibre entre la nature et l'esprit qui perçoit cette nature. Kant a vu une « finalité formelle » dans ces choses qui produisent une expérience esthétique : les objets artistiques créent une satisfaction harmonieuse qui ravit l'esprit. Le XXe siècle s'est plus intéressé à la nature de la production artistique et la créativité en elle-même est souvent devenue le sujet étudié.

L'art reflète une compréhension de soi propre à chaque époque. Il suffit de se promener dans une galerie d'art pour saisir que les préoccupations et les valeurs du moment se répercutent dans les arts plastiques. Ce n'est pas uniquement une question de style, mais également d'évolution de ce qu'il convient de représenter dans l'art. Il y a, en outre, une grande diversité dans la conscience de soi d'un créateur. Si, à une période donnée, le but est de représenter le plus fidèlement possible la réalité extérieure – l'artiste s'efface alors –, à une autre période, l'image perçue est déformée afin de rendre compte des intentions voulues par l'artiste.

Par conséquent, même si l'esthétique et la philosophie de l'art peuvent être étudiées en tant que branche séparée de la philosophie, la véritable fascination provient de leur lien étroit avec des questions sur la nature de la perception, le sujet, la créativité, la qualité transcendantale de l'expérience religieuse et l'éthique exprimée ou représentée. On pourrait donc avancer que la philosophie et l'art sont les deux faces d'une même « pièce de monnaie » humaine créative, l'une focalisée sur la pensée réfléchie et l'autre sur l'expression créative.

La philosophie de l'histoire

Qu'est-ce que l'histoire ? Nous pourrions être tenté de dire que l'histoire est le compte rendu de ce qui est advenu dans le passé. Mais cela ne suffirait pas, car un nombre théoriquement infini d'événements ont déjà eu lieu et, même si nous pouvons nous souvenir de tous et en prendre acte, il faudrait une durée de temps infinie pour établir une histoire à partir de cela. En d'autres mots, l'histoire se déploie sous nos yeux plus vite que notre capacité à tout relater.

L'histoire est par conséquent *sélective*. Elle ignore un grand nombre de faits. Sans une telle sélection, les innombrables événements du passé réprimeraient toute tentative de parvenir à une vision générale de ce qui s'est passé. Or l'histoire ne va pas sans une interprétation des événements. C'est là un point crucial. Et cette interprétation dépend des idées et des hypothèses de l'historien. *L'histoire ne peut pas être un compte rendu objectif des faits*. C'est une interprétation de l'importance de faits advenus dans le passé.

Les niveaux d'interprétation peuvent être nombreux. Un historien moderne qui examine des textes anciens le fait selon sa propre conception et, en outre, les auteurs de ces textes anciens ont eux aussi interprété les événements qu'ils ont mentionnés. L'étude de l'histoire est en grande partie de l'historiographie, à savoir l'étude des écrits historiques.

Cela a conduit des penseurs postmodernistes à avancer que les textes reposent simplement sur d'autres textes (c'est ce qu'on appelle l' « intertexualité »). La vérité d'un document est par conséquent liée à l'autorité de son auteur et non aux événements qu'il prétend décrire. Le philosophe et historien américain Hayden White a, en 1973, dans son livre *Metahistory* (*Métahistoire*), mis en avant le fait que l'historien ne s'occupe vraiment pas des faits, mais produit en fait une invention littéraire créative. *Certaines des informations utilisées par l'historien peuvent être factuelles, mais elles ne deviennent de l'« histoire » qu'une fois qu'elles font partie d'une narration.*

L'approche postmoderniste soulève des questions importantes pour les historiens. Si l'histoire ne présente pas des « faits » à propos d'événements advenus dans le passé, alors n'importe quelle interprétation est aussi valable qu'une autre. Aucun historien ne prétend que son récit d'un événement est totalement objectif, mais il est cependant intéressant, d'un point de vue professionnel, de réunir des preuves afin d'illustrer le plus clairement possible les événements du passé.

Les mécanismes du changement

Si l'histoire nous fascine, c'est en partie parce qu'elle essaie de comprendre comment surviennent les changements. Le philosophe allemand idéaliste Hegel (1770-1831) pensait qu'il est possible de discerner ce qui est possible de ce qui relève d'un « esprit » particulier ou *Geist* qui se déploie dans l'histoire en marche. Selon lui, le passage d'une étape à une autre obéit à une logique **dialectique** : chaque époque a des caractéristiques propres (sa « thèse ») qui produisent ensuite une réaction (l'« antithèse ») qui se résout ensuite (dans une « synthèse »). Ce processus se répète encore et encore, en visant toujours un idéal et un absolu rationnels.

Karl Marx a été influencé par la théorie hégélienne du changement historique. Cependant, pour lui, la base de la société est économique et matérielle. Il considère par conséquent que les conditions économiques et les conflits qui opposent les classes sociales constituent le mécanisme qui permet à l'histoire d'évoluer. Chez Marx, la philosophie politique est également une philosophie de l'histoire. En outre, ce philosophe ne s'est pas contenté de chercher à comprendre ce qui se passe. Il a exprimé son intention de changer le monde.

Remarque

Pour de plus amples informations sur Marx, reportez-vous au chapitre 7, « Marx et le matérialisme ».

Une caractéristique primordiale de la philosophie de l'histoire, c'est sa reconnaissance que, dès que l'on décrit des événements, on les interprète et dès qu'on les interprète, ils se retrouvent inclus dans un schéma général de compréhension. La philosophie de l'histoire cherche à mettre en avant cette interprétation afin d'établir des rapports avec les événements qu'elle présente.

La philosophie de l'éducation

La philosophie de l'éducation s'intéresse à la nature et aux objectifs de l'éducation ainsi qu'au contenu enseigné. De ce fait, elle se rattache à d'autres domaines philosophiques : la théorie de la connaissance, du langage, l'éthique, la philosophie religieuse et politique. Étonnamment, peu de philosophes ont écrit à ce sujet et, de nos jours, cette discipline est enseignée dans les facultés d'éducation supérieure et non de philosophie.

La philosophie de l'éducation s'intéresse à de nombreuses questions primordiales :

- À quoi *sert* l'éducation ?
- *Comment* apprend-on ?
- Qu'est-ce qui détermine le *contenu* de l'éducation ?

Dans la *République*, Platon s'interroge sur la nature de l'État et sur les qualités de ceux qui sont amenés à le diriger. Cependant, il formule cela par rapport au type d'éducation nécessaire pour former des chefs aptes à régner. Par conséquent, pour Platon, l'éducation n'est pas une fin en soi, mais un outil permettant de remplir une fonction sociale en formant ceux dont l'État a besoin. Néanmoins, Platon souhaite en outre que les chefs soient des philosophes capables de voir la réalité elle-même et non les ombres de l'expérience sensible. Par conséquent, on peut également avancer que, pour Platon, l'éducation vise à apporter la conscience de l'« Idée du Bien » (voir chapitre 1).

Son approche soulève des questions qui restent d'actualité.

- Dans quelle mesure l'éducation doit-elle dépendre d'une sélection des plus capables ?
- Dans quelle mesure l'éducation doit-elle tendre à former à des tâches particulières au sein de la société ? La société doit-elle décider du parcours professionnel de chacun ?
- Faut-il donner à des personnes issues de classes et d'origines différentes une éducation différente ?
- Faut-il juger l'éducation à sa capacité à former ceux qui préserveront le *statu quo* social ?

La manière dont on apprend est influencée par l'approche philosophique générale envers la connaissance du monde. C'est ainsi qu'un philosophe comme John Locke, pour qui tout savoir repose sur l'expérience sensible, veut que l'éducation encourage l'expérimentation et le rejet d'une acceptation de la tradition dépourvue de sens critique. L'une des caractéristiques majeures de la théorie de la connaissance de Locke est que, d'après lui, les hommes partent d'un esprit aussi vierge qu'une feuille de papier blanc (une table rase ou *tabula rasa*) et acquièrent de la connaissance par l'expérience. Cette thèse est en opposition avec celle de Platon pour qui nous avons une connaissance innée des Idées, des formes intelligibles que nous semblons avoir oubliée, mais que nous sommes capables de reconnaître dès que nous les rencontrons.

John Dewey (1869-1952) est un penseur américain qui a joué un grand rôle en philosophie. Il est surtout connu pour sa contribution à la théorie du « pragmatisme ». Selon lui, on accède à la connaissance en étant en prise directe avec les problèmes pratiques à résoudre au sein de la société. Un énoncé sera mieux perçu à la lumière de ses applications pratiques. Reposant sur la méthode scientifique qui consiste à vérifier une hypothèse, sa thèse suggère que l'éducation est essentiellement une question de résolution de problèmes, une approche généralement qualifiée d' « instrumentalisme ». Cette conception a eu une forte influence sur la théorie de l'éducation et sa mise en pratique. De nos jours, on reconnaît généralement que l'apprentissage est plus efficace quand il repose sur la résolution de problèmes pratiques. L'habitude de vérifier et de tester des données apporte une connaissance meilleure du sujet que si l'on se contentait d'apprendre des faits.

Avec la contribution du pragmatisme à l'éducation, nous avons un exemple intéressant de philosophie reconnaissant l'importance du succès de la méthode scientifique, qui développe à partir de cela une théorie générale du sens (on montre la vérité, ou l'erreur, d'un énoncé par les implications pratiques qui en découlent) et qui l'applique ensuite à un autre domaine de la vie (l'éducation) avec un succès évident. Dans le monde entier, des enfants apprennent dans des écoles primaires en agissant de manière concrète, par l'examen et la vérification, et ce grâce, en grande partie, à l'influence du pragmatisme.

La philosophie s'intéresse à bien d'autres aspects de l'éducation. Par exemple, lorsqu'il s'agit du contenu à enseigner, on doit s'interroger sur le bien-fondé d'une éducation religieuse ou politique, sur la question de l'endoctrinement. De même, la question (souvent formulée par les parents) se pose souvent de savoir s'il faut parler de sexualité et de drogue. L'enseignement de la contraception, par exemple, encourage-t-il la promiscuité sexuelle ?

La question centrale est celle de l'autonomie. La différence essentielle entre l'éducation et l'endoctrinement est que la première vise à rendre plus fort et autonome par rapport à l'enseignant tandis que l'endoctrinement impose des idées toutes faites. Mais comment transmettre la culture d'une génération à une autre sans qu'il n'y ait une forme d'endoctrinement ?

Par conséquent, la philosophie de l'éducation pose naturellement des questions concrètes à ceux qui sont directement impliqués. Le processus, le contenu et les objectifs de l'éducation doivent être en phase avec une compréhension plus vaste de la vie.

10 Le but actuel de la philosophie

Dans ce chapitre, vous découvrirez :

- les priorités de la philosophie actuelle.

Au XXe siècle, de nombreux mouvements ont essayé de réduire la philosophie à une discipline donnée. Les positivistes ont voulu qu'elle suive la science, éliminant tout ce qui ne se conformait pas au critère empirique du sens. Il y a eu ensuite les analystes linguistiques qui ont insisté pour qu'elle se borne à éclaircir la signification des énoncés (la philosophie n'avait plus de contenu en soi). Les marxistes, eux, ont voulu que tout se résume à une matrice politique et sociale. Enfin, les postmodernistes ont tout considéré sous l'angle du signe ou de la métaphore culturelle ou littéraire. On pouvait alors penser que la philosophie serait mise à mal par une critique et une réinterprétation si radicale de son rôle, mais tel n'a pas été le cas.

Pour quiconque s'initiait à la philosophie vers la fin des années 1950, du moins dans les facultés qui se focalisaient sur la tradition analytique anglo-saxonne, la tâche et la finalité de la philosophie étaient précises mais limitées. Toujours dominée par l'analyse linguistique, elle visait à examiner les phrases problématiques puis, après les avoir élucidées, à en clarifier la signification. Elle n'aspirait pas à offrir de nouvelles informations sur d'autres sujets. Elle se considérait comme une aide au contenu étudié, rien de plus. C'était la limite la plus importante imposée à la philosophie. Depuis, elle a évolué, grandi à la fois en popularité et en diversité des sujets couverts.

Le changement est surtout venu du champ de l'éthique appliquée. À l'époque de l'analyse linguistique, on s'intéressait quasi exclusivement à la question du sens ou, sinon, des propositions éthiques. Il était donc raisonnable pour un philosophe de prétendre qu'il n'avait rien à dire sur les questions éthiques. Cependant, ils durent bientôt reconnaître que les professionnels avaient besoin de réponses d'ordre éthique, en particulier dans les professions médicales et paramédicales. En effet, de nouvelles questions morales difficiles se posaient au quotidien.

En même temps, l'essor des sciences cognitives, des technologies de l'information et de l'intelligence artificielle soulevaient des questions sur la nature de l'esprit. La politique internationale se débattait avec des concepts – démocratie, droits de l'homme, autodétermination, souveraineté nationale – auxquels il fallait réfléchir afin de justifier une action, ou une absence d'action, lors des nombreuses crises. La philosophie politique est donc par conséquent plus que pertinente de nos jours. Les questions à propos de la philosophie de l'art (la censure, le copyright, le droit d'auteur, la différence entre l'art érotique et la pornographie, l'essence du « goût » ou du blasphème, la nature de l'expression artistique) deviennent pertinentes quand on évalue le prix d'un Turner ou d'un autre artiste ou quand des artistes conçoivent des images qui plaisaient à certains mais que d'autres voudraient interdire. Il y avait également le débat sur le droit à la propriété intellectuelle, sur le fait de savoir qui doit payer des royalties ou des droits d'auteur ainsi que la question du copyright sur des idées ou des mots. La conscience sociale a, quant à elle, amené à s'interroger sur le féminisme, la discrimination raciale, l'inégalité et la dynamique d'une économie de marché.

L'Internet a entraîné toutes sortes de questions sur la liberté de l'expression, la protection de la vie privée, le contrôle international, l'exploitation et la nature des moyens de communication. Dans un monde complexe, la philosophie avait plus à faire que de s'occuper simplement de la clarté du sens. *De plus en plus, même au-delà du domaine évident de l'éthique, la philosophie est devenue « appliquée ».*

Il ne fait aucun doute que la philosophie est une discipline bien vivante et dont l'importance est manifeste. Les livres écrits par des philosophes sur toutes sortes de sujets, en particulier ceux liés à la compréhension de soi et au développement personnel, sont de plus en plus populaires. La nature du statut, de l'amour, de la justice ou de l'engagement demande dans tous les cas une réflexion poussée, or la philosophie apporte justement des outils pour y répondre.

Il est probablement pertinent de conclure en donnant la parole à un philosophe de métaphysique traditionnelle. Alfred North Whitehead a écrit, en 1938, *Modes de pensée*, qui relate des conférences données dans deux universités américaines. Dans l'une d'elles, il a défini parfaitement la valeur de l'entreprise philosophique :

> *Le type d'idées auxquelles nous prêtons attention, et celui que nous reléguons à un arrière-plan négligeable, gouvernent nos espoirs, nos craintes, le contrôle de notre comportement. Comme nous pensons, nous vivons. C'est la raison pour laquelle l'assemblage des idées philosophiques est plus qu'une étude de spécialiste. Il modèle notre type de civilisation.*
>
> J. Vrin, p. 83, traduction de Henri Vaillant, 2004.

Si c'est le cas, alors il n'y a rien de plus important que de développer et de maintenir un intérêt pour la philosophie.

Ouvrages

Blay (Michel), *Dictionnaire des concepts philosophiques,* Larousse, 2008.

Blay (Michel), *Grand Dictionnaire de la philosophie,* CNRS édition et Larousse, 2003.

Boillot (Hervé), *Petit Larousse de la philosophie,* Larousse, 2007.

Bréhier (Émile), *Histoire de la philosophie,* PUF, 1985.

Cassin (Barbara), *Vocabulaire européen des philosophies. Dictionnaire des intraduisibles,* éditions du Seuil et le Robert, 2004.

Châtelet (François), *Histoire de la philosophie,* Hachette, 1973.

Descamps (Christian), *Les Idées philosophiques contemporaines en France*, Bordas, 1986.

Foulquié (Paul), *Dictionnaire de la langue philosophique,* PUF, 1992.

Gilson (Étienne), *L'Être et l'essence,* Vrin, collection Bibliothèque des textes philosophiques 1948, 2002.

Godin (Christian), *La Philosophie pour les nuls,* First éditions, 2006.

Huisman (Denis), Vergez (André) et Le Strat (Serge), *Histoire des philosophes illustrée par les textes,* Nathan, 1996.

Lalande (André), *Vocabulaire technique et critique de la philosophie,* PUF, 2006.

Morville (Marie-Reine), *Les Grandes Questions de philo. Anthologie des textes de l'Antiquité à nos jours,* Maisonneuve et Larose, 1998.

Nef (Frédéric), *Qu'est-ce que la métaphysique ?,* Gallimard, col lection Folio essais, 2004.

Pouivet (Roget), *La Philosophie continentale,* PUF, 2008.

Renaut (Alain) avec la collaboration de Savidan (Patrick) et Tavoillot (Pierre-Henri), *Histoire de la philosophie politique,* Calmann-Lévy, 1999.

Roman (Joël), *Chronique des idées contemporaines,* Bréal, 1995.

Rus (Jacqueline), *La Marche des idées contemporaines,* Armand Colin, 1994.

Strauss (Léo) et Cropsey (Joseph), *Histoire de la philosophie politique,* PUF, collection Quadrige, 1963, 1994.

Revue

Philosophie magazine
Une revue qui paraît dix fois par an, en prise avec notre époque

Sites Internet

Site de philosophie mis en place par l'Académie de Grenoble
http://www.ac-grenoble.fr/PhiloSophie/logphil/index.htm

Site non officiel des étudiants en philosophie à Paris VIII
http://www.paris-philo.com/

Site du Minute Philosophers mettant à la disposition l'ensemble des œuvres philosophiques du domaine public
http://t.m.p.free.fr/TMP/Accueil.html

Site payant de professeurs de philosophie à l'université de Paris-Sorbonne développé par Odile Jacob Multimédia
http://www.philo.fr/

Site d'un professeur de philosophie au lycée Vaugelas de Chambéry, Simone Manon, ayant décidé de mettre son cours en ligne pour ses élèves et tous ceux qui trouveraient un intérêt
http://www.philolog.fr/

Site de philosophie conçu pour les élèves de terminale et des classes préparatoires
http://www.philagora.net/philo.htm

Site conçu pour aider à préparer l'épreuve de philosophie
http://www.philocours.com/index.htm

Site d'Encéphi, une encyclopédie québecquoise hypertexte de la philosophie
http://www.cvm.qc.ca/encephi/accueil2.htm

Site du Portique, une revue semestrielle de philosophie et de sciences humaines
http://leportique.revues.org/

Site d'Acropolis, une revue philosophique indépendante
http://www.revue-acropolis.com/

Site des revues généralistes de philosophie
http://pedagogie.ac-toulouse.fr/philosophie/revuesphilo.htm

Les termes suivants sont une sélection des concepts qui figurent dans cet ouvrage. Pour de plus amples informations, nous vous renvoyons à l'entrée correspondant au terme recherché dans l'index.

Agnosticisme Doctrine selon laquelle l'existence de Dieu ne peut être démontrée par des preuves, ni appréhendée par d'autres moyens de connaissance.

Athéisme Doctrine niant l'existence de Dieu. Au sens étroit, rejet de la conception théiste du divin et, au sens large, de toute idée religieuse. Certains courants bouddhistes et hindouistes sont athées dans la mesure où ils prônent une voie spirituelle et religieuse qui ne présuppose pas de croire au divin.

Béhaviorisme (ou comportementalisme) Terme emprunté à l'américain *behaviour,* « conduite », « comportement » et désignant la doctrine qui explique l'esprit en termes d'activité physique, de comportements.

Casuistique Application de règles générales à des cas particuliers, souvent utilisée dans le sens péjoratif d'un rejet de circonstances données en faveur de l'application stricte de règles.

Connaissance intuitive Connaissance directe qui n'est pas le résultat d'une expérience ou d'un raisonnement conscient.

Cosmologique (argument ou preuve) Argument prouvant l'existence de Dieu à partir de l'observation du monde.

Déconstruction Examen d'un texte à la lumière des structures linguistiques et sociales au sein desquelles il a été construit. *Voir également* **structuralisme.**

Déductif (argument) Argument fondé, par déduction, sur un principe logique et non sur l'examen d'une preuve.

Déisme Doctrine qui admet l'existence d'un Dieu créateur du monde, extérieur à lui, mais sans adhérer à des dogmes ni à une religion révélée. *Voir également* **théisme.**

Dualisme Courant de pensée selon lequel l'homme et, par extension le monde, est composé d'une substance matérielle et d'une substance spirituelle distinctes et séparées (notion importante pour la question du corps et de l'esprit, mais aussi en épistémologie). *Voir également* **monisme.**

Empirisme Théorie selon laquelle l'expérience fondée sur les sens, et non la raison, est la seule source de connaissance. *Voir également* **rationalisme.**

Épiphénoménisme Théorie selon laquelle la conscience est un épiphénomène, qui découle du corps selon des processus physiques complexes.

Épistémologie Étude critique de la science (*epistémè* en grec), étendue, chez les Anglo-Saxons, à l'étude de la connaissance en général.

Erreur de catégorie Notion forgée par Gilbert Ryle dans *The Concept of Mind* (*La Notion d'esprit*) en vue de traiter un terme collectif comme s'il s'agissait d'un de ses composants (par exemple gant pour la main droite-paire de gants ; département universitaire-université).

Éthique de la situation Conception éthique définie par le théologien Joseph Fletcher dans un ouvrage éponyme *Situation Ethics* (1966) qui développe le concept que l'amour est la chose ayant le plus de valeur et que, par conséquent, les principes moraux généraux doivent parfois être délaissés au profit des besoins d'une situation donnée.

Existentialisme Branche de la philosophie, plus ou moins synonyme de « philosophie de l'existence », qui place l'existence humaine, son sens, sa finalité (ou son absence de finalité) au cœur de sa réflexion.

Fonctionnalisme En sciences cognitives, théorie selon laquelle l'esprit joue un rôle fonctionnel dans l'examen des données qu'il reçoit des sens et dans la réponse adaptée qu'il fournit. L'esprit n'est donc pas dissocié du cerveau, mais un moyen de décrire les fonctions effectuées par lui.

Fondamentalisme Courant religieux prônant un retour aux principes fondamentaux de la foi, en s'appuyant généralement sur une interprétation radicale et littérale du dogme et de ses écritures.

Fondationnalisme Recherche d'un fait indubitable servant de fondement à une théorie de la connaissance.

Hédonisme Courant de pensée selon lequel le plaisir, le bien-être et le bonheur de l'homme sont la finalité de l'existence.

Herméneutique Étude de l'interprétation des textes, en particulier sacrés, et tout particulièrement la Bible.

Idéalisme Système de pensée qui s'oppose au matérialisme et donne aux idées la priorité sur la matière. Notre perception du monde est une expérience fondamentalement mentale.

Idée Terme qui, chez Platon et ses héritiers, fait référence à la forme issue de la pensée (*eidos*), à ce qui appartient au domaine de l'intelligible. S'écrit alors avec une majuscule.

Immanence Principe selon lequel le monde n'est pas régi par un ordre supérieur et extérieur à lui, notamment en ce qui concerne l'homme et la nature, par opposition à **transcendance** (voir ce terme).

Impératif catégorique Commandement moral non subordonné à des conditions qui constitue le principe fondamental de l'éthique de Kant.

Induction (ou démarche inductive) Opération logique par laquelle on aboutit à une conclusion à partir d'une proposition vraie.

Interactionnisme Terme général d'origine américaine recouvrant des théories de l'esprit selon lesquelles l'esprit et le corps sont distincts (dualisme) mais en interaction.

Intuitionnisme Courant de pensée selon lequel le « bien » est un concept fondamental connu intuitivement et qui ne peut être défini selon d'autres termes.

Matérialisme Théorie selon laquelle seule la matière peut rendre compte de la réalité (par exemple, le « soi » est une manière de décrire le corps et ses actions).

Métaphysique Étude des théories concernant la nature, la structure et les principes de la réalité, au-delà des apparences.

Modernisme Terme général désignant une approche consciente de la philosophie et des arts, développée en particulier dans la première moitié du XXe siècle.

Monade Terme dérivé du grec *monas,* « unité », utilisé notamment par Leibniz et Kant pour désigner une substance simple, une réalité élémentaire possédant un dynamisme propre et définissant un point de vue de l'univers.

Monisme Courant de pensée selon lequel l'homme et, par extension le monde, est composé d'une substance unique – matérielle ou spirituelle. *Voir également* **dualisme.**

Noumène Terme utilisé par Kant pour désigner la « chose en soi », par opposi tion aux objets de l'expérience, les phénomènes.

Numineux Terme utilisé par Rudolf Otto pour désigner ce qui relève du sacré et qui échappe à toute approche rationnelle.

Ontologie Branche de la philosophie qui étudie l'être en tant qu'être.

Ontologique (argument ou preuve) Argument démontrant l'existence de Dieu sur la seule base de sa définition, indépendamment de toute preuve.

Panenthéisme Doctrine selon laquelle Dieu est en tout et tout est en Dieu (implicite dans le théisme, mais différente du panthéisme).

Panthéisme Doctrine selon laquelle Dieu et le monde, l'univers matériel, sont identiques.

Phénoménologie Science des phénomènes, développée par Husserl, visant à comprendre les structures fondamentales de l'expérience.

Postmodernisme Approche moderne de la philosophie et des arts rejetant le concept d'un soi conscient, authentique, créatif et prônant une appréciation directe des symboles et des textes dans leur contexte culturel. *Voir également* **structuralisme.**

Postulat Terme utilisé par Kant pour parler des « postulats de la raison pratique » et qualifiant alors une obligation morale non subordonnée à des conditions. La liberté, l'immortalité de l'âme et l'existence de Dieu sont des postulats.

Pragmatisme Courant philosophique caractérisé par son orientation vers l'expérience et l'action. Une théorie se vérifie par son efficacité pratique, ses implications dans d'autres domaines de la connaissance et sa cohérence avec d'autres croyances.

Rationalisme Théorie selon laquelle toute connaissance repose sur la raison (et non l'expérience). *Voir également* **empirisme.**

Réalisme Doctrine selon laquelle les théories scientifiques sont capables de fournir une description directe de la réalité.

Réductionnisme Approche consistant à expliquer un phénomène complexe en le réduisant aux éléments qui le composent.

Scepticisme Doctrine selon laquelle l'homme ne peut prétendre à une vérité absolue ou permanente et prônant l'examen critique et la remise en question de toutes les croyances.

Schématisme Notion kantienne reprise par Rodolf Otto pour désigner la représentation analogique, à l'aide de termes rationnels (les « schèmes »), de l'élément numineux non rationnel qui caractérise la catégorie du sacré.

Schème Notion kantienne reprise par Rudolf Otto pour désigner la représentation analogique, à l'aide de notions rationnelles, de l'élément numineux non rationnel qui caractérise la catégorie du sacré (par exemple, le sublime est un schème du sacré).

Sélection naturelle Théorie de l'évolution de Darwin selon laquelle seuls les individus les plus aptes d'une espèce survivent et se reproduisent.

Solipsisme Doctrine selon laquelle le sujet ne peut connaître de réalité extérieure à lui-même, mais uniquement les représentations qu'il a de l'existence physique, des paroles et des actes d'autrui.

Structuralisme Approche de la philosophie développée dans la seconde moitié du XXe siècle et interprétant la signification d'un texte, d'un mot ou d'une idée par rapport aux structures de pensée au sein desquelles il se trouve.

Syllogisme Séquence logique de trois propositions : deux prémisses ayant un terme commun dont découle une conclusion dépourvue de ce terme.

Théisme Doctrine affirmant l'existence d'un Dieu unique et personnel, cause du monde. *Voir également* **déisme.**

Téléologique Terme décrivant une théorie fondée sur la finalité ou l'intention de quelque chose, utilisée notamment pour prouver l'existence de Dieu à partir de l'idée que le monde montre des signes d'un dessein intentionnel.

Transcendance Principe selon lequel le monde est régi par un ordre extérieur et supérieur à l'homme ou à la nature, notamment la transcendance divine, par opposition à **immanence** (voir ce terme).

Utilitarisme Théorie éthique d'origine anglo-saxonne fondée sur la notion d'utilité qui évalue les actes en fonction de leurs résultats (« le plus grand bonheur possible pour le plus grand nombre d'individus »).

Vérifiabilité Principe fondamental du positivisme logique et d'autres penseurs empiristes du langage consistant à vérifier la validité d'une proposition.

A

B

C

D

F

G-H

I-J-K

L

M

N

O-P

Q-R

U-V-W

Dépôt légal : mars 2009
Imprimé en Italie par Rotolito, Piotello
302088/01-11007064 février 2009